U0012647

貓頭鷹書房

有些書套著嚴肅的學術外衣，但內容平易近人，非常好讀；有些書討論近乎冷僻的主題，其實意蘊深遠，充滿閱讀的樂趣；還有些書大家時時掛在嘴邊，但我們卻從未看過……

如果沒有人推薦、提醒、出版，這些散發著智慧光芒的傑作，就會在我們的生命中錯失——因此我們有了**貓頭鷹書房**，作為這些書安身立命的家，也作為我們智性活動的主題樂園。

貓頭鷹書房——智者在此垂釣

1936年的納粹盛典

希特勒辦的奧運

奧利弗．希爾梅斯 Oliver Hilmes
傅熙理——譯

Berlin 1936: Sechzehn Tage im August
by Oliver Hilmes

希特勒辦的奧運：1936 年的納粹盛典
（初版書名：柏林 1936：納粹神話與希特勒的夏日奧運）

作　　者　奧利弗・希爾梅斯
譯　　者　傅熙理
責任編輯　張瑞芳、李季鴻（二版）
校　　對　魏秋綢
版面構成　張靜怡
封面設計　児日設計
行 銷 部　張瑞芳、段人涵
版 權 部　李季鴻、梁嘉真
總 編 輯　謝宜英
出 版 者　貓頭鷹出版

發 行 人　凃玉雲
發　　行　英屬蓋曼群島商家庭傳媒股份有限公司城邦分公司
104 台北市中山區民生東路二段 141 號 11 樓
畫撥帳號：19863813；戶名：書虫股份有限公司
城邦讀書花園：www.cite.com.tw　購書服務信箱：service@readingclub.com.tw
購書服務專線：02-2500-7718~9（週一至週五 09:30-12:30；13:30-18:00）
24 小時傳真專線：02-2500-1990~1
香港發行所　城邦（香港）出版集團／電話：852-2877-8606 ／傳真：852-2578-9337
馬新發行所　城邦（馬新）出版集團／電話：603-9056-3833 ／傳真：603-9057-6622
印 製 廠　漾格科技股份有限公司
初　　版　2017 年 9 月／二版 2023 年 7 月
定　　價　新台幣 500 元／港幣 167 元（紙本書）
新台幣 350 元（電子書）
I S B N　978-986-262-642-9（紙本平裝）／ 978-986-262-643-6（電子書 EPUB）

讀者意見信箱　owl@cph.com.tw
投稿信箱　owl.book@gmail.com
貓頭鷹臉書　facebook.com/owlpublishing

【大量採購，請洽專線】(02) 2500-1919

城邦讀書花園
www.cite.com.tw

國家圖書館出版品預行編目資料

希特勒辦的奧運：1936 年的納粹盛典／奧利弗・希爾梅斯（Oliver Hilmes）著；傅熙理譯 . -- 二版 . -- 臺北市：貓頭鷹出版：英屬蓋曼群島商家庭傳媒股份有限公司城邦分公司發行 , 2023.07
面；　公分
譯自：Berlin 1936: Sechzehn Tage im August
ISBN 978-986-262-642-9（平裝）

1. CST：希特勒時代　2. CST：納粹
3. CST：奧林匹克運動會

743.257　　112007609

本書採用品質穩定的紙張與無毒環保油墨印刷，以利讀者閱讀與典藏。

好評推薦

獨裁政權的戲碼眾多，不變的是一步步緊縮，讓身歷其境的人在時間的推進中一點一滴喪失自由，直至性命與所有。納粹獨裁寫下的悲愴歷史仍不斷創造驚悚，但本書能用輕鬆敘事的口吻，引人入景歷歷回溯。在柏林八十年前的一場夏日運動競技中，細訴希特勒政權充滿偏見跟歧視的抓權絕技。它告訴你政治無所不在，尤其是獨裁政權爪牙的意志。所有的滲透只為控制與製造恐懼，藉此綿延獨裁者的統治生命。代價，卻是整個世代的自由與許多無辜的性命。

——胡蕙寧／德國慕尼黑大學法學博士，資深駐歐洲特派記者

一九三六年的奧運，帶給世界和平與美好的想像，卻也隱藏著巨獸欲將吞服世界的野心。這部探究歷史真相的書，用日記兼小說的筆法，讓我們如歷其境，也讓我們看到，哲學家漢娜鄂蘭所指述的邪惡的平庸，是怎樣在社會各階層蔓延展開，並讓我們感同身受被歧視受害人物的孤援無助。歷史學家希爾梅斯透過建構過去獨裁的歷史真相，其主要目的，不是要揭瘡疤，而是要借助真相，提示世人民主的難能珍貴，並增加民主認知的深度。

每個人都有自己的立場，但真相不容抹滅。

——劉威良／《借鏡德國》作者

一九三六年，柏林的夏天，德意志帝國為奧運鑄造了一個極大的銅鐘，刻著腳踩五星環的帝國之鷹，腳底是納粹符號，以及奧運標語：「我呼喚世界的青年！」這說出了第三帝國舉辦奧運的雄心壯志：這不只是一場展現國力的慶典，還必須讓世界看到愛好和平與開放的德國。我讀本書彷彿看一場諜戰電影，注定開戰的國際局勢已能在那個夏天看出端倪，權力核心與局外人一同在柏林登台，每個大小人物都在盛典中爾虞我詐，一起演出了一場建立在謊言與歧視上的盛大派對。

讀本書還可讀到權力如何被置用、被宣傳，以及政治與運動之間的複雜關係，在美國剛剛爆發極右派攻擊事件，讀當年美國人在德國如何遭受敵意，格外感嘆。帝國想呼喚的並非全世界的青年，猶太人、同性戀者、有色人種、墮落藝術家及音樂人……都不在名單內，美國天才黑人跑者傑西．歐文斯當然也不是。本書記錄他的參賽過程，那是運動史的傳奇。他參加的一百公尺、兩百公尺、跳遠、四百接力項目，全部都以打破奧運紀錄或世界紀錄的霸氣奪金，讓在元首觀戰包廂裡的希特勒極為氣惱。而猜猜歐文斯腳下是誰家的鞋子？愛迪達──創辦人在一九三三年起就加入納粹黨了。黑人雖非雅利安人喜愛的種族，可是誰才是應被愛迪達呼喚的青年？這位運動員打破了希特勒擬把奧運打造為白人至上主義大型宣傳工具的企圖，而八十年後，我們不能不思考，真的告別了那場盛典了嗎？

──蔡慶樺／獨立評論@天下「德意志思考」專欄作者

推薦序

光鮮的和平假象

林育立／旅德記者

近代國家傾全國之力在首都主辦大型運動盛會，宣揚國家形象，最早可追溯到八十年前的柏林奧運。當時，第一次世界大戰的陰影尚未完全褪去，世人莫不渴望和平，納粹德國在國際社會的眾目睽睽下，精心打造四海一家的盛世景象。德國暢銷作家希爾梅斯的這本新書《希特勒辦的奧運》，寫的就是奧運進行的十六天發生在這個城市的故事。

為了展示大國的實力，德國為柏林奧運投入前所未見的資金、人力和轉播技術，連比賽項目的數量和參賽人數，在人類的運動史上也是史無前例，受到各國媒體的高度關注。此外，奧運的歷史上也首度出現聖火傳遞，火炬在希臘神話的聖山奧林帕斯山點燃後，繞行各國接受民眾夾道歡呼，既達到宣傳效果，也為奧運會賦予崇高的傳承意義。

本書的主題雖然是奧運，但賽事只是配角，幕前幕後的故事才是主體。作者希爾梅斯曾接受專業的史學訓練，他在書中大量引用名人日記和新聞報導，巧妙揉合目擊證人的口述和虛構元素，為歷史書寫闢出一條新徑。全書如日記般一天一篇，猶如連演十六場的戲，細膩又生動的描寫讓人身臨其境。

在他的筆下，納粹德國刻意表現出開放和好客的形象。象徵科技先進的齊柏林飛船，不時在天空盤旋，專程來參加奧運的十幾萬各國觀光客享受貼心餐飲服務的同時，也對雄偉的奧林匹克體育場、井然有序的公共交通和精緻的藝文節目讚嘆不已。

到了夜晚，全城的酒吧和宴會更是笙歌不斷，各國賓客隨著時下最流行的搖擺樂和流行歌曲起舞，戲院公演的歌舞秀節目名稱是《美麗世界》。才剛成立蓋世太保對付反對派的納粹領袖戈林，此時化身成奢華宴會的主辦人，身著夢幻的白衣討好國際貴賓。連善於煽動仇恨的宣傳部長戈培爾也不甘示弱，邀請客人到河上的小島上享受佳餚和欣賞煙火，並伺機宣揚和平的理念。

然而，奧運舉行的前一年，納粹才剛頒布排猶的紐倫堡法案，毫不掩飾赤裸裸的種族主義。在希爾梅斯勾勒的奧運全景圖中，出現多位不為人知的人物，透過他們悲慘的遭遇和官方的內部文件，我們馬上看穿太平的表象。

原來，納粹怕影響國際觀感，擅長用低級文字煽動對猶太人仇恨的《衝鋒報》，在奧運的前夕忽然不見蹤影。宣傳部主導的帝國媒體會議，每天發布指示，統一全國媒體的報導口徑，以免露出種族歧視的馬腳。即便對猶太人和同性戀者等少數族群的迫害暫時停止，仍有軍官因為猶太血統走投無路而自殺，也有變裝者因為怕被認出來不敢上街，結果病死在家中。

在媒體視野看不到的城外，政治犯正在集中營內受到慘無人道的虐待，「不歡迎猶太人進入我們德國森林」的標語依舊存在。作者還在每一篇的開頭附上當日的氣象報告，柏林奧運原來不像里芬斯塔爾的紀錄片《奧林匹克》所呈現的天天是好天氣，而是溼冷且經常下雨，凸顯表裡不一的假象。

運動賽事是凝聚國族認同的最佳手段。柏林的奧林匹克運動場內，民眾的愛國情操和狂熱的領袖崇拜如排山倒海，希特勒的國內外聲望在奧運期間達到最高點，一位來自美國的中年女性甚至忍不住偷親他一下，在國際媒體上造成轟動。不過，藉由一位美國作家的見聞，和納粹高官在酒酣耳熱之際不經意的透露，偽善的面具逐漸被揭開。

就在奧運開幕的幾個月前，納粹德國才撕毀國際協定，出兵西部的萊茵蘭區，當時各國全都保持沉默，還在接下來的柏林奧運中自以為看到和平的曙光。沒想到，閉幕式投射在夜空的光束一熄滅，向德國人民許諾強國夢的希特勒，隨即宣布擴軍的計畫。

一如戈培爾在日記中寫下的句子：「奧運之後我們將動粗」，那十六天短暫的和平插曲，終究只是用來掩飾征服的野心，納粹在柏林奧運成功騙了全世界。

一九三八年，德國先後合併奧地利和出兵占領捷克的蘇台德區，緊接著，全國上千座的猶太教堂被縱火和搗毀，全面啟動對猶太人的迫害。一九三九年九月一日，柏林奧運結束後三年，德國的軍艦向波蘭開火，正式引爆第二次世界大戰。

導讀

柏林一九三六，奧運盛事的背後

周惠民／政治大學歷史系兼任教授

《希特勒辦的奧運》一書講述一九三六年柏林奧運會的過程。許多讀者也許會直覺認為，這場賽事原就是國社黨政權精心設計，但此事實有前情、有轉折，並不平靜。十九世紀末，在幾位熱心人士奔走呼籲之下，催生了現代國際奧林匹克運動會，前幾次比賽都在歐洲舉行。一九一二年，奧林匹克委員會原本議決於一九一六年在柏林舉辦第六屆奧運會。賽會籌備期間，第一次世界大戰爆發，柏林因此放棄籌辦。而大戰之後，國際奧委會又以德國發動戰爭為由，將之排除於奧運會之外。一九二五年，德國才得以恢復會籍，並爭取主辦權，以彌補當年遺憾。

一九三〇年五月，德國奧委會趁國際奧委會大會在柏林舉行之際，提出申辦一九三六年奧運會的計畫。當年總共有十三個城市申請，包括法蘭克福、紐倫堡、科隆與柏林等四個德國城市。經過幾次討論，巴塞隆納與柏林進入決選名單。但西班牙內戰不斷，奧委會乃於一九三二年決議由柏林承辦第十一屆奧運賽事。

當時，希特勒領導的國社黨雖然在選舉中漸有斬獲，但尚不能獲得過半席次。國社黨並不支持奧運，認為「奧運會是猶太人及和平主義者的花招，德國運動員也不該與黑人同場競技」。一九三三年，國社黨成為主要政黨，經過幾次組閣、倒閣之後，希特勒獲得籌組內閣之機會。當家不鬧事，希特勒改變對奧運會的態度，願意大力支持。但希特勒的反猶言論已經引起許多國家注意，以美國為主的國家並不相信國社黨政府能夠遵守奧林匹克憲章精神，直覺認為種族與信仰的歧視不能避免。

德國外交部為維持其國際形象，特以書面慎重聲明，保證各國選手不受其種族、信仰影響，都能參賽。只是這份聲明並未事先知會希特勒，希特勒當然也不同意這樣的內容。德國奧會最後被迫接受希特勒的意見，以猶太人「缺乏倫理資格」為由，禁止猶太裔選手代表德國參賽。

一九三〇年代初，德國仍背負龐大戰債，加上一九二九年世界經濟蕭條影響，經濟相當疲弱。但國社黨提出許多振興經濟的政策，效果頗佳，一時之間，希特勒頗孚眾望。國社黨也能掌握先進科技，不斷發動宣傳。一九三四年國社黨在紐倫堡召開黨大會之時，曾邀請一位年輕的藝術家萊尼・里芬斯塔爾（Leni Riefenstahl）拍攝紀錄宣傳片。萊尼握有極為龐大的預算，組織一個一百七十人的工作團隊，運用三十六部攝影機，成功推出一組三部曲，包括《信念的勝利》（*Der Sieg des Glaubens*）、《意志的勝利》（*Triumph des Willens*）與《自由之日——我們的國防軍》（*Tag der Freiheit! – Unsere Wehrmacht*）。其中，《意志的勝利》一片獲得許多獎項，包括德國國家電影獎、威尼斯電影獎中的最佳外國紀錄片及巴黎世界展中的大獎。自此，萊尼成為國社黨最佳代言。

德國辦理柏林奧運會時，也利用新科技及新元素，不斷宣揚其理念。例如點燃奧運火炬儀式和盛大的開幕表演。當時剛普及的電視也能提供許多觀眾賽事的畫面，讓人印象深刻。德國奧委會特地安排一項火炬傳遞儀式，在開賽前十天派遣火炬小組前往希臘，以凸透鏡點燃火炬，一路經巴爾幹半島、奧地利、捷克，抵達柏林會場。這項儀式也成為奧運會的傳統。

奧運會開賽之前，希特勒定調：要以此賽事證明雅利安人遠較其他人種優秀的種族理論。一九三六年八月，第十一屆奧林匹克運動會正式展開，一共有來自四十九個國家的三千多位選手參加，中華民國也派出代表團。日本代表團為亞洲最大，包括來自朝鮮半島殖民地的長跑選手孫基禎。孫基禎獲得馬拉松金牌，卻只能以日本人身分領獎。

希特勒原希望將這場奧運會做為宣傳其種族理論的舞台，因此決定全力支援，修建大型體育場館，並撥款兩千萬馬克。當時所有宣傳都以「雅利安人種的優勢」為重點。希特勒還希望日後奧運會永遠在柏林舉行。但此屆奧運之後，奧運也因為第二次世界大戰的戰火而停辦，直到戰爭結束後才得以恢復。

的確，在柏林奧運中德國獲得最多獎牌，遠超過其他國家。但美國非裔選手傑西・歐文斯獲得一百公尺、兩百公尺、四百公尺接力及跳遠共四枚金牌，對希特勒的「種族理論」無疑是當頭棒喝。

柏林奧運另有一項創舉：拍攝紀錄影片。希特勒對萊尼・里芬斯塔爾的作品相當滿意，因此邀請她拍攝奧運紀錄片。萊尼獲得德國宣傳部門提供的一百八十萬馬克經費，組成龐大工作團隊，從一九三六年八月一日起，運用各種攝影角度拍攝賽事，十六天賽會中，一共拍攝四十萬公尺影片。賽事結束後，萊尼又花了十個月時間，才剪接成《民族慶典》（*Fest der Völker*）與《美的慶典》（*Fest der Schönheit*）兩部作品。由於拍攝製作的經費消耗甚快，萊尼也不斷要求提高預算，光是導演片酬就高達四十萬馬克，當時的天文數字。一九三六年十一月六日，德國宣傳部首腦戈培爾在日記記載了萊尼要求追加五十萬馬克預算之事，但萊尼始終獲得希特勒的支持，戈培爾無力反對，只能繼續撥款。

一九三八年四月二十日，萊尼在柏林舉辦電影首映會，放映這兩部奧林匹克紀錄片以慶祝希特勒四十九歲生日。電影除了引起德國的熱烈反響，歐洲許多國家也好評不斷，法國、義大利都頒給萊尼大獎，連日本都於一九四一年頒給萊尼一個獎項。倒是英國因為德國出兵東歐，拒絕這兩部影片。一九三八年十一月，萊尼前往美國，一方面要推銷這兩部影片，也希望能獲得在美國發展的機會。就在她要遠行之際，德國於十一月九日夜裡發動大規模迫害猶太居民的「水晶之夜」（Reichskristallnacht）的反猶行動，美國開始出現各種反對國社黨的聲浪，萊尼因意識形態與希特勒相當接近，也遭強烈抨擊，鎩羽而歸。沒想到一九四八年，國際奧委會還頒給萊尼證書，肯定兩部影片的成就。

本書詳細描繪十六天賽會發生的重要事件，意象鮮明，讀者彷彿身臨其境，如果了解其前因與後續發展，應當對這十六天的體育盛事更有體會。

希特勒辦的奧運：一九三六年的納粹盛典　目次

一九三六年柏林夏天。
上萬名看熱鬧的民眾成天夾道兩旁，
等待阿道夫．希特勒的座車經過。

一九三六年八月一日，星期六

帝國氣象局柏林氣象報告：

多雲偶陣雨，強烈西南西風。十九度，氣溫稍涼。

亨利・德・巴耶拉圖伯爵套房裡電話輕聲響起。門房報告：「閣下，已經七點三十分了。」伯爵回答：「好，我已經醒了。」巴耶拉圖下榻的阿德隆大酒店，全體員工以尊榮的禮遇來招待這位貴客，因為他可是比擬政府首長的人物，然而他既不統治任何領土，也不領導共和國，更非一國之君——巴耶拉圖是國際奧林匹克委員會（IOC）的主席。一旦今天十七點十四分柏林奧林匹克體育場的奧運會旗準時升空，這位六十歲的比利時人便將有十六天的時間，接管柏林全部體育場的「領空指揮權」。

大權在握之前，尚有緊湊的行程待巴耶拉圖主席完成，他得和奧委會的同事參加禮拜以及德國國防軍儀隊閱兵典禮，最後在名為「新崗哨」的第一次世界大戰陣亡烈士紀念碑獻上花圈。緊接在軍事儀式之後，納粹帝國空軍元帥赫爾曼・戈林將以普魯士*總理的身分歡迎國際奧委會諸委員。

八點已至，阿德隆大酒店前的巴黎廣場回響著進行曲，且頻遭起床號和歌曲〈享受生活〉打斷。這場名為「大號召」的儀式，是國家社會主義†黨向國際奧委會致上的諸多敬意之一。巴耶拉圖主席站在套房窗前觀看著這一片喧囂時，覺得自己宛如國家元首般，阿德隆大酒店就是他的政府駐地。國際奧委會進駐在柏林最高級的地段：飯店對面是法國大使館，左側布蘭登堡門光芒閃耀，緊鄰著柏林這座赫赫有名的地標的，則是屬於美國的布呂歇爾宮。美國大使館本該設在這棟寬敞的建築裡，只是這區建築群在一九三一年焚毀，而重建又推遲。阿德隆大酒店接鄰巴黎廣場那一面，坐落著歷史悠久的藝術學院；面向威廉大街那側的史陶斯堡，則是英國大使館的駐地。

此刻巴耶拉圖主席已享用完畢早餐，準備好離開阿德隆大酒店了。為了今天的盛會，伯爵特地隆重打扮：灰色褲子、深色燕尾服、帶綁腿的鞋子、大禮帽，以及一圈華麗的官銜鍊帶。納粹宣傳部部長約瑟夫．戈培爾見到他時，心裡不禁默默搖頭。他在日記中寫道：「奧委會主席看起來就像跳蚤馬戲團的團長。」[1]

寶琳．史特勞斯真的很難相處。寶琳女士是知名作曲家理查．史特勞斯的夫人。她做得出

＊普魯士王國，德語：Königreich Preußen，是一個位於現今德國和波蘭境內的王國，存在於一七〇一年至一九一八年，同時也是從一八七一年至一次大戰戰敗前，領導德意志帝國的政治實體。一九一九年根據威瑪憲法，普魯士成為德國的一個邦，即「普魯士自由邦」，實行地方自治，其領土即原普魯士王國的疆域。一九三三年一月三十日納粹黨上台執政，隨後廢除德國的地方自治制度，普魯士憲法被廢，邦議會和立法機構遭到解散，僅保留行政單位。

†國家社會主義，德文：Nationalsozialismus，簡稱 Nazi，納粹。

當面羞辱陌生人此類事情，就算是朋友和熟人，也難逃她匪夷所思的無禮對待。「寶琳女士剛才喝茶時，竟一反常態，表現得相當可愛，但後來她半歇斯底里的無禮行為又發作了。」收藏家哈利．凱斯勒伯爵回憶起柏林高級餐廳裡的一場遭遇。桌上擺置了昂貴的瓷器、典雅的銀餐具以及擦拭得晶亮的玻璃杯，穿制服的侍者悄無聲息穿梭室內，客人壓低聲音交談，寶琳則反其道而行。哈利伯爵談起巴黎一位知名美食家身上一件枯燥無味的軼事時，寶琳女士竟大聲嚷嚷地打岔：「等您講完這個故事，那位美食家早就死了，早死透了！是不是！這麼無聊的故事竟還講得這麼慢！你們還不如瞧瞧那邊的那隻肥豬呀……」在座客人全都目瞪口呆地看著她。「有沒有！那肥豬，那桌的胖軍官呀！」寶琳女士邊說，邊用手指著鄰桌一位圓潤無比的少尉。「喲，猜猜如何？我現在要略施魅力來勾引那隻肥豬。」她一面重複「肥豬」這個字眼，一面緊盯著少尉，直到最後她終於得意大叫出來：「快看吶！那隻肥豬正在對我拋媚眼。我非常確定，他要走過來加入我們這桌了。」在座一片鴉雀無聲。同時也在場的作家胡戈．馮．霍夫曼史塔，手足無措盯著自己的盤子，理查．史特勞斯的臉色則是一陣紅一陣白，但他對於自己夫人炒出來的駭人場面保持沉默，也許是為了避免發生更糟糕的事吧！據說在某個類似的場合中，他曾責罵過她，而她竟當著眾人的面對他大吼：「再說一個字，理查，我就走上腓特烈大街，勾搭第一個遇上的男人。」[2]

也難怪寶琳是酒店全體門房、服務生和清潔女工的一大災難。昨天上午史特勞斯夫婦在女管家安娜的陪同下，抵達了布里斯托酒店。布里斯托酒店位於柏林宏偉的菩提樹下大街，離著名的阿德隆大酒店不過擲石之遠。想當然了，酒店裡現代化的舒適設備一應俱全，例如配有獨立衛浴、以典雅家具裝飾的寬敞客房與套房。此外，酒店還擁有特別漂亮的交誼空間：茶廳已擺出現代流行的沉甸甸的英國真皮家具，而閱覽室則大致還維持著復古的哥德式風格。

史特勞斯幾乎找不到機會享受下榻處的舒適。昨天他忙著排練，今天下午行程表上安排的是新創作曲的首演，明天上午他就得離開柏林前往慕尼黑。身為當代最具代表性的作曲家，史特勞斯毋庸置疑是位大忙人：三月他完成了穿越義大利、法國，直抵馬賽的巡迴演奏會，四月他在巴黎和科隆指揮，六月在蘇黎世，最後再度回到科隆。此外，七十二歲的史特勞斯還得經常擠出時間來寫新作品。幾個鐘頭後即將首演的曲目叫做〈奧林匹克頌〉，是他為了今天奧運開幕慶典，由奧林匹克委員會委託所作的曲子。史特勞斯自誇，無論什麼他都可以譜上曲。有一次他譏諷：「什麼是音樂家該有的樣子，就是連菜單也能譜上音符！」他覺得作曲始終是勤勞和紀律的問題。抱著斯多噶學派人神合一的平靜，他坐在書桌前，擬出一首又一首的作品。若干年後，德國社會哲學家狄奧多．阿多諾，將在這位「作曲機器」烙上挖苦的字眼：史特勞斯背叛了提倡創新的現代主義並巴結大眾，他是膚淺的大師，為了幾枚銅板就輕易出賣自己所作的曲子。

寫給合唱團和交響樂團演奏的〈奧林匹克頌〉，對他而言顯然屬於勞動的範疇，因為一遇上運動，史特勞斯就退避三舍。他曾批評：滑雪是挪威鄉下郵差的工作。一九三三年二月，他知道家鄉加爾米施市為了籌措冬季奧運經費而計畫徵收特別稅後，就寫信給地方議會堅決表達抗議。「我反對決議中那項為了支付運動鬧劇和不必要的奧運宣傳開銷所新徵的市民稅，因為我不會使用任何一項運動設施，包括滑雪道、滑雪丘等；我也甘願放棄使用車站前的凱旋門，所以請免除我的稅責，並讓那些奧運狂熱份子去負擔吧！我的小皮夾為了那些以社會救濟之名來支持懶人的國家稅，和在加爾米施市嚴重氾濫的乞丐，早已吃不消了！」[3]

所謂有錢能使鬼推磨，史特勞斯的抗議並不影響他索取一萬帝國馬克的報酬，來創作用來慶祝「運動鬧劇」的〈奧林匹克頌〉。不過，這筆巨款遠超過奧林匹克委員會的預算，經過長時間的討價還價後，史特勞斯居然放棄全部報酬。因此不出所料，這項工作他做來半點勁也沒有！一九三四年十二月，他寫信給作家史蒂芬．茨威格：「我在聖誕假期閒來無事時，寫這首給無知大眾的〈奧林匹克頌〉來打發時間。我這個對運動不屑一顧的人呀！游手好閒還真是萬惡之首。」[4]

〈奧林匹克頌〉的歌詞是由有獎徵詞選出，出自失業演員兼即興詩人羅伯特．魯邦筆下。宣傳部長約瑟夫．戈培爾曾抱怨魯邦的歌詞不符合「第三帝國」的精神，之後好幾處的歌詞便遭到異動。魯邦的原詞「戰鬥的格言是和平」，被改為「戰鬥的格言是榮譽」；「法律力量為最高原則」這句措詞，則被斷然改為「忠誠宣誓為最高原則」。無論羅伯特．魯邦喜不喜歡，他都必須服從！身為合約委託者的奧林匹克委員會既然沒有提出異議，理查．史特勞斯大概也覺得無所謂。

一九三四年十二月，這首大約四分鐘的作品完成後，史特勞斯直接找上帝國總理府祕書長漢斯．海因里希．蘭馬斯，請求讓他演奏〈奧林匹克頌〉給希特勒聽。「因為這首歌應該先讓元首兼奧林匹克贊助人喜歡才對。」[5]經過長時間的溝通往返後（希特勒對於見面的興致不如史特勞斯那麼高），雙方終於取得一致意見，會面定在一九三五年三月底。史特勞斯在希特勒公寓舉辦的私人音樂會結束後，贈送「元首」一份簽名手稿，希特勒則心懷感激地收下。

史特勞斯會這麼巴結政權，乃出於一個俗不可耐的理由：他的新歌劇《沉默的女人》，即將在一九三五年六月於德勒斯登市首演，但宣傳部長約瑟夫．戈培爾反對這部作品，因為腳本出自史蒂芬．茨威格之手，身為猶太作家，茨威格在「第三帝國」可算是拒絕往來戶。不過希特勒頒給這齣歌劇特別許可，顯然是為了感謝史特勞斯寫的〈奧林匹克頌〉。可是，這位聞名世界的作曲家，不久後在納粹德國的官聘事業陷入了嚴重危機——某天蓋世太保攔截到一封史特勞斯寫給茨威格的信，信中他大開自己任職的帝國音樂院院長工作的玩笑。一九三五年七月中旬，史特勞斯得辭去公職，而《沉默的女人》則在兩次連續演出後取消了。這場風波若是發生在不怎麼知名的藝術家身上，可能輕易就將他宣告出局，只是史特勞斯實在太有名了，時間拖得一久，就連納粹也拿他沒轍。風波在一年後逐漸平息下來，一九三六年夏天，史特勞斯獲准親自指揮〈奧林匹克頌〉的處女秀。此刻史特勞斯夫婦倆正坐在布里斯托酒店裡稱為梯廳的餐廳享用早餐，一如往常，寶琳欺負著服務人員；理查．史特勞斯則想著，今天下午在成千上萬無知大眾前指揮該是如何光景。

⁝

「我們現在究竟在哪裡？」馬克思．馮．荷由斯問室友漢納斯．陶洛夫特。他剛醒過來，還搞不清楚自己睡了多久。打了個哈欠，揉揉眼睛，又伸了個懶腰。「還在易北河上。」漢納斯回答，馬克思看來不是特別失望。「我餓死了！」他一邊大叫，一邊盪出他的鋪位[6]。兩個年輕人共用烏薩拉莫蒸汽郵輪裡的一間臥艙，正在漢堡前往西班牙的航道上，與其他超過八十人同屬於一個號稱「旅行聯盟」的團體。旅行聯盟由男人組成，他們的舉止奇特，還和其他的乘客不相往來。若是詢問他們旅行的目的，他們則沉默以對。這些男人看來不像有錢的郵輪旅客，因為舉手投足不夠優雅，又不甚吻合他們的平民穿著，幾乎可以把他們視為軍人。他們攜帶的大量旅行箱引人側目，那些在漢堡搬上船的無數大箱子裡到底裝著什麼？直到現在還是令人摸不著頭緒，只能確定一點：「旅行聯盟」非比尋常。

十二點，柏林博物館島的盧斯特花園希特勒青年團*開始召集，大約兩萬九千名男女青年直挺挺地列隊站立。從柏林城市宮的屋頂可以清楚鳥瞰這塊介於舊博物館、柏林大教堂和城市宮之間的寬敞區域。單一的人形已經無法從這個數量辨識出，可以看到的就只有一團人的聚集。正如這幾日舉辦過的諸活動，這支聲勢浩大的隊伍也是準備好給外賓看的一種示威——散發出希特勒可以依賴國內年輕人的訊息，不用懷疑，也可以將之理解成一種威脅。

好似上了油的齒輪組合，此刻各色節目環環相扣。國際奧林匹克委員會的歡迎儀式即將準時落幕，接下來所有貴賓只須從舊博物館的圓頂廳移動幾公尺到建築物前方。一座演講台搭設在舊博物館通往盧斯特花園的戶外階梯上，帝國青年團領袖巴爾杜爾・馮・席拉赫、帝國體育部部長漢斯・馮・夏瑪・歐斯騰、帝國教育部部長班恩哈德・盧斯特和最後的約瑟夫・戈培爾，正輪流對希特勒青年團演講。宣傳部長在日記裡記錄：「好一場演出，言語無法形容。後來奧林匹克火炬抵達，感人的一刻。天空細雨微飄。」[7]

*希特勒青年團，德文：Hitlerjugend，縮寫為HJ，是一九二二年至一九四五年間由德國納粹黨設立的青年組織。

奧林匹克火炬傳遞，在盧斯特花園劃下暫時的終點，但火炬並非如大家所想，是名正言順地源自希臘傳統，而是來自一位烏茲堡的體育人士的發明——五十四歲的卡爾・笛安任職德國奧運組織委員會總書記，是柏林奧運的幕後推手。狡黠的笛安宣稱：火炬傳遞源起奧林匹克，途經雅典、德爾菲、塞薩洛尼基、索菲亞、貝爾格萊德、布達佩斯、維也納、布拉格、德勒斯登，最後抵達柏林，足足三千公里長的路程，搭起一座古今相連的橋樑。至於古典時期的奧林匹克運動會沒有火炬傳遞這回事，笛安絲毫不引以為意，他在乎的是，能不能儘量賦予柏林奧運一種神聖莊嚴的性格。負責組織盧斯特花園青年團集會的宣傳部部長戈培爾，一聽到這個主意便心花怒放不已。戈培爾請火炬傳遞人先穿越舊博物館前希特勒青年團夾道歡迎的隊伍，點燃那邊的聖火壇，接著再帶著火炬跑向城市宮前的各國國旗聖壇，點燃第二道火燄。

一隊大型轎車組成的車隊準備就緒，將國際奧林匹克委員會代表成員和其他貴賓載往威廉大街上的總理府。巴耶拉圖主席在那兒發表演說，向希特勒和德國的好客致謝。東道主希特勒則三言兩語回應，並強調這次比賽族群聯合的特性。行程表上十四點整簡短寫著：「點心」。

⸻

十五點到十五點七分之間，希特勒的客人離開總理府前往奧林匹克體育場。車隊從威廉大街轉入「凱旋大道」——主辦單位這麼稱呼這條足足十一公里長、介於城市東邊盧斯特花園和西邊奧林匹克體育場的慶典大街。古代羅馬只有凱旋歸來的沙場將領才得以風光繞行的「凱旋大道」，在柏林，希特勒乘著一台敞篷賓士，從凱旋大道滑行進入會場。比賽在一個仿照羅馬圓形競技場所建而成的大競技場內舉行，真是譁眾取寵、討好民眾的手段＊！

大街兩旁綴滿巨大的卐字旗與奧林匹克會旗，約有四萬民衝鋒隊隊員維護治安。夾道歡迎的行列後面，站著成千上萬名看熱鬧的民眾，他們等待著行程表上十五點十八分安排的：元首啟程前往奧林匹克體育場。

群眾深處，有個叫做湯瑪斯·克萊頓·伍爾夫的三十五歲的美國人。湯姆（他的朋友這麼稱呼這位年輕人）來自北卡羅來納州的阿什維爾市，不久前才抵達柏林。他約兩百公分高的身軀和一百二十公斤的體重，實在是個令人難以忽視且敬畏三分的巨人。大家可能會以為他是推鉛球的，但這卻差得遠了！湯姆是位作家（甚至很有名氣），他的處女作《天使望鄉》由羅渥爾特出版社在一九三二年出版了德文譯本，湯姆的發行人恩斯特·羅渥爾特因為出版此書而大獲成功，評論家紛紛表示熱愛這位來自新世界的作家，不到一年的時間，本書經由書店櫃檯銷

＊此處原文寫：麵包和馬戲，拉丁原文：Panem et circenses，出自羅馬詩人，形容政客譁眾取寵、討好民眾的手段。

售了一萬多冊。

湯姆首次來到德國旅行是在一九二六年年底，當時他在斯圖加特市和慕尼黑待了兩週，自此以後，他幾乎每年都會再抽出時間回來德國。一九三五年，他首度來到令他無比傾心的柏林。他在日記中吐露：「我的人生應該再也不會浮現這種感覺了，宛若一種篤信，篤信我首度踏進了世界上最重要的一個大都會裡。」接下來幾週在德意志帝國的首都，湯姆體驗了無與倫比的陶醉：「放肆、奇妙、無法置信的狂歡派對、社交茶會、晚宴與夜夜笙歌、報紙採訪、電台節目、拍照等等。」[8]俗話說一見鍾情，就是他對柏林的感覺，至於柏林同時也是一個殘忍獨裁的動盪中心（跟蹤、監禁或謀殺政治對手），湯姆似乎一點也不感興趣，或是說「還」不感興趣。此刻這位美國人大讚德國人：「是我在歐洲認識最乾淨、最友善、最熱心又最誠實的民族。」[9]

一九三五年六月中旬，湯姆離開了施普雷河畔的柏林時，他堅信，一定要再找機會回來。而這個機會出現在一九三六年八月，羅渥爾特出版社發行他的小說《時間與河流》，此刻正是打廣告的大好時機。同一時間在柏林舉行的奧運賽，更為這位熱愛運動的美國人，增加了個錦上添花的動機來踏上這條穿越大西洋的航道。

和去年無異，湯姆依舊住在動物園旁的旅館。此區雖然沾不上「上流社會」的邊，卻有著得天獨厚的優勢。動物園旁的這家旅館十分舒適，湯姆喜歡這種舒適，但又不至於像阿德隆大酒店、布里斯托酒店或是艾登酒店那麼裝腔作勢。他特別屬意旅館位於選帝侯大街的地理位置，這麼一來他根本就不必到阿德隆大酒店所在的布蘭登堡門呀，因為選帝侯大街才是真正的柏林！每回湯姆離開旅館望向左方，威廉皇帝紀念教堂的金色鐘樓光芒閃耀，宛如一段魔幻時光。他知道，柏林有一道特別的魔法俘擄著他，使他沉迷於這座城市。選帝侯大街上連綿不絕的咖啡館、餐廳和酒吧，甚至讓湯姆感覺整條大街首尾相連形成一間龐大無比的咖啡館。「行人在選帝侯大街的行道樹下悠閒散步，咖啡館的戶外平台高朋滿座，時光好似黃金般閃耀，空氣宛如音樂般蕩漾。」[10]湯姆無論如何都不想在柏林其他的地方生活，只想在此地！

此刻湯姆和眾人並肩站在「凱旋大道」等待。他回憶道：「元首發亮的座車緩緩駛近。他毫無動作、毫無笑容，筆直地站在車裡，是一個個子小、膚色深、蓄著小鬍子的男人。他的前臂上抬、掌心朝外，不似一般的納粹禮，而更似佛陀或救世主彌賽亞高舉著祝福的手勢。」[11]

⸻

十三點整，奧林匹克體育場大門開啟。約十萬名來自世界各地的觀眾受大會要求，最晚十五點三十分以前要入座。有史以來的最大飛行器——兩百四十六公尺長的齊柏林飛船「興登堡」盤旋在會場上空，下方競技場場內則有奧林匹克交響樂團的慶祝音樂會助興。節目表上列著李斯特的高難度樂曲〈前奏曲〉，此外還有「第三帝國」不可或缺的華格納的歌劇《名歌手》序曲。馬拉松大門上，塔樓的大時鐘指向十五點五十三分，安排在塔樓高處的小號和長號無預警地吹響號角。十分鐘後（準十六點整），阿道夫．希特勒在國際與國家奧林匹克委員眾委員的陪同下，經由馬拉松大門旁的大台階步入會場。號角聲漸微，交響樂團跟著演奏華格納的〈崇拜進行曲〉，這首為向國王路德維希二世致敬而寫的進行曲，可算是這位作曲家最差勁的作品，內容乏善可陳得近似尷尬，主辦單位則默默地買單，此等場合上，曲名比音樂本身更加重要，還不是為了向阿道夫．希特勒致敬！此刻他正如羅馬皇帝般，緩步徐行穿越會場走向貴賓包廂，途中「元首」必須暫時停下腳步，因為卡爾．笛安的五歲女兒古德蓉正拿著一束鮮花攔在路上。「我的元首萬歲！」據說小女孩講了這句話。她的爸爸大人裝作跟希特勒一樣又驚又喜，並表示對這場「加演節目」事前毫不知情。

希特勒進入包廂時，交響樂團正演奏著一首由國家社會主義倡導，取自〈德意志之歌〉和〈霍斯特．威塞爾之歌〉各自第一小節所組成的〈雙國歌〉*；參賽各國國旗沿著會場旗竿爬升，奧林匹克鐘聲飄揚飛越會場西邊的大草坪「五月田」傳入場內。接下來參賽隊伍開始繞場遊行，以希臘為首，德國壓軸。相較之下，觀眾對英國隊不瞅不睬（戈培爾在日記寫上：「真尷尬」），對法國隊則爆發出一陣熱烈掌聲，因為法國選手高舉右臂敬禮。事後法國大公國的發言人解釋，那並不是「希特勒禮」，而是奧林匹克禮，然而兩者很難分辨，無論如何在場的人都確信法國人敬了「希特勒禮」。

希特勒右側坐著巴耶拉圖，左側則坐了位戈培爾也輕視為跳蚤馬戲團團長的老先生——泰歐多．列瓦爾德，德國奧林匹克組織委員會的主席。這位七十五歲的律師兼體育人士，是除了卡爾．笛安總書記外，第十一屆奧運的另一位幕後推手，沒有列瓦爾德和笛安兩位先生，就不會有柏林奧運。眾人尊稱為「閣下」的列瓦爾德，其實正任由納粹擺布自己，因為列瓦爾德博士在納粹思想裡算是「半個猶太人」。策畫奧運賽時，他安排了個「在場證明」的角色給自己，他這塊活招牌的用意是向世界大眾證明，納粹政權並無半分暗地潛伏操縱比賽。然而事實上，列瓦爾德早就被安排好下台了，他得以活躍的時日不多了，只是在強迫下台來臨之前，「閣下」仍得以繼續執行他的「在場證明」任務。

十七點一過，列瓦爾德便站到麥克風前，發表一場十五分鐘的致詞。他應該認真思考過如何開場吧！他大可用符合社交禮儀的「可敬的總理先生」來開場，或問候巴耶拉圖與任何一位奧林匹克的高官顯要，更可以向出席的外交大使表達歡迎，總之，所有外交所建議的慣例，他

＊雙國歌，由〈德意志之歌〉（*Das Deutschlandlied*）和〈霍斯特．威塞爾之歌〉（*Horst-Wessel-Lied*）各自的第一段組成，是納粹時期德國國歌。〈霍斯特．威塞爾之歌〉又根據首行稱為〈旗幟高揚〉（*Die Fahne hoch*），是一九三〇年到一九四五年的納粹黨黨歌。

都可以用來擬定開場白，只是列瓦爾德卻決定只用一個簡短扼要的稱謂：「我的元首！」就沒別的了！

致詞結束，輪到希特勒發言。巴耶拉圖事先提示這位獨裁者，為他建議了一句話來宣布比賽開幕，據說希特勒回答了他：「伯爵先生，我會努力記住這句話。」[12]說時容易做時難，取代了官方版本的「為了慶祝第十一屆奧運新紀元，我宣布柏林奧運正式開始」，希特勒則使用了另一種修辭，這種修辭在語法上讓他的奧地利背景露了餡：「為了慶祝第十一屆奧運新紀元，我說讓柏林奧運開始唄。」他還保留了一些話，將在接下來幾天的公開場合發聲。

奧林匹克旗幟升起，砲兵鳴放禮砲，約兩萬隻和平鴿飛竄進入柏林天空。此時理查．史特勞斯坐在樂團旁邊的椅子上，翹著二郎腿，一副閒得發悶的樣子。有人在他耳邊低語，說他該上場了。十七點十六分，史特勞斯起身站上指揮台，首先指揮安排在馬拉松大門上的吹奏者開始演奏，一段簡潔的號角響徹全場，接著再指揮全體樂團加入演奏。奧林匹克交響樂團是由柏林交響樂團和柏林地方樂團組成；合唱團則混合了分別來自不同樂團、總數三千名的男女歌手。〈奧林匹克頌〉一曲令戈培爾驚喜不已，他在某次試演後歡呼道：「這首曲子真棒，這小子真能作曲！」[13]希特勒也對史特勞斯非常滿意，他吩咐一名副官，想在表演後一會作曲家。寶琳．史特勞斯曾在日記中寫下此事：「和希特勒握手。」[14]

觀眾連喘息的餘地都沒有，史特勞斯還在步下指揮台的同時，火炬傳遞人就帶著奧林匹克之火，跑進盧斯特花園到會場的最後路段，他從會場東門進入，之後再穿越跑道跑到西側門，並點燃那邊的大火盆。接下來的程序著重並充塞著象徵力量：一八九六年雅典奧運的馬拉松贏家斯比利德．路易斯，向希特勒獻上來自奧林匹克的橄欖枝。儀式最後是奧林匹克宣誓，德國舉重選手魯道夫．易斯邁爾代表全體運動員朗讀誓文，朗讀同時他卻手握卐字旗，而非奧運會旗。巴耶拉圖主席錯愕不已，他不能確定這是否冒犯了奧林匹克禮儀，但生米已煮成熟飯，他又能做些什麼呢？

宣誓之後，開幕式即將結束。十八點十六分，在希特勒離開會場之前，行程的最後一個重點響起：巴洛克作曲家格奧爾格．弗里德里希．韓德爾的神劇*《彌賽亞》裡的曲目〈哈利路亞〉。合唱團齊聲高唱：「他統治萬載千世，眾神之神，世界之神。哈利路亞！」同時，波蘭駐柏林大使約瑟夫．利普斯基輕拍巴耶拉圖主席的肩膀，向伯爵低語：「我們得提防這個民族，他們組織有方，在這塊土地上，就算是臨時動員也同樣能順利進行。」[15]

---

*神劇，類似歌劇的清唱劇，但無戲劇演出。

同樣也憂心忡忡的還有奧地利駐柏林公使史蒂芬．陶須茲，他在寫給維也納外交部國家書記的開幕儀式報告中提到：「一位住在柏林的前奧地利官員……他走過來，坐在會場奧地利眾賓客的正中央，對我說，從未見過在德國有如此狂熱的民眾，可以和坐在這裡的奧地利人相較，因為德國總理一現身，奧地利人、特別是奧地利女人的叫聲，『希特勒萬歲！』『勝利萬歲！』根本不再算是叫聲了，而是一種綿綿不絕的嘶吼，吼到了不能再吼的極限……有一位來自維也納的年長遊客，就坐在告訴我這件事那人附近，他抱怨著，可惜他沒法看到希特勒，因為希特勒一進場，他就感動得熱淚盈眶。」[16]

柏林國家警察局每日報告：「裁縫華特．哈爾福，一八九〇年十二月三日出生，家住露佐街四十五號。奧林匹克開幕儀式之際，他涉嫌對他太太說了這句話：『現在一定要把希特勒幹掉，就像暗殺英國國王那樣。』一旦對這項指控有可靠的證人出現，立即下令逮捕哈爾福。」[17]

「拉丁角落」窩藏了美貌和財富。

里昂·亨利·大喬隨時準備迎接各色優雅來客。

一九三六年八月二日，星期日

帝國氣象局柏林氣象報告：
多雲偶陣雨，氣溫稍有變化，吹微風。十九度。

東尼・凱爾納是個膽小多疑的女人。每回她走進那間位在夏洛滕堡區泰戈樂街九號的一房小公寓，便刻不容緩地關上身後的門，為了安全起見她還會扣上門鍊。約翰娜・克莉絲汀自四月起就住在這間公寓的正對面，幾個月以來幾乎沒正眼見過她的鄰居。有一次，她聽見樓梯間發出聲音，立即偷偷透過門上貓眼窺視，瞧見一個臃腫的女人，身穿長大衣、戴著一頂過時的帽子，沒幾秒這個陌生人便消失在深鎖的大門後。

東尼少有訪客，有時三十歲單身的女兒凱特會前來探望她。東尼說她女兒是個熱心但不知變通的人。凱特小姐在之後做筆錄時提到，東尼有些一成不變的習慣，例如每天一早起床，第一件做的事就是撕下一張盥洗台上的日曆。另一個偶爾過來拜訪的客人叫做安娜・史密特，她是東尼前同事的遺孀。史密特報告說：東尼・凱爾納和少數幾個熟人約定了一個暗號，只有用信箱開口上方的黃銅蓋子敲三下，公寓大門才會開啟。只是為什麼東尼要如此小心翼翼？她在害怕著什麼？

東尼・凱爾納是變裝者，一八七三年出生當時，名字叫埃米爾・凱爾納。他，或說她，很早就覺得自己困在錯誤的身體裡。埃米爾當上了警官，還出於純粹的絕望而結婚。太太不在家時，他就穿上她的洋裝。這場婚姻失敗了，埃米爾辭去警官的工作，從一大負擔中解脫。他申請了一張所謂的變裝許可證，允許他穿著女人洋裝；還從普魯士司法部取得一個中性的名字，從埃米爾變成東尼，從警官化為懷有祕密的女人。此後她只請裁縫縫製自己的服裝，並以私人偵探的身分工作。圈內大家都叫她「大寶麗」，這應該是東尼最美好的年歲。威瑪共和體制*下的柏林，豐富的次文化蓬勃發展，發展出特殊的酒吧、商店和集會場所，給所有生活在體制之外和喜歡待在體制外的人。只是好景不常，希特勒接收政權後天地變色，從此像東尼一樣的變裝者，被當作是同性戀的頭號嫌犯。一九三五年，納粹加強了惡名昭彰的〈德國刑事法第一七五條〉†，並設立了「帝國反同性戀與反墮胎中心」。如今國家社會主義風紀守衛把變裝者當成變態，只有能夠證明自己是異性戀的人，才可以延續使用威瑪時期的變裝許可證。也難怪東尼會害怕——害怕鄰居，害怕街上玩耍的希特勒青年團，害怕定期在泰戈樂街巡邏的衝鋒

---

*威瑪共和，德文：Weimarer Republik，指一九一八年至一九三三年採用共和憲政政體的德國，於德意志帝國在第一次世界大戰中戰敗、霍亨索倫王朝崩潰後成立。由於這段時間施行的憲法（一般稱之為《威瑪憲法》）是在威瑪召開的國民議會上通過的，因而得此名稱。其使用的國號為「德意志國」（Deutsches Reich）。「威瑪共和」這一稱呼是後世歷史學家的稱呼，從來不是政府的正式用名。威瑪共和是德國歷史上第一次走向共和的嘗試，於德國十一月革命後而生，因阿道夫·希特勒及納粹黨在一九三三年上台執政而結束。雖然一九一九年的威瑪憲法在第二次世界大戰結束前在法律上仍具效力，但納粹黨政府在一九三三年採取的一體化政策已經徹底破壞了共和國的民主制度，所以威瑪共和國在一九三三年已經名存實亡。

†德國刑事法第一七五條，於一八七一年五月十五日頒布，一九九四年三月十日廢除。此條例將男同性戀之間的性行為定為刑事罪行。

隊隊員*。

東尼覺得不舒服已經很久了，心臟和氣喘問題——總之她是這樣猜測的，因為她不敢去看醫生。她在生命最後一天，突然覺得不舒服向後癱倒在床時，穿著女性襯衫、緊身短褲以及一雙長及膝蓋的紅色女性繫鞋帶長靴。她的嘴裡冒出鮮血，一條動脈破裂。沒有人想念她。十四天後，鄰居對東尼公寓飄出來的臭味大感困擾。警方起初無法破門而入，因為一如往常，東尼．凱爾納的公寓大門重重深鎖。當叫來的消防隊經由廚房窗戶進入公寓時，盥洗台上的日曆寫著：一九三六年八月二日星期日。

柏林國家警察局每日報告：「親衛隊†上級集團首領海德里希命令奧林匹克警察指揮局，即日起以一式四份出具文本方式，將每日報告呈交給祕密國家警察‡值勤處，再由值勤處負責分發。經過確認，負責編排這些爭議重重的每日報告的保安警察指揮部格爾斯上尉，拒絕以一式四份方式出具文本。他用以下理由拒絕：因為技術上不可能。因此無法按照命令，執行每日報告的分發。」[18]

偏偏是「最親密」的敵對同事、納粹思想元首阿爾斐雷德・羅森堡向宣傳部長戈培爾提起：「你的妻子有外遇。」戈培爾在日記中寫道：「那天晚上瑪格達承認了她和呂德克的事。我好沮喪，她一直在騙我。信任消失殆盡，可怕極了。人生總有不得不妥協的事，就是這樣才討厭！」[19]瑪格達劈腿雖然是三年前的事，但基於政治立場的問題，戈培爾還是惴惴不安。老婆偏偏選了一個尷尬得不得了的對象——商人柯特・給歐克・呂德克，來當戀愛冒險的對象。

---

* 衝鋒隊或褐衫隊，德文：Sturmabteilung，SA，希特勒於一九二三年創立的組織。組織負責人恩斯特・羅姆，成員穿黃褐色卡其布軍裝，右袖戴卐字袖標。創立初期負責維護黨內會議，後來希特勒認為其勢力過大，擾亂黨內安定，以致啤酒館政變（納粹黨計畫推翻威瑪共和的政變，但失敗告終）後短時間取消。一九三三年希特勒上台時，衝鋒隊成員數量已經超過德國國防軍達到幾十萬之數，長刀之夜（一九三四年納粹黨一系列的政治處決）後開始衰弱，被希特勒冷落，成為普通國民組織。二戰時負責維護德國本土與部分占領區之治安，一九四五年隨納粹德國戰敗瓦解，但大部分成員在紐倫堡審判中被判無罪。

† 親衛隊，傳統常譯為黨衛隊，德文：Schutzstaffel，簡稱SS，是德國納粹黨中用於執行監察、情治勤務的情報和監視、拷問行刑組織，是與納粹黨負責治安、武裝執行部隊的衝鋒隊並立的納粹黨兩大執行部門之一。

‡ 祕密國家警察（Geheime Staatspolizei），簡稱蓋世太保 GESTAPO。

呂德克是納粹黨草創時期的牆頭草角色，是一個混合了花花公子、小白臉和騙子的綜合體，阿道夫．希特勒曾多次利用他進行棘手的特別任務。呂德克在美國住了數年，為了當時資金匱乏的納粹黨，他努力拉攏福特汽車老闆亨利．福特，還去羅馬拜訪獨裁者貝尼托．墨索里尼。他三不五時就遊走法律邊緣，勾引有錢太太之後壓榨她們。希特勒接收政權後，呂德克也想要分一杯羹，卻反倒被逮捕。男人如他可會樹敵不少，一九三四年呂德克終於逃亡美國，並著手寫下一本揭密希特勒的書。戈培爾很緊張：不敢想像，如果這個「菲力克斯．克汝爾」*將瑪格達太太和他的外遇也公諸於世……

艾兒娜和威利．拉克爾生活單純。她做工賺錢，丈夫威利則是吹玻璃的工人。拉克爾一家住在柏林東南邊、科博尼克區溫登堡街二一二號的一間簡陋的房子裡：共十六間出租單位、狹小的空間、陰暗的後庭。廁所設在每層樓的樓梯間，艾兒娜和威利得和梅爾家（管道工人與家庭主婦）、裁縫拉珀和寡婦蕾蔓共用。不用懷疑，柏林溫登堡街一點也不起眼，距離滿是時髦咖啡館、酒吧和商店的選帝侯大街也遠得很。科博尼克區的模樣樸素：露易瑟．布兒仙在溫登堡街二〇二號經營一家小小的洗衣店，隔壁房子是漆布地毯有限公司的供應商，門牌號碼二一八則是亞硝酸鹽工廠據點，男人工作結束後便聚在班恩哈德．沃易克斯酒館裡喝啤酒。

溫登堡街居民對昨日奧運開幕典禮所知有限，沒有遊客會迷路到這裡來。艾兒娜對運動沒有半點興趣，她的煩惱截然不同。雖然長期感覺不適，但這位二十五歲的小姐在生理上完全沒問題，不過心理方面卻狀況不佳。她隨身攜帶一個祕密，而且一定藏得非常深，因為她不敢向任何人吐露，也不能跟威利提起，或許威利正是問題的一部分——這點我們不清楚。

可以肯定的是，今天中午左右，艾兒娜踏入了柏林城市快鐵新科隆車站，位於繞行柏林一圈的環狀線上。奧運比賽第二天，這裡一如預期特別忙碌。無數乘客正在前往觀賞賽事的路上，大家笑著，心情特別愉快。艾兒娜從等車的人群中鑽出，站到最前面，距離軌道大約半公尺左右，她只聽到廣播的隻字片語：「注意……環狀線列車進站……請向後退一步！」就在十二點三十四分、列車離她還有幾公尺之際，艾兒娜．拉克爾向前跨了一步。

•

十五點整，奧運會場女子擲標槍比賽開始。十四位女選手出賽，其中包含奧蒂莉．「小

---

*菲力克斯．克汝爾（Felix Krull），出自托馬斯．曼的小說，主角菲力克斯是一個大騙子。

蒂」．費萊雪、露薏絲．克茹格和莉蒂亞．艾珀哈兒德三位德國女選手。被視為奪冠熱門人選的有露薏絲．克茹格和奧地利女選手赫兒瑪．寶瑪。第二回合裡，小蒂就擲出四十四點六九公尺遠的標槍，以一公分的距離，剛好打破了洛杉磯奧運的紀錄。接下來三次的嘗試，小蒂達成四十五點一八公尺，締造了新的奧運紀錄。小蒂．費萊雪，這位來自法蘭克福屠夫的女兒，就此為德國奧運代表隊贏得了第一面金牌。露薏絲．克茹格獲得了第二名，銅牌則交給了波琳．瑪麗亞．克娃絲妮絲卡。

阿道夫．希特勒邀請三位女選手，在頒獎儀式過後到他的包廂拍宣傳照，這個舉動會觸怒擔任主人角色的國際奧林匹克委員會，然而希特勒很清楚圖像的力量。報紙引用了小蒂的話：「我差點就在元首面前哭了。」[20]德國媒體大肆炒作這位獨裁者的覲見表揚，並誕生了無數相片：希特勒、赫爾曼．戈林和體育部部長歐斯騰站在二十四歲的小蒂身旁，照片上完全看不出眼淚的痕跡，只看到一棵小小的、大約五十公分高的橡樹盆栽*，橡樹苗是每位男女贏家除了金牌外另外會得到的紀念品。小蒂在她的相簿裡淡淡注記：「阿道夫＋我和橡樹。」[21]

♀

休伯特士斯．戈歐爾克．威瑪．哈拉德．馮．麥瑞肯†，出身於古老的普魯士軍官與神職人員家族，本來應該走上軍事生涯，或至少也該擁有軍人的精神，然而他從小就受到戲劇和電影吸引，他的小名虎皮西，大概也會構成軍官或牧師職業生涯的阻礙。一九三六年，虎皮西這個名字在電影圈成了個活招牌：抹著厚厚髮油的頭髮、單片眼鏡和門吉歐式‡的八字鬍，他尤其演活了狡猾的惡棍、滑稽的上等公民、愚蠢的貴族或是獻殷勤的丑角。虎皮西可以像普魯士中士一樣尖著嗓子答號，也可以如高傲的紈褲子弟般用鼻音說話，很受大眾歡迎。虎皮西一年大約拍十部片，五月底在波茨坦街的普里姆斯宮戲院還慶祝了他最新電影的首映，在這部喜劇《命令就是命令》中，虎皮西扮演融雪山的騎兵上尉——一個意志不堅、只想賺快錢的騙子。

身為電影明星，虎皮西是柏林夜生活的固定班底。他喜歡去施利希特餐廳用餐，偶爾必須講究一下時，則去何爾謝餐廳；大家還可以在安妮．麥恩茲的小店、曼波酒館、小酒館、西羅酒吧和夏比尼酒吧等地方看到他。但虎皮西最喜歡在拉丁角落度過夜晚，這家酒吧可說是他的「老地方」，但請勿把「酒吧」這個形容詞和這家高級俱樂部相提並論；拉丁角落位在紐倫堡

＊橡樹是德國的國樹，象徵力量、不屈不撓。

† 休伯特土斯．戈歐爾克．威瑪．哈拉德．馮．麥瑞肯，德國演員。一般稱呼為 Hubert von Meyerink，休伯特．馮．麥瑞肯，綽號 Hupsi，虎皮西。

‡ 阿道夫．門吉歐（Adolph Menjou），美國演員，蓄著八字鬍，以飾演翩翩君子形象著名。

街與選帝侯大街交叉口，是帝國首都最優雅也最貴的俱樂部。要想在這裡進出，身為男士須身著燕尾服，女士須穿晚禮服，身為客人則需要很多錢。這裡對於穿著的檢查很嚴格，基本上不會有任何例外，就算當紅名人也一樣。在拉丁角落是看不到褐衫隊和其他穿制服的，此地，時間宛如停留在一九二六年或甚至一九二八年，但這只是錯覺，這家店絕對不是黃金二〇年代的遺物——它在一九三一年九月底才開幕，並將在「第三帝國」閃耀短暫的輝煌。

拉丁角落由帶著衣帽間的狹小入口和另外兩個相連的空間組成。第一個空間裡有吧台加上幾張帶凳子的雞尾酒桌；第二個空間則是餐廳、舞池和樂隊表演舞台，不用懷疑，拉丁角落裡還有專屬的現場音樂演奏。

只要虎皮西或是其他熟客一踏進酒吧，里昂・亨利・大喬隨即就定位，負責組織接待團隊，幫電影女主角脫下毛皮大衣，為企業老闆帶位，並聽取他們的第一個吩咐。大喬不愧是拉丁角落的擁有者，身為老闆他無所不在，只要眼神一帶和少許的指令，就可以操控為數不少的員工。

虎皮西稱呼大喬為朋友，實際上卻對他所知不多。有人說大喬應該是來自羅馬尼亞，也有人宣稱，他是從阿爾及利亞或摩洛哥來的，曾在阿德隆大酒店當過舞男。何妲・阿德隆是酒店老闆的太太，據說是她看上了這個小白臉還出錢包養他。大家私下傳說，開酒吧的錢也是阿德隆太太出資，只是細節沒人清楚。儘管大喬背景不明，檯面上事業卻飛黃騰達。他可以負擔得起選帝侯大街昂貴的公寓和高檔的凱迪拉克，享受開著專屬的皇家轎車穿越大街小巷，並直接停泊在拉丁角落店門口的尊榮。大喬還有一個女朋友叫做夏洛特・絲蜜德可。她將近三十歲，漂亮、金髮、模特兒身材。絲蜜德可小姐不工作，卻住在選帝侯大街巷子裡一間裝潢奢華的五房公寓。大家聽說，過這種生活得花的錢是由大喬提供，但細節還是沒人清楚。每當虎皮西問他的朋友大喬私人問題時，大喬就哈哈大笑，他不是在嘲笑虎皮西，也不是覺得他的問題有趣，他只是笑著敷衍過去。他說：「唉，虎皮西……」接著又為他斟滿一杯香檳。

與老闆的低調相反，拉丁角落的客人十分引人注目。一張桌子前坐著大寶拉・奈格莉，她才剛拍完一部最新電影《莫斯科－上海》。奈格莉穿著貂皮大衣，戴著黑色長手套、臉妝粉白、嘴唇鮮紅，宛如現代的盧克雷琪雅・波吉亞*，不過她手裡拿著的不是毒藥雞尾酒，而是最愛的飲料威士忌（在拉丁角落可以用二點二五馬克買到，這算是不小的數目）。另一桌，電影製片威利・佛斯特正和女演員艾兒莎・華格納閒聊；又一個角落裡，巴伐利亞州施瓦巴赫市的猶太銀行家族的女兒、女作家拉莉・霍爾斯特曼和她的先生巨富藝術收藏家阿爾夫瑞德・霍爾斯特曼正在聊天；吧台邊站著柏林警察總長沃爾夫－海因里希・馮・海爾朵夫，這位伯爵殘

---

*盧克雷琪雅・波吉亞（Lucrezia Borgia），義大利文藝復興時期的一位貴族女性。有過亂倫、參與謀殺、毒殺等傳聞。

忍又有實權，但看到他穿燕尾服站在拉丁角落喝香檳時，大概沒人料想得到他的雙手沾滿血腥。常客還有恩斯特・烏德特，他是一位受勳無數的空軍飛行員上將，總是一口接著一口啜飲杯中物，卻因為熱愛搖擺樂而原形畢露。出版商施普林格集團之子、二十四歲的阿克塞爾・施普林格每次一到柏林，就會上門造訪拉丁角落。年輕的施普林格是遊戲人間的雅痞，拉丁角落正好符合他的胃口。為了以防萬一，他到柏林追求夜夜刺激時，就把老婆瑪兒妲留在漢堡。一九三六年八月，大家常見到一位如畫般美麗的智利女人陪在施普林格身邊，據說她叫做羅西塔・賽拉諾，是女歌手兼女演員。她才剛到柏林生活，沒多久就在冬園戲院登台演出。奧運比賽之際，侯斯特・溫德的爵士樂團受聘到拉丁角落演出，他常常見到阿克塞爾・施普林格和他的女伴，瞧他們整晚是如何地緊緊纏繞著跳舞。溫德後來回憶道：「有一晚，兩個人手腕纏著繃帶走進來，大家議論紛紛，說他們試圖自殺、這是不幸的愛情呀，不過他們似乎準備好妥協了。」[22]

大喬知道許多客人大大小小的祕密，但他保持沉默。保密是最高原則。只有少許片刻他會放下警戒心，加入大肆狂歡的人群，隨之拉丁角落這家「第三帝國」首都公認最高貴的俱樂部，就會發生不可思議的景象。例如一九三五年一月初，一群常客進入俱樂部，大夥彼此認識，大喬請了一輪的干邑白蘭地，隨後又追加好幾輪，直到所有人或多或少都醉了。突然一位女士跳了起來，走到舞池中央，開始興奮地跳起舞來。為了能夠更加活動自如，她把裙子拉高，但裙子卻一直滑掉。大喬發現這個問題，走上舞台，乾脆地把女士的裙子脫掉。演員恩斯特．東克譏笑說：「小姐，我們要叫警察了，您露得太少了。」這位小姐按捺不住邀約，一位目擊者回憶：「然後這位女士全身光溜溜，連襯衫都脫掉了。後來就連尊貴的奧古斯特．馮．霍恩洛厄王子殿下也要抓緊這個難得的機會，冒險與這位小姐共舞一曲。大喬先生覺得自己要對此負責，他抓了一只酒杯在手裡，蹲下把杯子從後方伸到她的兩腿之間，大概是想藉此暗示，這位女士應該要ㄋ……到杯子裡，隨後他站了起來，意思意思地把酒杯乾了。」眼下看來，大喬已完全拋下了平時的收斂，他走向全程不間斷演奏的樂隊，從一個樂手那兒拿了一個小黃瓜形狀的沙鈴。「大喬先生拿著這個樂器，把它夾在自己的雙腿中間，好似一根巨大的性器，然後走向還在跟東克先生跳舞的女士身後，做出象徵交配的動作。」[23]

拉丁角落是一座火山，客人在失足邊緣起舞。一天之中有好幾個小時，「第三帝國」看似並不存在。大喬放蕩輕浮，他不想要聽到任何危險，儘管當時繩索已套上了他的脖子，而奧運比賽期間，繩索即將愈收愈緊。

奧林匹克體育場，為了讓比賽順利進行，
到目前為止不知投入了多少創新技術和人力成本。
傑西・歐文斯一躍而成為所向無敵的大明星和公眾寵兒。

一九三六年八月三日，星期一

帝國氣象局柏林氣象報告：

多雲偶陣雨，吹微風，天氣稍微回暖。二十一度。

身為女作家，瑪莎・卡雷寇也許不比七年前獲得諾貝爾文學獎的托馬斯・曼有名，然而她年紀輕輕才二十七歲，就已經闖出不小名號。不久之前，大家還把瑪莎當成德國文學界的明日之星。權威報紙紛紛搶著刊登她那輕快同時充滿淡淡憂鬱、美妙捕捉一九三〇年代早期生活節奏的故事。內容通常描述的是人際往來的高度與深度、伴侶關係裡的高低起伏與大都會生活。瑪莎的詩〈下一個清晨〉中寫著：

我們醒了。日光微曦
灑入灰色百葉窗的狹縫
你大打呵欠……我直說：
聽起來不好聽——我現在才懂，
夫妻不會在愛裡炙熱。

我躺在床上。你照著鏡子，
小心翼翼刮著鬍子。
你抓向梳子和髮油，
我默默瞧著。你戴上丈夫的封印，

59　一九三六年八月三日，星期一

就和書裡寫的一樣。

突然一切都令人心煩！
——房間、你、半枯的那束花、
我們昨晚喝乾的杯子、
吃剩的廚餘……
清晨看來全變了樣。

你沉默用早餐。
（全神貫注在小麵包上）
——很衛生，但不好看。
我見到你唇上的油紅
和你把奶油麵包浸入咖啡——
這我死都不喜歡！

我穿上衣。你打量我雙腿。

——空氣聞起來像喝剩好久的咖啡。

我走到門口。我的工作九點開始。

悶了很多話……但我只說一句：

「我想，是時候了！我走了……」[24]

即使在納粹掌握政權之後，瑪莎的日常生活詩仍舊備受歡迎。一九三三年三月，羅渥爾特出版社出版了一本她的詩選，這本小冊子銷售得非常好，所以接著在一九三四年十二月，接續出版了另一本書。只是有一天，帝國文學院的員工發現了瑪莎是猶太人，於是在「第三帝國」，她從備受期待的新星搖身一變成了不受歡迎的女詩人；好似狀況還不夠糟，瑪莎的私生活也跟著一團亂，總之一九三六年八月，女作家陷入了名副其實的生活危機。

瑪莎今天很匆忙。她拿起鑰匙圈，把公寓門從身後帶上，穿過樓梯間下樓。每當她離開這棟建築物，第一眼就會見到北威瑪斯鎮稅務局，這所公家機關位於街道的正對面，看起來既冷漠又拒人於千里之外，正如稅務局應有的樣子。瑪莎住在利岑布格街三十二號將近一年，不知不覺也已逐漸習慣瞧見這個灰色的四方體。反正現在她對周遭也視而不見，因為她不僅匆忙，還心花怒放地滿是期待。瑪莎向右走了幾公尺橫越薩克森街，再走幾步後進入利岑布格街三十五號的另外一所公家機關，也就是西十五區郵局。她站到待領郵件的領取櫃檯前，報上名字，不久後拿到一封信。她這麼做已經好幾個星期了，大多時間櫃檯女公務員交給她的只是一封信，不過只要瑪莎幾次無法前往郵局，就會累積起好幾封信，待她再次來訪時，將領取到一小疊信件。瑪莎從未想過，定期拜訪聞起來像漆布地毯的郵局會令她欣喜若狂，為什麼在利岑布格街的郵局會這樣呢？因為她領取的是情人的來信。她的丈夫卡雷寇先生對此又有何高見呢？

⁂

「和瑪格達僅簡短交談，這樣也好。」[25]戈培爾的日記這麼說。為求分心，他全心投入工作，接待了無數的男女訪客，包括義大利國王翁貝托二世伉儷、義大利部長迪諾・阿爾乎耶利、英國大使夫人莎莉塔・范斯塔特（「偽善的女士」）和幾位女演員——正好稱了這位好色部長的心。就算戈培爾對待老婆冷靜自若，腦中呂德克事件仍重複上演，他反覆自問，為什麼瑪格達這麼輕浮，竟可以和呂德克這樣的問題人物交往？

戈培爾已經不是第一次因為妻子的緣故而身陷政治亂流了。三十四歲的瑪格達是一個歷史豐富的女人。約翰娜・瑪麗亞・瑪格達萊娜出生在一九〇一年十一月柏林十字山區。她的家庭關係既不和睦又混亂：瑪格達的母親奧古絲特・貝倫德，生下女兒當時二十二歲，正在布爾洛街一戶大富人家當女傭不久。瑪格達生父似乎不詳，總之她的出生證明上頭沒有注明生父是誰。後來奧古絲特聲稱，瑪格達的父親是拜德哥德斯堡區一家建築公司的有錢老闆奧斯卡．里切爾博士，他們甚至還結了婚，後來又離了婚——但這不是真的。奧古絲特和里切爾從未結過婚，一九三一年十月底，瑪格達獲知此事。戈培爾在日記中寫道：「瑪格達坐在那兒，全身顫抖，母親告訴她，她和父親從未結過婚。瑪格達之前一無所知，現在她大受打擊。」[26]只是，瑪格達還不知道一件更糟的事——里切爾甚至不是他的父親。

事實異常複雜。工廠老闆的兒子里切爾和來自普通人家的奧古絲特，推測是在波昂時髦的拜德哥德斯堡區、萊茵河畔的旅館「德蕊思」相遇，有一季，奧古絲特在那兒當房間清潔女工。兩人之間想必有過親密行為，因為奧古絲特聲稱那即將誕生的嬰兒是里切爾的孩子時，里切爾並未起疑心，還自願每月支付三百馬克，並長年投資瑪格達日後的學校教育。不過里切爾沒有料到，小女孩的生父不是他，而是一八八一年出生的猶太商人理察．弗里德蘭德。奧古絲特和他直到一九〇八年十二月才結婚，弗里德蘭德的官方登記文件指出，瑪格達是他的女兒，這正是令戈培爾一家恐懼的事實：瑪格達有位猶太父親。

沒有人清楚，里切爾或弗里德蘭德是否曾經發現奧古絲特腳踏兩條船一事。無論如何，一九三二年十二月，共產黨中心組織《紅旗報》一口咬定瑪格達是出自弗里德蘭德腰力下的產物，該報諷刺：「她一出生就叫做弗里德蘭德，正好不是個配得上她那純雅利安臉孔老公的名字。我們不反猶太，只不過戈培爾和一個天生的猶太人結婚這件事，就足以逮捕他了。」[27]

戈培爾雖然讓黨內報紙《攻擊日報》全面否定這項檢舉，但就連他自己也對里切爾的父親身分起疑。他明顯感到，自己和一個複雜的家庭結了連理。戈培爾覺得他的岳母是一個「噁心的人」[28]，「令他想吐」[29]；里切爾則是一個「癟三和可悲的偽君子」[30]。一九三四年六月，他知道了一件「瑪格達的可怕事件」，戈培爾震驚不已，甚至不敢把他所見所聞記錄下來。他檢查自己的日記，並用模糊的暗示埋怨：「多麼可怕！我嚇壞了。我們已貌合神離了。」[31]戈培爾是否在此時知道了弗里德蘭德是瑪格達的生父呢？

回到一九三六年八月，也許戈培爾正好再次想到這個親愛的家庭，想到他的岳母、里切爾或是弗里德蘭德，如今更雪上加霜添了瑪格達和呂德克的外遇。戈培爾的日記裡說：「我需要很長的時間來復原。」[32]時間剛好持續了三天。

帝國媒體會議每日指示摘要：「請各報清楚指出，柏林還有足夠的住所可供遊客住宿，也歡迎一至兩天的短期旅遊。」[33]

這個小時的焦點人物叫做埃里希．博希邁爾——至少在希特勒眼中如此，但奧運會場上將近十萬名觀眾可不這麼認為。在他們眼中，焦點落在另外一位明星——傑西．歐文斯身上，他是來自美國阿拉巴馬州奧克維爾市、二十二歲的奇蹟跑者。經過預賽、前賽和半決賽後，今日賽程表上十七點安排的是眾所期待的男子一百公尺賽跑決賽，參賽者是由三十六位選手中脫穎而出，六個世界上跑得最快的男人。傑西．歐文斯是奪冠大熱門，而「元首」的希望則落在德國人埃里希．博希邁爾身上。

全場緊盯起跑位置，六位晉級選手陸續抵達。跑道由抽籤決定，傑西．歐文斯跑在最內線，接著是瑞典跑者連納特．史坦伯格、德國跑者埃里希．博希邁爾、荷蘭跑者馬丁諾斯．歐森達普以及第五與第六跑道的美國跑者法蘭克．威寇夫和拉爾夫．麥特卡夫。法蘭茲．米勒穿著一件白色的長罩衫，看起來好似牙醫或生意興隆的藥局老闆，不過這說得可天差地遠，米勒是賽跑的起跑發號員，這麼說來他也挺像個怪人。他挺著啤酒肚，平淡地向每位運動員說明起跑指令。柏林奧運運用了由蔡司伊康和愛克發兩家公司特地研發的定時攝影機，米勒可用起跑鳴槍觸發電子脈衝，啟動計時器和終點相機，大約十分鐘後，裁判就可以運用相片分析比賽結果。

十七點整前不久，跑者就位。荷蘭跑者歐森達普似乎很緊張，在起跑位置前來回小跑步。麥特卡夫就定位蹲下前，在胸前畫了個十字。場內一片死寂，接著聽到米勒的聲音：就定位……預備……起跑鳴槍聲劃破了整個會場。「想像你跑過的土地燃燒著熊熊烈焰」，教練在比賽開始前不久對他不停耳提面命，此刻看來傑西的確銘記於心，傑西跑著，雙腳彷彿不著地般飛越跑道，立即取得領先。跑完半程後，傑西已經領先歐森達普和威寇夫兩公尺遠，沒人能超越他，突然間麥特卡夫奔馳拉近距離，以令人窒息的衝刺速度與傑西對決。十點三秒後，傑西衝破終點，麥特卡夫和歐森達普則各以零點一秒的差距緊接在後。希特勒抱以厚望的博希邁爾僅居第五名。

奧林匹克體育場上歡呼沒完沒了，觀眾齊聲大喊：「傑西！」興奮的傑西不可置信地望向圓弧形大看台，向他的支持者揮手。此刻元首包廂難堪情緒蔓延，希特勒轉身向後座的男人說了一些什麼。隔天官方的《奧林匹克報》寫下此刻希特勒隨行人員的可能想法：「雖然我們在賽跑半決賽就見到外國人的優勢，但難道就不會發生奇蹟嗎？三十二歲的博希邁爾，難道就不能以意志力躋身三強嗎？」[34]顯然不行。

此刻發生的事件，流出諸多各色謠言。有人說，希特勒拒絕向歐文斯祝賀勝利，不過這說法大概與真相不符，因為就在第一天的比賽，希特勒擅自在包廂接待獲勝的標槍女選手後，國際奧林匹克委員會通知他，國家領導人表揚優勝選手不是常態，此後希特勒便放棄了繼續表揚選手。

不過事實上，希特勒的確在各式場合中迴避與傑西．歐文斯碰面。帝國青年團領導人席拉赫建議希特勒和傑西．歐文斯合照時，「元首」沒好氣地回應：「美國人應該自覺慚愧，居然用黑人來贏金牌。我絕對不會和那個黑人握手。」[35]

身為奧運賽贊助人，希特勒對傑西今天為什麼獲勝，有自己的一番見解。建築師亞伯特．史佩爾還記得希特勒的說明：「希特勒聳聳肩表示，祖先來自叢林的人是低等的，比起文明的白人，他們天生適合運動，因此不該拿來當作競爭對手，我們應該禁止他們參加未來的各項比賽和運動競賽。」[36]不過，還有令希特勒更生氣的事即將發生：傑西．歐文斯的得獎數不會只停留在一面金牌。

傑西．歐文斯獲勝的消息很快地傳開了，也傳到了英國的南安普敦市。有人從那兒寄了一封署名「J．M．羅來恩」的來信給這位短跑選手。寫信的人說，希望選手在頒獎典禮能說以下的話：「很榮幸代表我的國家，也很開心和最優秀的跑者較量，但我必須鄙棄從您這種鼓吹種族仇恨的政府領獎。」[37]傑西未曾收到這封信，因為寄給他的郵件都被攔截甚至開封了。原信件被歸到蓋世太保的檔案室，一封拷貝則交給了蓋世太保頭目萊因哈德・海德里希。

帝國媒體會議每日指示摘要：「德國獲勝愈是令人愉快，下標題時就愈不適合只提到德國的勝利。禁止縮小外國隊伍的勝利，也不該使用任何種族立場討論運動結果，尤其不宜挑起黑人的敏感神經。應該連國際和國家奧林匹克委員會裡不怎麼有名的成員都要時不時地提及。」[38]

站在世界顛峰的男人！每位初次見到穆斯塔法・艾爾・夏比尼的人可能都會這麼想。他的鞋子擦得發亮、時髦的西裝完美合身（一九三六年流行雙排扣）、烏黑微捲的頭髮仔細梳理到腦後。不用懷疑，這位二十八歲的埃及人氣派得很——只要他不要一直笑！那是一種冷冷的訕笑，扭曲了他俊俏的臉龐。如果我們仔細觀察這個年輕男子，就會發現他好像也是個小白臉，這樣猜應該不會差得太遠，因為夏比尼也正如里昂・亨利・大喬，由當舞男開啟了職業生涯。

可惜我們不知道，他從出生城市開羅來到柏林的確切時間，有一天他就突然出現，並擄獲了不少女人芳心。拜倒在這位英俊的花花公子魅力下的女性不少，依芳・菲爾斯特納也是其中之一。

依芳的父母艾莉絲和葛歐克・索爾曼很早就離婚了。艾莉絲小姐第二次的婚姻，嫁給了一位巨富——伯爵康拉德・馮・法蘭克伯格・路易斯朵夫。這位貴族沒有親生的孩子，便領養了依芳和姊姊莉瑟蘿特，兩位女孩因此也晉身女伯爵，他還分給她們一大筆財產。依芳・馮・法蘭克伯格，正如她當時的姓氏，是個結婚的好對象，但她不喜歡束縛。不論是和商人羅伯特・推克，或是比她年長許多的音樂出版商歐托・菲爾斯特納的婚姻，都同樣離婚收場。三十歲出頭的依芳・菲爾斯特納，認識了穆斯塔法・艾爾・夏比尼，不久之後兩人成為一對戀人。

穆斯塔法夢想開一間自己的酒吧。應該要是一間很時髦的店，最好有個吧台和烤肉台，正如時下流行的那樣，當然還要有樂隊和小型綜藝節目的表演空間。的確，如果按照穆斯塔法的意思去做，就可以把柏林的上流社會吸引過來。穆斯塔法的野心加上依芳的金錢，終於打造出位於烏然德街十八號的夏比尼酒吧，離選帝侯大街不遠，地理位置極佳。一九三三年九月，這家以裝置藝術風裝潢而成的高級俱樂部開幕，這時，希特勒當上帝國總理已經半年。

希特勒絕對不會踏入夏比尼酒吧，我們可以百分之百肯定，他連它的存在也不會知道。夏比尼酒吧裡發生的大小事，「元首」想必都要百般嫌棄。納粹報紙《柏林先鋒報》曾批評：

「在這裡，氛圍宛如一九三三年以前的選帝侯大街。熱情的爵士樂、黑人舞蹈、奢侈的高價、陌生語言，有時幾乎讓人以為自己並非身在柏林，而是巴黎的蒙帕納斯區。」[39]《柏林先鋒報》的寫手認為這樣的評價算是負面的，依芳和穆斯塔法卻當作是一種恭維。雖然夏比尼酒吧在納粹接收政權之後才成立，但還是成功發展出一套棕色民族的社會對立藍圖，在這個小地方，一個在柏林其餘地方已經沒落的世界正生氣蓬勃地發展著。

夏比尼酒吧的組成客群是藝術家、演員、實業家、外交官和政治家，正好符合酒吧訴求。空軍上將恩斯特・烏德特經常出入此地，其他如網球明星高特福里德・馮・克蘭，或是美國駐柏林大使女兒瑪爾塔・陶德，也習慣在烏然德街這裡約會。酒吧同時也是流亡埃及人的聚會地，這些人在柏林還真不少。位於動物園街上的埃及大使館，裡頭的員工也是同鄉夏比尼的座上常客。西羅酒吧的老闆艾邁德・毛史塔法・迪少奇三不五時也會過來瞧瞧穆斯塔法和依芳兩位朋友。另有一個常客是來自埃及西部省、二十二歲的學生阿契茲・德・拿薩。阿契茲寄宿在露易絲・歐本海太太住處，根本無法負擔進出這般高貴的俱樂部，只不過，他神通廣大還是找到了管道待在夏比尼；他迷戀依芳至極，只要一有機會，就盡可能上這家酒吧，眼神愛慕地緊盯意中人的一顰一笑。

酒吧裡的角色一早就安排好了：穆斯塔法是主持人，他策畫表演節目，他的臉則是公司的招牌；依芳則儘量待在幕後經營。不論發生什麼事，依芳都會牢牢掌控店況，無論什麼都嚇唬不了她，緊急狀態下她也不怕來硬的。有時候麻煩出現，客人糾纏不休或是不想付帳，為了應付這種狀況，她在櫃檯下方繫上一條膠皮短棍，幸好她不必常常亮出短棍。相較之下，家裡還更常鬧得天翻地覆——穆斯塔法兼具小白臉的外貌和東方大男人的脾氣，依芳稱呼他為「狂野愛人」，因為穆斯塔法可以無比貼心，同時也能壞得可怕。有一次依芳寫信給姊姊：「至於狂野愛人，我不相信我們可以等到他變好的那一天，他的狂野根本不能用一般標準來衡量。」40

一九三六年八月，夏比尼酒吧成為柏林夜生活人人最渴望去的地點。根據以往經驗，溫暖的夏季月份生意雖然比較差，但依芳希望藉由奧運比賽期間的眾多遊客能讓營收大幅提高。穆斯塔法將招呼來自國內外的來客，整晚陪伴在他們身邊；他將笑口常開，和先生閒聊，和女士調情；女老闆則照慣例逗留在膠皮短棍附近，並迴避成為聚光燈下的焦點。納粹掌權後的第三年，依芳的低調處事有個重要的理由：她是猶太人。

⸻

柏林警察局每日報告：「懸掛在鹽堡街六號一樓陽台的卐字旗，和繫在貝希特斯加登街十四號的奧林匹克廣告布條遭人縱火。截至目前為止的調查發現，有人試圖用著火的旗幟來點燃車號 IA100060 的私人轎車。嫌犯疑似是住在包爾曼街三號的麵包師傅何爾曼・諾尼。」41

托馬斯．曼已經不舒服一整天了。魔術師（他的小孩如此稱呼他）正在受苦。蘇黎世附近的屈斯納赫特市的住處天氣顯然比柏林好，因為對「壓迫人的太陽」抱怨連連，就連每天和卡蒂亞小姐一起散步，他也因為這種「溫室空氣」而不能好好享受，直到傍晚氣溫轉涼，作家才感覺舒服一些。一如往常，他在收音機前悠度每天的最後幾個小時。托馬斯先聽莫札特和舒伯特的古典音樂會作品，然後欣然聆聽華格納的鋼琴小品——這首〈相簿一頁〉雖然「對感官意境的享樂描寫得無比真實」，作曲上卻顯得「內容有些貧乏」。最後托馬斯追蹤柏林發生的新鮮事，他在日記中吐露：「舉世轟動的一百公尺賽跑唱片轉播裡，兩位美國黑人大獲全勝，幹得漂亮！」[42]

要讓托馬斯．曼在遙遠的瑞士也能得知柏林奧林匹克體育場裡的競賽結果，必須仰賴無數科技的投入才可行。一九三六年的奧運比賽是遍及全球的媒體大事，掩蓋了至今所有事件的光芒。來自五十九個國家、一千八百名記者報導這場賽事，此外一百二十五名特約攝影師則交出了大約一萬六千張照片。除了日報之外，廣播也扮演了重要的角色。它的技術指揮中心就位在場上所謂「元首包廂」的正下方。一台超過二十公尺長的配電盤上，可以同時裝上十八條越歐、十條越洋管線，總共四十二台廣播頻道轉播這場賽事：許多報導直接傳送到天空，其他的會先錄下，稍後再從唱盤中播放。總之，德國頻道轉播超過五百條報導，國外機構帶來了甚至三千條專題報導。這幾天踏入奧林匹克運動場的人，可以發現在「元首包廂」附近有一台機器，二點二公尺長、就像一座貨真價實的高射炮，不過這是三架電子相機，它們實現了還很年輕的電視媒體的現場轉播工作。兩位孔武有力的男人必須負責更換無線發報的「光電顯像管」、那重五十公斤、鏡片直徑四十公分的巨大物鏡。創新的還有帝國郵電所謂的中繼攝影車，那是一台賓士貨車，車頂上安裝了一架攝影機，曝光的底片跑進車子內部的一個防光盒裡，在那兒將全自動地沖洗、定影、晾乾和掃描。運動賽事則會以僅僅八十五秒的延遲，透過電視在柏林、波茨坦、萊比錫，總共超過二十個公眾電視房裡放映。每日三次：從十點到十二點、十五點到十九點和二十點到二十二點。到點會廣播：「注意注意！這裡是柏林保羅・尼普科夫*電視轉播，奧運特別節目，聲音波長七點〇六公尺，影像波長六點七七公尺。」

國家社會主義者果真使出渾身解數來令全世界印象深刻。托馬斯・曼在流放地屈斯納赫特市，愈是追蹤來自柏林的廣播轉播，他的不舒服就會愈加嚴重。這位「魔術師」了解，納粹推動如此巨大的技術投資，只是為了讓外國人讚嘆，是呀，為了征服他們！希特勒想要展示他的權力，其中隱藏的訊息是：最好別向有能力達成這般工程成就的工業大國挑釁。托馬斯・曼聽完奧林匹克開幕典禮的錄音轉播不久後感覺很噁心，「不舒服的故事。令人神經疲勞。我擔心盲腸有毛病，但也有可能一如往常，是大腸的問題。」[43]

73　一九三六年八月三日，星期一

＊保羅・尼普科夫（Paul Nipkow），德國電視之父。

美國作家湯瑪斯・伍爾夫在柏林奧運比賽期間
度過了一個矛盾不已的夏天。
「湯瑪斯・伍爾夫來了以後引起一陣騷動。」

一九三六年八月四日，星期二

帝國氣象局柏林氣象報告：

多雲時晴偶陣雨。受逐漸減弱的西風影響，日間溫度持續下降。十八度。

湯瑪斯．伍爾夫（朋友口中的湯姆）躺在床上才幾個小時，清晨鬧鐘便響起。他心想：「德國鬧鐘和美國的響法不同，更吵，更狠，更具侵略性！」也許他在意識朦朧中，會乾脆把這擾人清夢的東西給按停，也可能會氣得把鬧鐘丟到牆角。的確很有可能，因為當響聲將他從睡夢中驚醒時，湯姆不僅過度疲勞，更糟的是，他還宿醉！儘管前晚赴出版商恩斯特．羅渥爾特家的晚宴時，開始時一切還看似無害……記憶漸漸回復後，湯姆這才意識到，發生了什麼事。

伍爾夫先生昨天傍晚離開旅館，照例先瞥向左方威廉皇帝紀念教堂的時鐘，接著穿越馬路，經過名流聚集的鸚鵡酒吧，右轉悠阿欽詩塔樂街，隨後立即左轉奧古斯伯格厄街，最終右轉冉克街，前後總共不超過五百公尺。路上他還買了一束花來送給羅渥爾特太太愛莉。

恩斯特．羅渥爾特住在冉克街上一棟建於一八九八年的華麗建築裡。湯姆抵達目的地，站在門牌號碼二十四、雕樑畫棟、高聳的門牆前，一股奇特的感覺突然湧上。這並非是與羅渥爾特再會前的緊張感，而是一股混合了謹慎和敬畏的感覺。湯姆小心翼翼，他還記得去年羅渥爾特家的晚宴邀請，誇張得有如一場壯麗的自然現象。一八八七年不來梅出生的羅渥爾特，是一名天生神力、男人中的男人、擁有金髮藍眼的巨人，手掌厚實有力，一握幾乎可粉碎石頭；他的精力無窮，讓生活如同旋轉木馬般令人頭暈目眩地不停轉動。然而醉人的放蕩生活總是以溫文儒雅的輕描淡寫作為開場，湯姆稍後回憶起羅渥爾特的說明：「今晚，請您來家裡晚餐。家裡沒有其他人在，一個人都沒有，只有我們夫妻倆，我們可以安靜地閒聊，度過一個輕鬆的晚上。」羅渥爾特點頭表現出極度心滿意足地繼續說：「我們可以用餐。用餐和談天，但不喝酒，沒有酒精，這東西想必您已經喝夠了，不過也許……」藉著在空中搖著厚實的手指，他做出安撫的手勢，接著滿腹心思地說：「我們可以喝點簡單的葡萄酒。嗯……我覺得，一瓶簡單的葡萄酒，不是烈酒，您懂嗎？就單單一瓶簡單的、清爽的萊茵河葡萄酒。我不時會喝一杯，因為它對腎好。我們還會注意，讓您早點回家。」當晚的流程就如同他所宣告的一般：愛莉太太煮得豐盛（家常菜，正如羅渥爾特喜歡的那樣），不時為了腎好而敬個一兩杯，而湯姆果真很早到家，只不過不是預期的那種早！天色已亮，威廉皇帝紀念教堂的時鐘敲了五下，湯姆離開冉克街，經過奧古斯伯格厄街和悠阿欽詩塔樂街，搖搖晃晃走進選帝侯大街。同一時間羅渥爾特的女傭正清理著「十四只纖細苗條又美妙的呂德斯海姆葡萄酒瓶」[44]。

多虧一錠阿爾咖止痛劑，湯瑪斯．伍爾夫逐漸回復了力氣。此時他既期待又擔憂地想著接下來在柏林的日子會面對的一切：放肆奇妙的狂歡派對、社交茶會、晚宴與夜夜笙歌、報紙採訪、電台節目、拍照、馬不停蹄接踵而來的對話和印象。

⸻

柏林國家警察局每日報告：「義大利奧運代表團團員搭乘的十節車廂列車抵達了安哈特厄

車站。車廂外掛滿了墨索里尼海報與『元首』字樣。一九三六年八月四日證實，其中一張墨索里尼頭像被複寫筆塗上八字鬍，另一幅海報則被寫上『莫斯科萬歲』的字樣。畫上塗鴉和字樣的時間和地點尚未能判定，因為這件事是在列車車廂抵達滕佩爾霍夫的調車場後才被發現的。」[45]

「歐文斯今天是否能奪下第二面金牌？」[46]繼昨日這位美國運動員刷新了一項世界紀錄後，《柏林時報》中午頭版下了這個謎題。奧運第三天，全奧林匹克體育場焦點集中到一個男人身上——傑西．歐文斯。十點三十分跳遠初賽開始，唯有跳過七點一五公尺的選手才能參加下午的淘汰賽。只不過七公尺多一點，對歐文斯來說不過小事一樁，早在高中時期他就經常跳得更遠，第二面金牌似乎唾手可得。然而歐文斯得面對一位可敬的對手——萊比錫來的卡爾．路德維希．龍，人稱鹿仔。鹿仔二十三歲，高大、金髮、散發著令人敬畏的自信。傑西起初將他視為大敵，用眼角餘光懷疑地打量著他。他向教練耳語：「這傢伙怎麼這麼冷靜？難道他不知道自己的對手是誰嗎？」[47]鹿仔當然清楚，只是他很鎮靜，而且早就下定決心，絕不讓人察覺自己的情緒。就在傑西明顯緊張、忙著跟教練交頭接耳的同時，鹿仔心平氣和地等待點名。

關於傑西對鹿仔的決賽流傳著許多傳聞，就連傑西自己也向世界貢獻了一則故事：上午資格賽中，就在他跳了一次無效、另一次太短的跳躍後，多虧鹿仔給了他一個決定性的建議，教他如何準確踏上起跳板。然而事實上，兩位運動員都在第二次跳躍時跳過了指定的距離。數十年後傑西再次聊到此事時，他毫無顧忌地說：「那些是故事，是人人愛聽的故事。」[48]

下午結果即將揭曉，十萬多名觀眾等待比賽開始，包括希特勒、戈林、戈培爾和義大利王儲翁貝托。天氣轉壞，既冷，場地四周又颳起一陣陣令人不適的風，選手冷得直打哆嗦。氣氛緊張令人屏息。鹿仔先起跳——七點五四公尺，接著歐文斯跳了七點七四公尺，鹿仔再進步到七點八四公尺，歐文斯又多跳了三公分到七點八七公尺——破歐洲新紀錄。鹿仔再度走到起點，起跑，同樣也跳了七點八七公尺，平手！他回憶說：「傑西馬上跑來向我祝賀。」觀眾看台歡聲雷動，傑西和鹿仔互相擁抱，然後笑著並肩走了幾公尺。還有一位大人物也高興極了，鹿仔說：「我望向觀眾，他們的歡呼此起彼落，接著再望向元首包廂，怎麼著？整個包廂激動不已。元首讚賞地拍著手。我站在元首下方，對他獻上感謝的問候，後來我簡直不敢相信，他站起來，用父親般的友善笑容向下方的我致意，他的眼神透露出一個願望——我想要勝利！」不過鹿仔無法滿足他的願望。歐文斯最後一次走上起跳處：八點〇六公尺，更新了世界紀錄！鹿仔說：「我無能為力了。我跑向他，當第一個祝福他的人，並擁抱他。他用英文回答我：『你逼得我不得不全力以赴！』」[49]

從這場比賽還誕生了一張知名的照片，兩位運動員腹部朝下趴在運動場上，二十出頭的年輕人，看來無憂無慮又滿足，好似什麼都不能拆散他們。接下來的頒獎典禮，由無數相機所捕捉的照片將放送到全世界：傑西・歐文斯，來自俄亥俄州哥倫布市的黑人學生，二度打敗所有人，在美國國歌〈星光燦爛的旗幟〉的伴奏下，目送美國國旗攀升柏林多雲的天空，傑西敬禮。宣傳部長戈培爾大發雷霆：「我們德國人贏了一面金牌，美國人三面，其中兩面居然是黑人贏的，真是恥辱！白人應該感到羞愧，對面那個沒有文化的國家卻不覺得有什麼！」[50]

戈培爾馬上發現，傑西・歐文斯的新勝利散發出強烈的政治訊息，他覺得這對他們所宣稱的「白種人」的優越性是最大的侮辱，因為就連最虔誠的國家社會主義者，也會由於傑西出類拔萃的表現而聯想到，其所假定的雅利安人種的優勢地位是不確定的。不過，這類事似乎引不起傑西和鹿仔的興趣，國歌演奏完畢後，他們倆勾肩搭臂地離開了運動場中央。只是，這哥倆好的友情將會為鹿仔帶來麻煩。不久之後，「元首」職位代理人、特使魯道夫・赫斯上門拜訪，直截了當地威脅他：鹿仔不該膽敢再次去「擁抱一個黑人」[51]。

⁂

柏林警察總長命令：「柏林的許多城區裡，很多人將床單、衣服和床墊晾在前陽台、涼廊、屋頂或面對街道敞開的窗戶裡，這趨勢已經發展成了一項陋習。不少愛整齊的居民已經無法再忍受，不滿爆發。尤其奧運比賽期間，我們不能再縱容這項陋習。」[52]

⫶

此刻湯瑪斯・伍爾夫也已克服昨晚的後遺症，等待《柏林日報》的記者前來採訪。口徑一致的德國媒體，在奧運賽周邊刻意表現得國際化。例如《柏林地方誌》在專欄〈奧林匹克菜單〉中，針對國內外飲食風俗習慣做了以下說明：「該怎麼準備麵條和通心麵？」[53]使讀者得以大致了解，外國遊客來訪期間，柏林廚房該如何迎合其偏好來做調整。「柏林白煮豬腳完美無缺，每每令斯堪地納維亞人、英國人和荷蘭人格外叫好。」[54]不過這是否又屬實呢？

另一方面，《柏林日報》還刊登了多篇知名訪客的採訪報導，包括印度特里普拉邦的親王和女親王、來自巴爾的摩的出版發行人威廉・N・瓊斯，和英國頂尖外交官羅伯特・范斯塔特爵士偕莎莉塔女爵連理等人的報導。

湯瑪斯・伍爾夫如今在德國已聲名大噪，因此恩斯特・羅渥爾特不須大費周章來說服報社編輯部去採訪他。為了方便起見，訪談在湯姆的旅館房間進行，內容聚焦在他對德國的想法上。出版社摩拳擦掌，《柏林日報》的採訪對湯姆的書是一則效益十足又免費的廣告。羅渥爾特很清楚，這位作家對付記者很有一套，他們用英文形容這種天分：「用一種磨亮的方式說話」，完美到可以直接送印的發言，湯姆完全不費吹灰之力。對了，報社那邊還想要事先知道，記者是否可以帶一位媒體素描師同行。是的，他可以。

到了約定時間，門被敲響，湯姆打開門，瞧見一個不起眼的男人，男人自我介紹說他是《柏林日報》的記者，他身邊還有個年輕女人，顯然是他們事先預告的媒體素描師，她禮貌、幾近害羞般報上自己的名字：緹雅．韋爾克。湯姆向陌生的她伸出手，並深深望入她的眼裡。記者似乎沒有察覺到湯姆和緹雅之間發展出的張力，他單刀直入切進正題，向美國作家公式化地提出了第一個問題：你覺得德國如何？湯姆說：「棒極了」，他現在得異常努力才能好好整理思緒，「如果沒有德國，就應該發明一個。這是一塊充滿魅力的土地，我曾拜訪過希爾德斯海姆市、紐倫堡市和慕尼黑市，認識了它們的建築和內涵，以及歷史和藝術的光輝。」[55]記者似乎很喜歡這個回答。正當湯姆起勁談著德國時，緹雅則在背後觀察，她正專注地試圖刻下湯姆的每一道表情變化，用細鉛筆線條打下一張草稿，之後再用草稿來完成作品。

同時湯姆述說著一些故事：他是如何在慕尼黑啤酒節捲入打鬥，一個啤酒杯直接砸碎在他頭上，最後他必須在手術外科大學醫院待上好幾天，雖然事件至今已滿八年，湯姆還沒有忘記當時治療他的醫生叫做內閣顧問雷克瑟。記者讚賞湯姆，太棒了，這是《柏林日報》讀者感興趣的故事。不過湯姆總忍不住分心，不能克制地一再望向緹雅。

緹雅的外表的確令人印象深刻。身為女人，她異常高大，有著一頭金色豐滿的秀髮，並將秀髮編成髮冠戴著。「瓦爾基麗！*」是湯姆見到她的第一個念頭。雖然他對北歐神話所知不多，也沒有研究過華格納的同名歌劇，不過緹雅就是他想像中瓦爾基麗應有的樣子。這位高大的金髮女子顯然很合他的口味，湯姆說：「她的身材優美，沒有令人排斥的男性化，是徹底誘人的女性，有著女人該有的味道。」[56]而緹雅也感到自己受這位對象的吸引，她後來向湯姆坦承：「我沒讀過你的書，也未曾聽說你的名字，不過當我一踏進房間見到你，就直覺知道，我無須害怕，我感覺：這是一個朋友。」[57]

到目前為止，緹雅．韋爾克的生活還沒有輕鬆過：不幸的童年、很早就發作的精神問題、失敗的藝術大學學業、一段四年後就離婚的不愉快婚姻，在在造就她不穩定又容易受傷的心靈。不過湯姆尚未得知這些，訪問結束後那幾天，他只剩一個念頭揮之不去：有什麼辦法可以儘快再見緹雅一面？

---

*瓦爾基麗（Walküre），北歐神話中高大的金髮女神，被稱為「好戰處女」。她們在戰場上賜與戰死者美妙的一吻，並引領他們前往英靈殿。這麼做的目的是為了在諸神的黃昏來臨之前，擴充神域的兵力以應付戰場所需。

全世界的女士穿什麼去看奧運？《仕女》雜誌（如同一九三〇年代的《碧姬》雜誌）建議：「不論去室內或室外的運動場以及德國競技場，上午尤其適合穿運動洋裝，從帽子到鞋子都走運動風！」下午運動洋裝仍舊合適穿，只是要注意：「只穿裙子襯衫卻不穿外套，不適合走上街頭。」身為女性必須要做出表率，《仕女》雜誌奉勸女性讀者：「一個城市或國家給人的印象，很大部分取決於大眾在那兒見到的女性身上。」[58]

維克多．米勒－黑斯從事著很多人都覺得可怕的職業。身為柏林大學教授，他同時也是一位備受重視的當代人物，經常定期受邀參加研討會，在權威的專業期刊發表文章，並指導著一大群學生。他職業裡的駭人組成部分是，他和死亡打交道，更好的說法為，他研究著一個問題：人為何和如何從此岸踏上彼岸，簡單說來，維克多．米勒－黑斯是位法醫。

米勒－黑斯教授帶領的法庭醫學與犯罪學系所裡，每年進行大約五百件官方指派的屍體解剖，再加上出自學術研究原因而不斷增加的大學內切片解剖，一九三六年，這個系所的員工總共執行了三千多件屍體解剖，以一週六個工作天計算，每天大約十件。為了負擔這個數量，去年還添置了七張嶄新的解剖桌。醫生首先鑑定身體外觀，接著檢查體內，過程中將打開頭顱、胸腔以及腹腔。

特別令人矚目的是，一九三六年八月上半月，解剖報告書裡記錄著的那些無法解釋的死亡事件。裡頭有退休的赫伯特・佛陸德，八月一日在特雷普托車站，跳到列車前；八月二日，五十八歲的奧古斯特・海涅邁爾，上吊被人發現；同一天，來自柏林采倫多夫區的醫生威廉・伊萬博士，服用過量的安眠藥佛羅拉；這個星期二，阿多夫和艾莉卡・韓夫妻在他們舍恩貝格的公寓死於瓦斯中毒；貝兒塔・泰爾小姐，出生姓哈克，三十七歲，在早上自殺。一九三六年八月一日至十六日間，總共二十七人死於瓦斯中毒、二十三人上吊、十二人溺水、六人死於槍擊、四人被火車碾過、三人用藥過量、兩人因酒精死亡。

身為法醫不能太敏感，不過也一再出現一些成功例子，把自己變成麻木不仁的醫生。今天解剖刀下出現的是，由米勒－黑斯教授的同事執刀——瑪妲和歌兒圖・蓋德爾的屍體。死因很快就確定了，但死亡現場的重建卻很困難。

瑪妲・蓋德爾三十六歲，工作是女裁縫，和九歲大的女兒歌兒圖住在柏林北部萊尼肯多夫區的霞恩韋伯街。她的丈夫恩斯特・艾米爾在大型洗衣公司當熨衣工攢錢，他們的婚姻幾天前以離婚收場了。瑪妲和恩斯特・艾米爾兩人就是再也無法忍受彼此，他們昔日共同經營的愛情，消逝成為深深的抗拒。每回兩人碰面就會爭吵，就連離婚法庭也宛若修羅場，瑪妲帶給法官精神不穩定的印象，甚至令他如此決定：小歌兒圖在媽媽身邊不能保證能得到幸福，最後小孩被判給父親。

瑪妲在判決宣告後崩潰了，把她的小孩交給別人……？絕不！瑪妲有個計畫，七月三十一日晚上，她把歌兒圖帶上床，也許還唸了個童話故事給女兒聽，接著給女兒一個晚安吻——我們並不清楚。可以確定的是，瑪妲等到歌兒圖睡著後，走到廚房，把一條水管接到瓦斯爐上，打開氣閥，再從廚房穿越走廊將水管拉到臥房裡。她儘量緊閉房門，把水管夾在床頭，躺到女兒身邊，把她擁入懷裡。

隔天八月一日，濃濃的瓦斯味蔓延整棟房子，憂心的鄰居破門進入蓋德爾的公寓，此時奧林匹克體育場的開幕典禮正好結束。

⫯

柏林國家警察局每日報告：「一九三六年八月四日，保加利亞國王閣下偕女王化名為里爾斯基伯爵與女伯爵，駕駛私人汽車抵達柏林。國王在布里斯托酒店訂了一間公寓，女王前往對面孟筆瑤街二號的柏林大學婦科醫院。」[59]

十七點三十分，德國隊奧運足球比賽開始。八強賽中，由帝國教練奧托·內爾茨帶領的隊伍，遇上盧森堡公國代表隊。一萬兩千名觀眾在列爾特街上的波茨運動場等待開賽鳴哨，其中包含「元首職位代理人」魯道夫·赫斯。十六分鐘後，沙爾克〇四足球俱樂部的阿道夫·烏爾班踢進了第一球；第三十分鐘，慕尼黑的威廉·西門茨萊特，將一個傳接球轉換成第二個射門。不過盧森堡人展現了自己身為對手的毅力，比賽勝負還未定。情況在中場休息之後改變，裁判帕爾·馮·赫爾茨卡才吹起繼續比賽的哨聲，西門茨萊特就立刻在第四十八分鐘踢出三比〇。此後幾乎每分鐘都有球被踢入球門：五十分、五十二分、七十四分、七十五分、七十六分和九十分，最後德國隊對戰盧森堡的比賽以九比〇結束。主場隊因此獲得奧運足球下輪比賽的晉級資格，來自盧森堡的客人則遭到淘汰。德國媒體自信滿滿地說：「這是一場巨人對侏儒的比賽，盧森堡選手勇敢又堅強，使盡吃奶之力直到比賽結束。」[60] 眾所周知，驕傲為失敗之母，德國隊的球迷將在三天後有所體會。

奧運比賽剛開始的幾天，盛夏之氣未至。下雨，且氣溫持續涼爽。不過仍然渴望清爽飲料的人，《柏林日報》建議他們：「陳年阿斯巴赫白蘭地調礦泉水。」

選帝侯大街上的布里斯托咖啡館是行人悠閒散步的好去處。
「咖啡館的戶外平台高朋滿座，日子好似黃金般閃耀，
空氣宛如音樂般蕩漾。」

LESE-
SAAL
WESTENS
BEHMER

一九三六年八月五日，星期三

帝國氣象局柏林氣象報告：

涼意持續，有可能會下幾場陣雨，吹強烈西風，偶爾多雲。十八度。

「列蒂克，你這個懶惰蟲，每月的十五號就是一號！」列蒂克不知已從恩斯特．羅渥爾特口中聽到這句話多少次了。有時老闆在他面前語帶威脅地吐出整串字眼，有時經過時嘮嘮叨叨唸出這個句子，還有些時候，他的吼聲響徹全辦公室：「列蒂克，你這個懶惰蟲，每月的十五號就是一號！」這句話大概就意味著：列蒂克，你可以離開了！於是列蒂克小聲地回答：「遵命，羅渥爾特先生！」韓里希．馬麗亞．列蒂克，大家簡稱他為韓茲，是個快三十歲的不起眼的年輕人。他的母親馬麗亞．列蒂克，藝名馬麗亞．李，是個女演員，在萊比錫登台表演。沒人清楚他父親的事，至少官方說法如此。列蒂克在羅渥爾特出版社工作已滿五年，起初他管理銷售統計報表，再來是媒體事務，接著又在一個接著一個部門之間兜來轉去。羅渥爾特有多常威脅要把列蒂克掃地出門，就代表他有多麼無法捨棄這個年輕人。

列蒂克是羅渥爾特最重要的員工——而且還是他的私生子。兩人都試圖保密，尤其不能讓對方知道。羅渥爾特向作家恩斯特．馮．沙羅蒙打包票：「他當然完全不知道他是我的兒子。向我發誓您會保密！」沙羅蒙發誓了。不久後，列蒂克也向沙羅蒙透露：「他當然完全不知道他是我爸爸，向我發誓您會保密！」沙羅蒙又再一次發誓。到最後，就連員工漢斯．法拉達也向他提到列蒂克與羅渥爾特家族裡的微妙關係。沙羅蒙回憶道：「法拉達問我：『您知道嗎？列蒂克是羅渥爾特的兒子。』我說：『不會吧！』法拉達說：『千真萬確！羅渥爾特跟我說的。他以為列蒂克並不知情。後來列蒂克也對我提起，他以為羅渥爾特不知情。我必須發誓不說出去。但整個出版社都知道了，而且大家都拿這件事開玩笑，這兩個人都不知道整個出版社都知道了。』」[61]

十一點鐘整，在老字號的普魯士科學院，訪客絡繹不絕地進屋。鼎鼎大名的瑞典探險家和旅行學者斯文．赫定，在德國奧運組織委員會的邀請下，將發表一篇科學演說。原本應該由各與會大洲分別選出一位學者演講，但計畫很早就落空了，最後只剩下斯文．赫定，他算是德國的朋友以及阿道夫．希特勒的擁護者。戈培爾的宣傳部把這位七十一歲高齡先生的來訪當作頭號新聞炒作。早在前一天，他們就允許老先生在奧林匹克體育場比賽的休息時間，向「全世界年輕人」侃侃而談。然而今天他的演講題目卻不怎麼引人入勝——〈馬在亞洲歷史所扮演的角色〉。希特勒和戈培爾禮貌地拒絕參加（因其他重要約會而不便前來）。冗長的演講告終時，奧運主席列瓦爾德不經意地展現了幽默感，他褒揚這位來自斯德哥爾摩的客人：他非常肯定，兩千年後大家一定還會記得斯文．赫定在普魯士科學院的這場演講。

駐柏林奧地利公使陶須茲寫信給維也納外交國家書記：「奧地利代表隊的領隊巴隆・塞佛堤茨很不高興，因為選手村裡的運動員都被寵壞了。也許不是故意的，但他們幾乎讀得出選手眼神中的願望。」[62]

上午，湯瑪斯・伍爾夫（湯姆）坐在布里斯托咖啡館喝他的第一杯啤酒，這不會是他今天的最後一杯。一大早是啤酒，午餐他偏好搭配白葡萄酒，下午可以來杯威士忌，最後晚餐再配白葡萄酒，有時候他也會改變順序。我們或許可以認為，湯姆有酒精上癮的問題——不過他自己卻從不這麼想，在他的認知中，喝酒多半是純粹出自於對生命的喜悅。自去年起，湯姆在柏林認識了一連串的咖啡館、餐廳和酒吧，還固定拜訪這些地方。全柏林的咖啡館中，湯姆特別喜愛布里斯托咖啡館，離他住的旅館只有幾百公尺遠，還擁有一座向街道開放的大戶外平台，湯姆感覺自己好似坐在劇院的包廂裡，享有一道望向舞台演出的絕佳視野，每日公演的劇碼叫做：夏日裡的選帝侯大街。每分鐘有上百人經過布里斯托咖啡館的平台，他們從左邊和右邊走來，步伐交錯，互相閃避或是停下腳步；還可以見到老人與小孩、婦人推著娃娃車、商人趕著赴約、希特勒青年團的青年、閒晃的行人，以及無數來自其他泱泱大國的遊客。

奧林匹克比賽期間，他們在選帝侯大街兩旁的行道樹枝幹裝上擴音器，轉播體育場上的賽事。湯姆坐在布里斯托咖啡館喝啤酒時，樹木彷彿正對著他說話。街上的噪音、行人的喃喃話語，參雜著銅鑼聲似的廣播運動術語如「預賽」、「複賽」或「決賽」以及運動員的名字。選帝侯大街上的喧囂與說話的樹枝，在湯姆身上施下一道獨特的魔法，他無法解除。

接著韓茲．列蒂克也到了。恩斯特．羅渥爾特交代他的兒子兼員工，在奧運期間照顧這位來自美國的訪客。羅渥爾特對湯姆照顧有加是基於實際的考量：湯姆雖然熱切又發自內心喜愛德國，但他的語言能力還不夠好，湯姆自己形容，他的「計程車司機德文」雖然好到足以點杯飲料或是向計程車司機報上目的地，但更多就不行了！因此湯姆需要一個口譯。韓茲說得一口好英文，儘管口音濃厚，有時顯得十分滑稽，湯姆可以模仿得維妙維肖：「賊個小男人和他得菸斗……你不結得很七怪嗎？」[63]

不過韓茲不僅僅是湯姆的翻譯，兩個男人在去年就認識了，還自然地當起了朋友。儘管如此，他們給人的第一印象卻截然不同：湯姆巨人般的身材，精力無窮，渴望永無止境探索人生；韓茲則足足年輕了八歲，既瘦削害羞又略不起眼。不過正是這些不同點，讓他們互相懷有好感。湯姆和韓茲坐在布里斯托咖啡館、沿著選帝侯大街溜達、上館子，或是在柏林喝個通宵時，感覺好似兩個長得不像的兄弟。

在布里斯托咖啡館前的一片喧鬧中，韓茲突然發現了一個報僮。「日報，《柏林日報》！」小男孩喊著，伸長胳膊把一份報紙往空中揮舞，彷彿市場大嬸叫賣著商品，這孩子也奮力叫賣著頭版頭條：「六面金牌！美國四面——德國一面——義大利一面！元首又到會場了！」韓茲做了個明顯的手勢把男孩喚到身邊來，「請給我一份日報！」「二十芬尼，先生。」韓茲立即把報紙攤開在眼前，激動地一面翻過一面，直到找到湯姆的採訪報導。他目光匆促地掃瞄文章：湯姆拜訪德國啤酒節的軼事還有讚揚德國的內涵，全都出現在文章內。韓茲心想：很好。現在的他是純粹的出版人，這篇文章是對羅渥爾特旗下作家湯瑪斯・伍爾夫及其書籍的極佳廣告。韓茲折起報紙，滿意地點點頭，再把報紙推給湯姆。不過湯姆對採訪報導興趣缺缺，他默默把報紙塞到外套裡，接下來的時間所剩不多，他寧願聆聽樹木。下午這位伍爾夫先生在奧林匹克體育場有個約會。

十五點整，女子花劍決賽開始。八位獲得最後一輪資格的女選手必須彼此較量，因此每位花劍女選手都得比賽七次。來自匈牙利的依蘿娜・夏雪兒－艾列可，以六勝一負的成績位居第一位。最後一輪裡，代表德國的海蓮娜．邁爾遇上代表奧地利的愛蓮．普萊斯。圓頂廳裡令人屏息的緊張蔓延，因為比賽尚未蓋棺論定。如果海蓮娜獲勝，那麼她將同樣以六勝一負拉成平手，那麼一來，她就必須和依蘿娜再決勝負；不過若是愛蓮獲勝，那麼匈牙利女選手的金牌就底定落袋。哈布斯堡君主國滅亡十八年後，古老的奧匈帝國似乎又存活了片刻——至少在運動上。*結果奧地利女選手獲勝，協助了來自匈牙利首都布達佩斯的對手獲得奧運金牌。《奧林匹克報》總結：「海蓮娜．邁爾輸了關鍵的比賽。可銀牌對德國也不容忽視。」[64]第二名事實上也值得尊敬——只不過她贏來的獎牌真的可以算在德國頭上嗎？

海蓮娜．邁爾當時還算是德國花劍運動的希望之星。一九二五年，德國全國大賽上，她獲得了第一面金牌，當時她才十四歲；後來一九二六年到一九三〇年的德國全國大賽，海蓮娜年年都奪冠；一九二八年，她第一次參加阿姆斯特丹奧運，也獲得了一面金牌。兩年後她註冊了法蘭克福大學就讀法律系，在一次訪問中她提到，如果有一天運動生涯結束，她希望成為外交官。當時她儼然已經是位大明星了。海蓮娜具有一股別人無法學習或擁有的氣質，每當「金髮海蓮」步入體育場，這股氣質真實到彷彿觸手可及。她穿著白色花劍服，金髮紮著流行髮辮，

---

*奧匈帝國（Kaiserliche und Königlche Mönarchie），一次大戰前匈牙利與奧地利同屬一大帝國。哈布斯堡（Habsburger），為奧匈帝國的統治家族。

看起來特別耀眼動人。

曾經有過很長一段時間，德國為海蓮娜感到驕傲。一次在帝國總統興登堡所舉辦的茶聚規模的聚會上，她甚至還獲得「帝國政府榮譽獎」作為表揚。但接下來一九三三年一月三十日納粹掌權之日到來，之後不到三個月的時間，海蓮娜家鄉奧芬巴赫的花劍俱樂部就把她從會員名單中除名，因為在新掌權者的意識形態下，她算是「半個猶太人」。海蓮娜在美國加州得知此事時，正由於交換學生獎學金的契機在那裡就讀，她決定暫且先不回德國，也因為奧克蘭的大學突然提供她工作機會，一九三四年秋天，她開始在大學教德文和花劍。

故事本應在此劃下句點，海蓮娜應該留在美國，她遲早會獲得美國國籍，她的運動生涯也得以打著美國旗幟繼續下去，但事情並未如此了結。

米恰．尼基施在威尼斯告別了生命。曾幾何時，米恰在柏林享有盛名，在這座城市最優雅的俱樂部裡，帶領著他的爵士舞蹈樂團登台演出。若在正常情況下，他現在也會在施普雷河岸的奧運比賽中客座演出接著慶祝成果。不過若帝國總理叫做阿道夫．希特勒，而且他人又在鬼門關前徘徊，還有什麼是正常的情況呢？

米恰是大名鼎鼎的匈牙利指揮家、昔日柏林愛樂交響樂團的首席指揮、阿圖爾．尼基施的兒子。在老先生嚴格監督之下，米恰從萊比錫的音樂學院畢業成為鋼琴家。一九一七年，他年紀輕輕才十八歲就在柏林人面前首次登台演出（他的父親揮著指揮棒），此後事業一帆風順。米恰和所有同期的大音樂家共同演出，他巡迴表演的原則是所有艱難的大部頭鋼琴作品：法蘭茲．李斯特、約翰尼斯．布拉姆斯、彼得．柴可夫斯基或是謝爾蓋．拉赫曼尼諾夫等人的音樂會。每當這位年輕人以貴族的外貌、夢幻憂鬱的眼神站上舞台時，許多女人芳心都為之融化了。

一九二〇年年中，米恰開始了爵士音樂這種嗜好，之後組成的米恰．尼基施爵士舞蹈樂團更是成果豐碩大有斬獲，不少樂迷覺得他是三〇年代早期最棒的樂團團長。這段期間他鮮少發表鋼琴演奏會。不過，國家社會主義份子於一九三三年一月奪取政權後，樂團解散了，許多音樂家是猶太人，如今他們必須移民。米恰接著把重點轉向鋼琴演出，希望能夠銜接上他早期鋼琴演奏家的職業生涯。起初看起來進行得還不錯，一九三三年十二月，在睽違八年後，米恰又再一次和柏林愛樂交響樂團合奏，樂譜架前站著的都是一些大人物指揮家，像是柏林愛樂音樂總監威廉．富特文格勒。不久後他甚至還為黑膠唱片公司德律風根，錄製了莫札特音樂演奏會組曲；接著就連私生活也漸入佳境，亞麗珊妲．米若諾芙是他新戀人的名字，她來自莫斯科，比米恰年輕十二歲，藝名叫做芭芭拉．蒂烏，在柏林席勒戲院擔任女高音。米恰熱愛亞麗珊姐，不過不喜歡她的俄國名字，他寧願叫她芭芭拉。米恰和芭芭拉希望不久後結婚，可惜天不從人願。

米恰的淋巴瘤被診斷出來時，他正在義大利北部享受夏日的涼爽。他知道自己沒有多久可以活了，仍舊開始創作一部浩大的鋼琴演奏曲。疾病激發出巨大的精神動力，他像著魔似地，每天花好幾個鐘頭寫他的代表作，最後創作出一部長達四十分鐘的作品，內容分為三部：《浪漫行板》、《詼諧曲》，以及《悲愴幻想曲》——不需要是精神科醫生，也可以看出裡頭自傳的軌跡。

起始的《浪漫行板》是對芭芭拉愛的傾訴，音樂嘈嘈切切錯雜彈、大珠小珠落玉盤；《詼諧曲》中，作曲家回憶起自己豐富的音樂影響與眾多成就，以僅僅近四分鐘演奏時間的音樂回憶錄，紀念他那過分短暫的生命；結尾的《悲愴幻想曲》，以破碎的不和諧音開場，我們可以從中認出癌症診斷的宣告，隨之而來的是悲傷的巨匠作品：有時音樂幾乎無法超越悲慟的極致，然後情緒持續升高成為憤怒，又有些時候充滿隱隱作痛之情。米恰用雙手體現了他的絕望，將和弦如同水田瀑布般織密，彷彿在問：為什麼？為什麼是我？一陣狂野的鋼琴華彩樂段後，格外小聲地開始結束的段子；接著大鼓和軍樂鼓在交響樂裡打下了強硬無情的拍子，大提琴和中提琴拉出一段神祕的旋律，鋼琴將滿滿的阿拉伯風格混入其中；最後米恰在樂譜上注明「隆重莊嚴」：鼓正以最強音擊打拍子，鼓聲一擊疊上一擊，音樂不能自制地亂了步伐，表現出昏暗的結局，作曲家已然六神無主……

星期三，米恰．尼基施完成了鋼琴演奏曲的工作，同一天內他也死了。他才三十七歲。柏林的報紙充斥著運動佳績的報導和娛樂的建議，至於這座城市一九三三年之前所擁有的、最優秀和最知名音樂家的死訊，卻未提到隻字片語。芭芭拉的未婚夫死去時，她正因工作人在倫敦，待回到威尼斯之後，她發現了這份手寫的音樂演奏曲的樂譜，唸出了以下的獻言：

給我的妻子芭芭拉．尼基施

保持內在平靜，
漫遊者，
我到家了。
在我的領域
星星照得明亮。
想著你，
你只是個過客
在這塊一切都會消逝的土地。

好好休養，採一朵花
繼續走你的路。

柏林國家警察局每日報告：「一九三六年八月五日，仔細搜索了十五點三十分和二十點四十五分抵達安哈特厄車站的列車，未發現任何的黏貼紙條或煽動標語。」[65]

摘自戈培爾日記：「下午。會場。跑步和跳遠。我們贏得不多。我臭罵了里芬斯塔爾，她的行為簡直不可理喻，歇斯底里的女人。正因為她不是男人！」[66]德國女導演萊尼．里芬斯塔爾拍攝奧運比賽的官方電影，一年前希特勒委託她做這件事，不過確切說來，獨裁者是為了滿足國際奧委會的規定：主辦國必須把運動賽事拍成影片。三十三歲的萊尼是希特勒在電影方面的第一人選，幾年前她拍的三部國家社會主義黨的紐倫堡黨代會*紀錄片，把希特勒塑造出神一般的形象，令獨裁者大為滿意。這部奧運電影當然也必須為政權的宣傳效勞，不過為了顧及國外眼光，不能過於明顯。按照希特勒的希望，影片應該盡可能富藝術性，讓全世界產生一種德國向世界開放和友善的客觀形象。為了達到效果，萊尼讓希特勒開出一張空白支票：沒有人有資格插嘴她的拍攝計畫，就連戈培爾也不行。這點讓宣傳部長很不甘心，他現在正疑心重重地監視著萊尼。

萊尼為了拍攝這部奧運電影，期間內陸陸續續共獲得了兩百八十萬帝國馬克的巨額報酬。她個人的酬勞最初申請了二十五萬帝國馬克，後來提高到四十萬帝國馬克。為了掩飾帝國當局合約與資金提供者的身分，他們成立了一家名為奧林匹克電影有限責任公司的空頭公司，由萊尼和她的兄弟漢茲當任股東。有了那麼多的金錢供應，女導演可以空前絕後地大肆揮霍一場：動員了大約兩百位工作人員，其中光是攝影師就有四十五位，奧運比賽期間總共沖洗出四十萬公尺的影片。萊尼還叫人在奧林匹克體育場建起高塔和挖掘坑洞，實現了不可思議的攝影角度；一架自行架設的彈射攝影機飛馳在軌道上，平行拍攝跑者，產生出全新的影像；萊尼自己使用手持攝影機，以便能夠貼身接近運動員；把機器固定在一些小型繫留氣球上，讓氣球上升至運動場上空拍攝；在游泳池使用水下攝影機，並實驗慢動作攝影。

這場巨大的揮霍不僅在財務上付出相當的代價，另外，萊尼的攝影人員簡直不斷在擋路。

＊紐倫堡黨代會（Reichsparteitage），一九二三年至一九三八年間，納粹黨每年一度的大集會。

有時候他們擋住運動員或裁判，還有些時候，他們用龐大的機器擋住觀眾甚至貴賓的視線；萊尼完全不在乎閃爍的探照燈和刺眼的閃光燈會不會致使運動員炫目或驚嚇到賽馬馬匹。有好幾次，萊尼和戈培爾大聲起爭執，部長臭罵她——他自己宣稱，不過萊尼不是好惹的，她大吼回去。里芬斯塔爾小姐看來甚至很享受成為焦點，她穿著灰色法蘭絨長褲、時髦的西裝外套，戴著一頂流行的騎師帽，看上去儼然是位好萊塢明星。在她的身邊總有兩位攝影師，他們唯一的工作是把萊尼工作的樣子拍下來，真不愧是專業！

猶太女記者貝拉・弗洛姆回憶道：「她時不時就會出現在元首身邊，猶如畫報封面相片般結凍的笑容掛在臉上，頭頂散發出一圈『我很重要』的光環。」如果萊尼正好不在希特勒身邊展示自己，就是比著誇張的手勢在攝影團隊間跑來跑去下達指令，同時她的同事也會配合她虛榮的遊戲擺出好臉色。一旦萊尼在媒體區發現到威脅到她拍攝的攝影師，就會派快遞帶著嚇唬人的紙條過去：「萊尼・里芬斯塔爾要求您，拍攝時不要離開您的位置、不要到處走動。如果不理會要求，您的媒體許可證將被撤銷。」[67]也難怪，女導演在奧林匹克體育場沒有太多朋友。有些遊客抓住萊尼虛榮心這點來取樂，他們叫喚：「萊尼，萊尼……出來一下。」等到女導演現身向她自以為是的影迷揮手時，他們就大聲嘲笑：「噓，老母牛，老母牛！」[68]

猶太作家卡爾・祖克邁爾覺得，原本由登山和滑雪影片成名的萊尼・里芬斯塔爾，只不過是一道「冰河裂縫」*。祖克邁爾在一九四三年到一九四四年流亡美國時寫道：「她唯一的好處是不會成為叛徒，而且她永遠相信希特勒是救世主。當希特勒因為她策畫的奧運電影和某一部紐倫堡黨代會電影，親自遞給她一面表揚金牌或什麼類似的東西時，她在舞台上因為激動而腿軟（陷入昏迷），不過她沒有如願地倒入希特勒懷裡，而是倒在他腳邊，而他必須（看起來覺得噁心）跨過她離開。」[69]

好事成三。傑西．歐文斯沒有一秒懷疑過自己今天將贏得第三面金牌。賽程表上安排：十八點兩百公尺賽跑決賽開始。這個項目中，歐文斯只害怕兩位對手：奧雷斯．皮考克和拉爾夫．麥特卡夫。皮考克在距離柏林六千公里之外的紐澤西治療大腿傷，麥特卡夫則未能晉級這項比賽，那他又怎麼會搞砸呢？唯一讓傑西擔心的是天氣，傍晚已經感覺得到涼意，一位裁判在起跑鳴槍前不久，看了看校準過的溫度計，讀出，才攝氏十三點三度。此外，因為下午短暫下過雨，空氣還很潮濕，加起來剛好不是賽跑最好的先決條件。

同時，湯姆也在一個美麗的褐髮女郎陪伴下步入會場。這位年輕的女士叫作瑪爾塔．陶

＊冰河裂縫，此處是暗指她出賣身體。

德，湯姆幾年前造訪柏林時早已認識了她。瑪爾塔是美國駐柏林大使的女兒，和她的雙親在帝國首都已經住滿三年。瑪爾塔的父親威廉・愛德華・陶德是知識份子、德高望重的歷史學家以及勞苦功高的高中老師，卻不是一位幹練的外交官。美國總統富蘭克林・德拉諾・羅斯福，在收到無數次拒絕進駐柏林這個重要崗位的回覆後，選上了這位在萊比錫讀過書、說著一口流利德文和喜愛德國文化的陶德。大使館裡，陶德的一位同事批評說：「喔，他算得上是最了解德國歷史的人了，但僅止於一八七〇年！」[70]如果稱呼陶德教授為「外交緊急解決方案」的話，應該也不算誹謗他，因為就連他自己也這麼覺得。與其在柏林，他還寧願生活在維吉尼亞的小農莊，將他收集成冊的美國南部歷史搬寫到紙上。

二十七歲的瑪爾塔全方位支援父親的出席職責。她滿心歡喜地在大使館的房間舉辦宴會和接待會，與眼花撩亂的各色族群來往：記者、藝術家、軍人、外交官以及其他神祕人物。令父親遺憾的是，瑪爾塔有一則不好的名聲傳出：她對男性的示好來者不拒。她的眾多情人裡頭還包含兩位問題人物：一是蓋世太保首任頭目魯道夫・狄爾斯，二是納粹國外媒體局局長、綽號「小可愛」的恩斯特・漢夫施丹格爾，也是他，安排了希特勒和瑪爾塔在凱撒霍夫酒店碰面。「小可愛」曾說服她：「希特勒需要一個女人，瑪爾塔，你就是那個女人！」[71]但眾所皆知，瑪爾塔並不是那個女人，相反地，她和蘇聯大使館第一祕書長波里斯・溫諾葛拉多夫墜入了激情的外遇。

一九三六年八月，這個星期三，湯姆和瑪爾塔進入奧林匹克體育場的外交大使包廂就坐，陶德小姐以美國大使女兒的身分出席。陶德大使正在從美國回來的路上，預計幾天後才會到達柏林。沒有父親在旁看照，瑪爾塔無所不用其極地誘惑她的「小湯湯」，而湯姆看似無比享受，他向一位朋友坦言，瑪爾塔「像隻蝴蝶在我老二周圍飛舞」[72]。現在的他，顯然不會想到前幾天令他神魂顛倒的「瓦爾基麗」，緹雅・韋爾克。

湯姆第一次到奧林匹克體育場就感到無比震撼，他向瑪爾塔據實以告：他覺得這座競技場是美和完美的代表作。從湯姆的位置向外望去，不只有面向賽場的完美視野，還能對位置稍高於外交包廂的「元首包廂」一覽無遺。湯姆稍一轉頭，馬上就認出希特勒，看到他在椅子上不安地挪來挪去。希特勒左邊的小個子男人一定就是約瑟夫・戈培爾。希特勒後面坐著一個穿白色西裝的人是誰？瑪爾塔偷偷指出，是帝國體育部部長漢斯・馮・夏瑪・歐斯騰。頂著光頭的老先生又是誰呢？他叫做泰歐多・列瓦爾德，是德國奧運組織委員會的主席。湯姆著迷地看著希特勒，從頭到腳打量著他，接著廣播宣布比賽開始，湯姆才將視線轉到前面。

兩位美國人、兩位荷蘭人、一位瑞士人和一位加拿大人現身於兩百公尺賽跑決賽。這次也不例外，比賽開始前幾秒鐘寧靜蔓延，靜到彷彿可以聽到俗話裡說的——針掉落的聲音。接著起跑鳴槍聲響起，歡呼聲立即爆發。傑西・歐文斯立刻取得領先，以大幅領先距離轉彎進入終點前的直線，最後傑西以四公尺的領先距離超前同鄉馬克・羅賓森，衝破了終點線。全場等待成績公布，沒多久廣播宣布：二十點七秒，新的奧運紀錄。此時湯姆從他的座位上跳起，爆發出一陣驚天動地的歡呼，叫得好大聲呀！傑西的第三面金牌讓他驚艷到發出一種最原始的呼喊，使坐在附近的人，半是驚嚇、半是有趣地瞧著他。就連阿道夫．希特勒也聽得見湯姆喜悅的歌聲——這裡不過才離「元首包廂」幾公尺遠。瑪爾塔歷歷在目，希特勒是如何站起來，向前微傾越過欄杆，皺著眉頭找尋這個小壞蛋在哪裡。湯姆的身材本來就是個巨人，站在椅子上更是令人無法忽視。希特勒和湯姆眼神交會了幾秒，希特勒怒氣沖天地瞪著他，並用眼神責備他，不過湯姆全然不在意。湯姆回憶道：「歐文斯烏漆麻黑的，不過他天殺的一定要再次加入我們的代表隊，他太棒了，我為他感到驕傲，所以我歡呼了。」[73]

國際奧林匹克委員會主席亨利．德．巴耶拉圖在柏林國家歌劇院，
帝國政府舉辦的官方招待會。
「這位奧林匹克人看起來就像跳蚤馬戲團的團長。」

一九三六年八月六日，星期四

帝國氣象局柏林氣象報告：

隨著西風緩和天氣逐漸穩定，然而還是偏冷多雲。下午有輕微降雨的機率。十八度。

湯瑪斯．伍爾夫（湯姆）將旅館房間的窗簾迅速拉開，再把窗戶打開，此時選帝侯大街上已瀰漫著一如往常的喧囂。他喜歡這個時刻，喧鬧聲有如一陣風吹進房裡。每個城市都有屬於自己的聲音——柏林聽起來和紐約不同，而紐約又和其他城市如巴黎截然不同。湯姆可以無比細膩地覺察城市的聲音，例如選帝侯大街上行駛的三線輕軌電車，以每分鐘為一拍經過旅館。湯姆站在敞開的窗戶邊觀察奶油色的列車時，他發現，幾乎聽不到它們的聲音，好似那些車廂只是滑入小型的玩具鐵軌一樣。有時候，領頭車廂上幾道火光劈啪作響，此外就沒有其他聲音了，毫無美國輕軌電車發出的那些噪音。在德國，一切都運作得完美無缺，他邊對自己說，邊不由自主地笑了：「就連軌道間的鋪石子都無可挑剔地乾淨，彷彿每一塊都有人先徹底用掃帚掃過；軌道兩旁的綠間帶好似牛津大草坪般綠油油的。」[74]

若湯姆稍微把頭探出窗外，就會看到老克勞舍的室外平台，老克勞舍是動物園旁這家旅館的一間受歡迎的啤酒餐廳，中午左右他將和韓茲在那兒碰面喝個一兩杯。柏林全新的一天開始了，湯姆一邊想，一邊深深地將這座大城市吸入肺腑。此時敲門聲響起，湯姆關上窗戶，喊了：「Come in!」接下來即將出現的表演，湯姆可以每天早上欣賞也不覺得有半分膩：幾秒後門被開啟，客房服務生推著嗒嗒輕響的服務餐車來到房間中央。「Good morning, sir!」這位年輕人嗓音渾厚地說出這句話，正如一個自豪自己能說上幾句破英文的人。湯姆微微一笑，因為在他的耳裡，這句招呼聽來就像：「Goot morrning, sör!」彬彬有禮一鞠躬後，侍者開始將杯、盤、餐具、紙巾、裝著熱可可的茶壺、裝著小麵包和甜牛角的籃子、奶油和帶果粒的果醬，從服務餐車擺放到桌上。年輕人想必非常確實地演練過工作順序，因為他總是將各樣東西，精準地放置到相同的位置上：紙巾和餐具理所當然地放在盤子右邊，麵包籃在桌子中間，旁邊則是裝著可可的茶壺。他應該從來都沒有起過別的念頭，例如把小麵包放到盤子右邊，或是把果醬擺到屬於小奶油卷的地方。整個程序花不到兩分鐘的時間，接著會以「If you please, sir!」作結。正如侍者進房時一般，他又低調地離開。把門從身後帶上之前，他總會以「Thank you very much, sir」來告別，湯姆覺得這又是個滑稽的時刻，因為他聽起來好似「Dank you ferry much, sör」。

湯姆用畢了早餐和結束晨廁後，準備好離開房間。他不經意地拿起昨天韓茲在布里斯托咖啡館塞給他的那份日報，正翻閱的同時，他發現了那篇採訪報導，但在試著去閱讀德文之前，他驚叫出：「豬逃！」正是那份緹雅．韋爾克畫的肖像素描讓他受了驚嚇。他對自己說，「瓦爾基麗」把他畫成了一個醜豬頭*。盛怒之下他完全沒察覺，此刻自己也同樣用德文滑稽地發出這個不雅的字眼，就跟剛才旅館侍者用英文說的客套話不相上下。湯姆怒氣沖沖地前往老克

---

*德文原文 Schweinsgesicht，豬臉的意思，配合台灣慣用語翻為豬頭。英文中沒有 sch 這個音，因此湯姆唸成 Sweinsgesicht。

勞舍，韓茲已經在那兒等著他。通常湯姆會固定和禮貌打招呼的櫃檯小姐以及離開旅館時幫他拉開門的侍者說上幾句客套話，但今天他一言不發地走了。美國怒了！

站在老克勞舍的室外平台前，湯姆目光掃過在座眾人，幾秒後就發現了韓茲。他訓斥無辜的韓茲，問他是不是看過了報紙，在韓茲反應過來前，他嘴裡又滔滔不絕地說：根據他母親那不算不重要的看法，他是伍爾夫兄弟中最漂亮的一個，她一定會想知道，那位金髮小姐怎麼會把他畫成這樣……不！他絕不想再見「瓦爾基麗」一面，他一邊比手畫腳，一邊大聲責罵。湯姆抓住韓茲的手，把他拉往窗戶玻璃邊上來，看著玻璃的反射問：「我是一個豬逃嗎？」韓茲試圖安撫他的朋友，向他保證他不是一個豬頭，還附和他說，這幅肖像當然很失敗，那位金髮小姐根本就不會素描，最後，但很重要，他想要指出一點：我們不應該小題大做，這只不過是一張不重要的素描，這篇把湯姆塑造成傑出人物的採訪報導要更重要得多。不過伍爾夫先生全都聽不進去。他突然宣稱蓋世太保是幕後黑手，沒錯，他可以肯定，親衛隊隊長海因里希．希姆萊或其他暗地的同夥，他們一定逼迫了緹雅，才把他畫得這麼難看。納粹什麼事都幹得出來，湯姆激動了起來，或許他們用什麼手段脅迫了緹雅？突然間氣氛逆轉，湯姆嘆了一口氣，可憐的緹雅呀，他們究竟對她做了什麼？明天晚上羅渥爾特先生為他舉行的宴會，我們一定得邀請緹雅。韓茲答應了，同時也搖了搖頭。他不早就習慣湯姆的瘋癲行為了嗎？然而這一來一回的變化，對他而言還是發生得太快了。

不僅如此，湯姆突然又起了個念頭，他想和韓茲和韓茲的女朋友坐車到波茨坦市*，他嗓門極大地說明：他還沒去過波茨坦，今天正是去郊遊的好日子。說到馬上做到！不過郊區一遊最後發展成一場大災難。韓茲回憶道：「他自相矛盾，還跟我們抱怨。他看起來對什麼都提不起勁，最後居然還問，究竟為什麼我們要把他帶到普魯士王國的冷清場子瞎逛。」[75]

如果國家社會主義份子要讓外國客人留下深刻印象，就會安排他入住艾登酒店。酒店位於布達佩斯街和紐倫堡街交叉口，算是城市中最豪華且最昂貴的旅館之一。經典的是屋頂大露台上五點鐘的精緻午茶，有海內外知名的舞蹈樂團在現場演奏；侍者身穿白色宴會服供應小黃瓜三明治和發光雞尾酒；精華則是露台上同時提供的迷你高爾夫球設施，在柏林的屋頂跳舞或玩迷你高爾夫，就是一九三六年夏天流行的典範。

英國外交官亨利．錢農爵士和夫人昂諾兒．健力士女爵昨天抵達了艾登酒店，現在正離開

＊波茨坦是到一次大戰結束、威廉二世退位以前，普魯士皇宮的所在處。東西德統一後成為布蘭登堡州的州府，其北部與柏林相鄰，到柏林市中心約二十六公里。

他們的套房。這對夫妻是希特勒的外交顧問約阿希姆・馮・里賓特洛甫的貴客，里賓特洛甫用盡一切手段來討好他們。亨利・錢農爵士甚至還獲得了侍從官和私人隨扈，此外還配給他一部私人轎車連同一位配著衝鋒隊軍銜的司機來供他差遣。這對訪客表示非常感動，在外交禮節上如此備受禮遇。

亨利爵士（綽號「薯條」）是位引人矚目的角色：他在芝加哥出生，很早就離開了故鄉美國移民到大英帝國。一九三三年年中，他獲得了英國國民身分，兩年後他被選入下議院。這位保守的政客同時也是作家：他寫的維特爾斯巴赫王朝*傳記《巴伐利亞的路德希維》，甚至被翻成了德文，還獲得了友善的評價。這位細緻的老爺是個有教養的男人，舉止穩重又完美，有智慧的交談與閒話家常使他顯得格外耀眼，迸發出魅力與機智。有些人覺得他是位搽香水的美男子和沙龍交際王，這個印象跟他十分吻合，他和年輕十二歲、出身於同名釀酒王朝的健力士女爵的婚姻，據說不過是權宜婚姻，因為亨利爵士是同性戀。

「薯條」不是唯一一位接受里賓特洛甫邀請參加奧運會的英國權力人士。媒體大亨哈洛德・哈姆斯沃思（他是極具重要性的報紙如《每日郵報》和《每日鏡報》的擁有人）、對手馬克斯・艾特肯（《標準晚報》和《每日快報》的持有者），以及獲頒高榮譽動章的法蘭西斯・洛德將軍，他們全都下榻艾登酒店。希特勒利用拜訪帝國首都的英國人來謀求他野心勃勃的政治目標，他夢想著柏林和倫敦並肩合作，一方面希特勒想要藉此分裂英國人和法國人的同盟，另一方面則希望為東邊擴張計畫贏得必要的政治空間。此刻看來正是大好時機，因為不少英國保守黨黨人，鑑於西班牙境內危機和剛開始的內戰†，主張主動向柏林靠攏。亨利．「薯條」．錢農爵士也屬於泰晤士河畔的親德派，也難怪里賓特洛甫為他以及夫人鋪上紅地毯。

身為所謂「調解人」的亨利．錢農，在英國政治內部和羅伯特．范斯塔特持對立立場。五十五歲的羅伯特．范斯塔特爵士（暱稱「范」），自一九三〇年起擔任「國家外交事務常任次長」職務，因此也是最具影響力的英國外交官，同時他對「第三帝國」極端不信任：幾年來范斯塔特不停警告希特勒，不要大膽以任何方法嘗試，讓歐洲在近期或未來陷入新的戰爭。因此誰也沒能料到，里賓特洛甫此次竟成功將羅伯特．范斯塔特和夫人莎莉塔引誘到柏林參加奧

＊維特爾斯巴赫王朝的巴伐利亞國王路德維希二世（König Ludwigs II，一八六四年至一八八六年在位），在巴伐利亞歷史中一直被認為是最狂熱的城堡修建者，特別由於他對新天鵝堡的修建，在民間被稱為「童話國王」。

†西班牙內戰，是一九三六年七月十七日至一九三九年四月一日，在西班牙第二共和國發生的一場內戰，由總統曼努埃爾．阿札尼亞的共和政府軍與人民陣線左翼聯盟對抗以弗朗西斯科．佛朗哥為中心的西班牙國民軍與長槍黨等右翼集團；人民陣線得到蘇聯與墨西哥的援助，而佛朗哥的國民軍則有納粹德國、義大利王國及葡萄牙的支持，因為西班牙意識形態衝突和共產與反共產勢力的代理戰爭（引入外部力量介入的戰爭），使西班牙內戰被認為是第二次世界大戰的前奏。

運，真可說是驚人妙計，巴黎人則抱著擔憂的心情看待他們的拜訪。

依官方說法，羅伯特・范斯塔特爵士和莎莉塔・范斯塔特女爵只是去度假。莎莉塔在一次的訪問中說，她從首次婚姻帶來的兒子策西爾是一個十足的運動迷，對到施普雷河岸的柏林旅行感到特別高興；此外，她還可以藉著這次機會，再次見到她那位和駐柏林英文外交官埃里克・飛利浦爵士結婚的姊姊法蘭西絲。撇開這些私人理由，「范」這次在納粹德國十四天的停留，當然也具備了極大的政治意義，度假中的頂尖外交官將和希特勒、帝國外交部長康斯坦丁・馮・紐賴特、帝國副長魯道夫・赫斯、赫爾曼・戈林和約阿希姆・馮・里賓特洛甫因私人談話聚首。范斯塔特還和德國外交部的人員會面，接待企業和記者，拜訪奧運會場，參加無數的招待會和宴會。總之，范斯塔特的造訪在柏林政治界掀起一陣議論紛紛。

今天上午行程表上安排羅伯特・范斯塔特爵士到宣傳部長戈培爾處拜訪。宣傳部長起先小心翼翼地接待這位英國貴賓。「過度緊張的先生，他很聰明，但不果決，經驗還不足，毋庸置疑可以拉攏到我們這邊。我花了一個鐘頭的時間攻略他。」根據戈培爾的說法，最後范斯塔特留下「深刻印象」回去了。「我讓他恍然大悟了。」[76]

就連希特勒的思想元首阿爾斐雷德・羅森堡，也從「范」身上經歷到一些令人驚訝的事情：「他（和所有的英國人都）對美國的黑人感到非常生氣，說黑人在奧運比賽中把英國人逼入絕境。我笑著問：『為什麼有這個「種族偏見」？』范（斯塔特）從以前到現在成為我們對手的理由一應俱全：天主教、親法派。由於西班牙內戰的緣故，現在這位自負的先生看來對自己的智慧產生了懷疑。我試圖從他太太身上套出對所謂猶太聯姻*的想法。就連她也對美國的黑人跑者謾罵，我說：『這正指出美國的普遍危機，黑人是共產黨的候補人選，而且未來猶太人還會為黑色共產黨的造反買單。』我非常驚訝聽到這樣的回答，她說：『您說得對。』」[77]

這是虛招？范斯塔特為了討好主人而迎合他們嗎？可以肯定的是，羅伯特．范斯塔特爵士對他在柏林的所見所聞確實驚嘆不已。比賽組織有方、增添許多新興建築的帝國體育場、德國隊的運動成就、華麗的招待會，以及許多大大小小的照顧，全都帶給他好印象。「范」寫給倫敦外事處的高度機密報告中說：「這些人專注且意志堅定，讓我們顯得像個三流國家。」所有納粹頭目中，他和戈培爾最合得來。根據范斯塔特的看法，戈培爾迷人極了：一位跛腳、字字珠璣、瘦削的雅各賓黨人†，機靈同時也很危險。戈培爾很會打小算盤，因此也可以和他做交易。「我太太和我在第一時間就喜歡上他和夫人。」[78]

國家社會主義黨員盡了最大的努力，讓德國政治呈現出愛好和平與可信任的假象。這場奧

---

* 猶太聯姻，指在納粹時期與猶太人共同生活的雅利安人，他們在社會被歧視，無法從事官職與特定職業且無升遷機會。

† 雅各賓黨人（Jakobiner），源自法國的黨派，衍生指對政府有極大影響力的人。

運策畫動人無比，使得羅伯特．范斯塔特開始懷疑起自己的原始立場，也許他誤會了希特勒？如果「第三帝國」根本不是戰爭製造者又如何？范斯塔特表現出反思的樣子，此點符合了戈培爾和羅森堡的筆記，看樣子筆記裡頭和這位英國訪客接觸的描寫大概是事實。如此看來，這費勁的討好攻勢對德國政府還挺划算的。只是後來發生一件插曲，讓這位英國外交官看穿他們費勁搭起的門面，得以一窺真相：范斯塔特和里賓特洛甫坐著用午餐，他們聊天，吃吃喝喝，討論未來政治的可能性。談話中有幾分鐘，里賓特洛甫似乎失去了控制，說出他真正所想的，范斯塔特在報告中提到：「馮．里賓特洛甫先生藉機說出，如果英國限制德國的『生存可能性』，毫無疑問將發生一場毀滅性的戰爭。我夠聰明，沒追問他指的是什麼意思。」[79]

帝國媒體會議每日指示摘要：「緊急警告，各奧運賽事報導單位不該以種族觀點來製造問題。」[80]

戈培爾家的婚姻危機解決了。已經不是第一次了，阿道夫・希特勒介入兩人之間調解。戈培爾在日記中寫道：「後來和元首聊了很久，他對瑪格達稱讚不已，覺得她是個有魅力、我可以找到的最好的老婆。」[81]希特勒的關心出自於非常利己的理由：他亦是問題的一部分。戈培爾夫妻和「元首」有段複雜的三角關係，不論是私生活或是工作上都唇齒相依。一九三一年，希特勒認識了瑪格達，愛上了她，但後來她與自己的「貼身侍衛」戈培爾結婚，希特勒當然表現出失望之情，因此也令戈培爾擔憂不已：「可憐的希特勒！我幾乎快為自己的快樂感到慚愧，希望這不會傷害我們的友誼。」[82]不過接下來的幾天，戈培爾得以解除警報：「他愛瑪格達，但他由衷為我的幸運感到高興。」最後有句話很關鍵：「我們三人會互相珍惜彼此。」[83]我們可以將之理解為一種形式的協議：希特勒默許戈培爾和瑪格達的婚姻；戈培爾允許他太太和希特勒持續保持一種柏拉圖式的特別關係，這種關係更拉近了兩個男人之間的距離；瑪格達同時也榮登「第三帝國」第一夫人的角色——她是希特勒的女顧問，時常和他單獨相處。事實上，戈培爾淪陷於對希特勒的完全依賴，希特勒不只是他日記中所稱呼的「老闆」，還是家族裡的地下大家長，戈培爾似乎也清楚意識到這一點，每次提到希特勒，他就會理想又噁心地描述他和希特勒的關係：「我覺得他十分迷人，每回和他單獨交談，他就像父親般對我說話，我最喜歡他這個樣子。」[84]

呂德克的外遇事件到此為止就算熬過去了。第一週的奧運比賽接近尾聲，今晚戈培爾是國家歌劇院宴會的中心人物。宣傳部長對自己很滿意，一切看似又步上常軌。只不過幾天後，戈培爾將遇到一個女人，這個女人會讓他和瑪格達的生活徹底脫軌。

「精簡的句子比冗長的句子表達得更多。」連環套句*在德文中是畸形的。帝國內政部長威廉・弗里克在《柏林地方誌》中表示：「尤其現今，我們身處於實事求是、事件緊湊的現代生活，語言更應該迅速與言簡意賅地傳達與被理解——如今我們的語言更應該要一目了然才對。」[85]附帶一提，一九〇一年威廉・弗里克律師在海德堡大學獲得博士頭銜，當時升博士不需要寫論文。

奧運比賽期間，沒有任何一天是在虛度光陰。每天柏林都有講究的招待會、時髦的宴會或是行程表上列著的其他社交事件。這場夏季比賽期間，每位自認為是「第三帝國」的代表人物都舉辦了自己的慶祝活動：帝國內政部長威廉・弗里克邀請客人到佩加蒙博物館；帝國體育部部長漢斯・馮・夏瑪・歐斯騰在他的辦公別墅；希特勒在總理府多次招待客人；帝國外交部長康斯坦丁・馮・紐賴特則開放夏洛滕堡皇宮裡一間歷史悠久的房間來招待他的客人；同時柏林警察首長沃爾夫－海因里希・馮・海爾朵夫在普魯士議會的建築裡請客；接下來幾天，還有赫爾曼・戈林、約阿希姆・馮・里賓特洛甫和約瑟夫・戈培爾自家的私人招待會；而今晚首先在國家歌劇院舉行的是帝國政府暨普魯士國家政府的官方慶祝活動。

為了這次的活動，國家歌劇院建築已經改建了好幾週。一座加蓋的戶外樓梯，現在可讓人從門廳直接通往正廳前排座位，為了這座樓梯，第一和第二樓座包廂的一部分必須拆掉，古蹟維護問題顯然不受重視。所有的包廂和房間都套上了奶油色絲綢，觀眾席空間抬高到與舞台相連，形成一座極大的宴會兼跳舞廳。侍者隨處站立，他們手拿長棍繫著燈籠，身穿紅色燕尾服與綁膝褲，頭戴撲粉的假髮。女記者貝拉・弗洛姆在日記中寫道：「外國客人將被寵壞、縱容、諂媚然後受騙。他們利用奧運比賽當作藉口，宣傳機器試圖塑造出第三帝國的良好形象給訪客看。」[86]一句常被引用的羅馬名言「麵包和把戲」，在本週被賦予了全新的內涵。

赫爾曼・戈林以普魯士總理的身分，約瑟夫・戈培爾以帝國政府代表的身分，向眾多賓客表達歡迎。賓客中包含了幾乎全部的外交使團、各黨派和政府代表、國家與國際奧林匹克委員

＊連環套句指的是一個串連著一個的附加子句，在德文中隨處可見。

會成員，以及無數的藝術家與貴賓。為了不互相干擾，兩位主人各自進入富麗堂皇的舞台前方面對面的左右兩側包廂，與隨扈駐守在包廂裡。可以看到女演員珍妮・玉珣在戈培爾處，同時玉珣的同事卡蘿拉・虹則在戈林那兒等候會面，演員古斯塔夫・格林德根斯和作曲兼指揮家威廉・富特文格勒兩人夠聰明，兩位先生都不忘前去拜訪。

夜晚先以音樂開場：一曲由「阿道夫・希特勒親衛隊旗隊」軍樂團演奏的銅號進行曲後，柏林交響樂團開始演奏理查・華格納的《名歌手》序曲（還能有其他的嗎？）。約瑟夫・戈培爾在日記裡注記：「戈林和我演講。每人各三分鐘。我在最佳狀態。每句話都很穩當。」[87]戈培爾的短篇演講是煽動和操控的傑作。他矯情地說，要對外國客人敞開心房說話，他覺得很不容易，因為大家總把他的每句話都當作在為「第三帝國」宣傳，因此今晚他要把宣傳完全拋開，德國僅是為了「慶祝友誼和和平」而邀請大家。「小個子博士」戈培爾還承諾說：「我感覺，這次的慶祝活動也許比許多一次大戰後所舉行的研討會更加重要。我們要學會認識與珍惜彼此，並藉此搭起一座橋樑，使歐洲各民族可以互相理解。」[88]希特勒的德國成為歐洲和平發起人？戈培爾也對自己的說話藝術大感驚艷，他在日記中赤裸地將之評價為：「一次大型的宣傳活動。」[89]

阿道夫・希特勒人呢？帝國總理不參加他自己政府的招待會。如同奧運期間所策畫的一切，希特勒保持距離也是計畫中的一環。他要培養一種工作孜孜不倦的「元首」與忠實奉獻的大家長的形象，對此等人物而言，娛樂和應酬一點兒也不重要。希特勒的受歡迎程度在一九三六年夏天達到最高峰，此時更深入影響到工人階級。某週從挪威流亡地悄悄返回柏林的大人物維利・勃蘭特*證實了這一點，他說：「為什麼我們不認清事實，就連從前投給左派的人，現在也表示對希特勒印象良好。」[90]

直到一九三六年夏天的攝政期間，希特勒在外交上還是帶給人一連串大膽的政治挑釁和壓榨的印象。一九三三年十月，德國宣布退出國際聯盟†以及日內瓦軍備縮減會議，並開始了大規模的軍備擴增；之後還不到兩年（一九三五年三月中），希特勒採用徵兵制，違反了〈凡爾賽條約〉中一項最重要的規定。原本十萬人的國防軍，在新的徵兵制後增加為五十五萬人強。

---

* 維利・勃蘭特（Willy Brandt），反納粹政治家，二戰後成為德國第三十任總理。

† 國際聯盟，德文：Völkerbund，一次大戰後〈凡爾賽條約〉組成的國際組織，宗旨是減少武器數量，平息國際糾紛。

一九三六年三月初，希特勒鋌而走險，完成了目前為止最大張旗鼓的動作，他派德國軍隊進駐萊茵河岸「去軍事化」的萊茵蘭地區。希特勒稱呼他這一著棋為「重振國家榮耀和帝國主權」，事實上，他已破壞了國際協定。〈凡爾賽條約〉和〈羅加諾條約〉裡，萊茵蘭地區主要是為了法國的安全需求所成立的緩衝區，所以根本禁止帝國在此區維持軍備。違反條約表現出敵對的行為，可以解釋為干擾世界和平，換句話說，德國政府採取的行動，提供了其餘簽訂條約的夥伴一個名副其實的開戰理由。

一九三六年初，希特勒賭上一切（獨裁者想必非常緊張），幾年後他承認道：「進駐萊茵蘭之後的四十八小時，是我人生中最緊張的時刻。」巴黎會如何反應？會開戰嗎？希特勒說：「如果當時法國人進入萊茵蘭地區，那麼我們必會在責罵聲和羞辱之中撤退，因為當時我們掌握的軍事力量，完全不足以成為有力的對手。」[91]不過什麼都沒有發生。除了抗議信的往來之外，倫敦和巴黎政府保持沉默，如此一來，希特勒讓西方強權的猶豫不決暴露了出來，他侮辱了他們，牽著他們的鼻子在政治競技場繞圈。才過沒幾週，柏林奧運賽裡，希特勒又擺出他的偽善面孔。緊接在挑釁和毀約後表現出低調與可靠的假象，正是最初幾年國家社會主義獨裁政權的特徵；同樣的道理，柏林的運動會也美化了萊茵蘭地區的毀約。

柏林奧運是納粹騙局的顛峰。就算上個月公然毀約，希特勒還是成功地以愛好和平的國家元首姿態出現。獨裁者真正計畫的事情是什麼？某一天，他把自己的思想寫在紙上，可惜我們無法得知紀錄的確切日期，可以確定的是，文件是一九三六年八月誕生的。也許希特勒擬定他那些可怕的想法時，正是戈培爾在國家劇院信誓旦旦發誓民主和平的那一晚？在希特勒眼裡，和蘇聯開戰是大勢所趨：德國是「優越的民族」，需要新的「生存空間」。極度機密的備忘錄最後記載：「我訂定以下的任務：一、德國軍隊必須在四年內成為可動員狀態。二、德國經濟必須在四年內進入備戰狀態。」[92]三年後，第二次世界大戰爆發。

⸸

柏林國家警察局每日報告：「二十二點十分，在夏洛滕堡區威蘭德街與康德大街交叉口的電話亭，找到貼著的一張三乘八公分大小的共產黨宣傳紙條。此外電話簿裡奧運參賽者目錄頁被撕下。紙條已移除，犯人尚未確定。」[93]

⸸

湯姆、韓茲和韓茲的女友直到傍晚都還待在波茨坦市。此時他們已經離開無憂宮*，進入一間鄉下的家庭餐廳。三人坐在一只放滿各種結實香腸特產的大木盤前，喝著啤酒笑聲不斷，也反映出湯姆心情好轉這一點。韓茲回憶說：「不過，回去車站的路上，他仍三不五時地徘徊在櫥窗玻璃或任何能反射的廣告玻璃前好幾分鐘，古怪地伸長脖子，若有所思又生氣地把他那顆氣宇軒昂的漂亮腦袋跟『豬逃』比較，根據他媽媽的說法，女素描師應該因為她的欺騙行為而受處罰。」[94]

摘自《柏林地方誌》：「來自丹麥的奧運女遊客，三十多歲、喪夫、身材中等、時髦、居家、擁有一間美麗的房子，尋找見多識廣、同齡、有良好職業、住在柏林的結婚對象。懇請私人真誠回覆。」[95]

135　一九三六年八月六日，星期四

＊無憂宮（Schloss Sanssouci），位於德國波茨坦，為布蘭登堡州波茨坦市最著名的霍亨索倫家族宮殿。

出版商恩斯特·羅渥爾特是重口味廚房的好朋友。
「只有吃了好幾碗豬五花蘿蔔湯之後，
他的額頭才會突然滲出一些汗珠。」

一九三六年八月七日，星期五

帝國氣象局柏林氣象報告：

高壓的天氣，日間溫度強烈回暖，晴朗宜人。吹微風，乾燥。二十三度。

今日，羅渥爾特出版社在艾斯雷本納街七號的辦公室亂成一團。一大早大家就開始打包、堆放和移動東西。書堆原本覆蓋了這座舊式建築廣大樓層*，連一平方公尺都不放過，現在則被挪到邊上，或當成座椅使用。就連平常用來閱讀原稿和修改校樣的辦公桌，也擁有了全新的功能。恩斯特．羅渥爾特看起來緊張不已。他鬼火般穿梭在整個空間，激動地下達指令，著急找著在這團混亂中當然找不到的某些重要文件，並不止一次地喊著：「列蒂克，你這個懶惰蟲，每月的十五號就是一號！」不過韓茲．列蒂克和其他員工了解他們的老闆，對他的激動不太當真。不知道什麼時候羅渥爾特開始喃喃自語說，總有一天這些事情會把他送進墳墓，然後離開辦公室去用午餐。羅渥爾特的祕書希芭特小姐和璞蘿須慈姬小姐、眾編輯和學徒、尤其是那位韓茲接著繼續整理。

作業的目的並不是像大家可能覺得的那樣是為了即將來臨的搬家，而是為了一場活動所做的準備。這場活動好似自然現象般定期向出版社襲來——這裡談的是所謂的「作家之夜」。羅渥爾特大約每季會舉辦一次作家之夜，活動基本上跟飲酒作樂的派對沒有兩樣，但因為派對聽起來太膚淺了，羅渥爾特更中意作家之夜這個說法。這個在幾個鐘頭之前還在修潤原稿的地方，現在堆滿了盤子、玻璃杯和餐具。一個角落已經擺上了一只巨大的啤酒桶，另一個角落則是數不清的葡萄酒箱，餐飲是羅渥爾特從奧古斯伯格厄街附近的施利希特餐廳訂的。如果依照這位出版商的口味，那麼奉上的應該是油膩的豬五花配胡蘿蔔，或是大豆子配培根。但老闆很懂得他那些客人精緻的味蕾，因此重口味的菜色訂得較少，主要是清淡的沙拉、蔬菜、火腿和烤牛肉。不過在施利希特餐廳將眾多裝著各色美味佳餚的碗和托盤送上門、布置成令人印象深刻的自助餐前，韓茲和其他人必須完成剩下的搬遷工作。時間緊迫。

•

「斯文．赫定拜訪國家勞役團營區。」今天《柏林地方誌》中提到。這篇短文內容的資訊價值幾乎不大於它的標題。然而只要能把這位知名瑞典學者在德國停留期間的一切炒成新聞，對戈培爾而言，什麼材料都好。波茨坦附近的小城維爾德裡，所謂的國家勞役團運作著一座女勞役營。在依莉莎白丘營區裡生活的女孩（納粹用語稱為「少女工」），幫忙菜園和農場的工作，餵牲口和照顧小孩——國家社會主義的思維模式稱之為「為德意志民族榮譽服務」。可惜從文章無法得知斯文．赫定和居民說了些什麼。無論如何，他把為他設定的「有用的白痴」角色（這位知識份子由於具有崇高的理想而任人擺布），扮演得極具說服力。因為這個瑞典人離別時在訪客留言簿上寫道：「在依莉莎白丘見到並認識這些年輕女孩，對我而言是一份無法

＊歐洲建築分為戰前就已存在的舊式建築和後來的新式建築，通常舊式建築樓層面積更廣更挑高。

忘懷的喜悅。敬德國女孩！」[96]

大約離維爾德六十公里遠的地方，有一座城市叫做奧拉寧堡，正在蓋一座集中營。他們不可能會想介紹這所集中營給斯文．赫定之流的國際訪客看，所以這裡既沒有訪客，也沒有訪客留言簿。七月中起，來自埃姆斯蘭縣的埃斯特爾韋根集中營的囚犯，開始開墾與薩克森豪森小鎮交界的一大片林地。囚犯只能使用最簡陋的工具砍倒巨大的樹木、挖出好幾公尺深的樹根，還必須鋪路、搭建棚屋和哨塔，以及架起鐵絲網圍籬。幾週後，平地上陡然出現了一座怪物般的設施，而日後將有二十多萬人被拘禁於此——一九三六年夏天，薩克森豪森集中營在此設立。

生活條件從一開始就很不人道。一位被拘禁者回憶起剛開始的情景：「夜晚囚犯不准離開棚屋。由於棚屋裡還沒有廁所可供使用，在每兩個棚屋之間空著的小房間裡，放著無數舊果醬罐、奶油桶和其他類似的東西，這些瓶罐到了早晨經常滿出來，必須拿到最近一個超過一百公尺遠的茅廁坑倒掉，但沒有人自願要做這噁心的工作。」[97]一九三六年八月也還沒開始供水，必須用大圓木桶從鄰近的奧拉寧堡市弄來飲用水。囚徒持續受到親衛隊員蠻橫對待，虐待和刑求是家常便飯，為了微不足道的理由，他們就得在風雨中直挺挺站好幾個小時、遭到棍杖屈打折磨或是雙手反綁吊在木樁上。不少囚徒在重度勞動或是親衛隊的恐怖暴行下崩潰。這一切就發生在離柏林城邊八公里、由市中心坐快速列車四十分鐘即可到達的地方。

奧運比賽期間國家社會主義的宣傳想必十分完美，因為沒人察覺到，在這樣的國際公開場合裡，居然還蓋起了集中營。其實斯文．赫定和其他無數的奧運訪客，一定或多或少都有機會在一九三六年的夏天，看穿阿道夫．希特勒的德國未經修飾的真面目。例如德國的流亡媒體曾在報紙上詳盡報導了納粹國家無法無天和不正義的事情；七月，以布拉格為據點的《工人畫報》，還走私了一本十六頁的小手冊到國內，其無辜的標題為：《認識美麗的德國——每位遊客拜訪柏林奧運所不可缺少的旅遊指南》，封面上可以看到德國田園的安逸風光，不過內容卻出現了一張德國地圖，幾乎標示出所有當時存在的集中營、監牢和法庭監獄的位置。裡頭有一句注腳說：「沒有標示出來的有衝鋒隊的刑求室，因為它們的數量實在太多了。」98

⁝

「那就是加的斯市。」烏薩拉莫號的船長指著前方說。漢納斯．陶洛夫特站在橋上，望向靜躺在他眼前的海灘，陽光在水面上反射十分刺眼，為了多少看清一些東西，漢納斯瞇起雙眼。他看到不遠處有無數粉刷成白色的房子，房子中間聳立著一座十八世紀的大教堂。「這就是加的斯市，進入非洲的門戶？」他近乎不敬地咕噥著。海上航行一週後，他、馬克思和其他「旅行聯盟」的成員，不久即將開始他們的西班牙任務。碼頭海防人員卸貨的同時，其餘乘客也離船上岸。漢納斯看著吊車將大箱子一個接著一個從烏薩拉莫號的船腹吊起，並垂放到碼頭上。突然間，一箱貨物從固定處鬆脫，咻的一聲從十公尺高掉落到碼頭的鋪石子地上，箱子破碎，露出一個巨大、兩百五十公斤重的空氣炸彈，大剌剌攤在西班牙正午的太陽下。值得慶幸的是，炸彈沒有爆炸，沒有在熱鬧的港口釀成重大災害。漢納斯回憶道：「這個小意外後，我們坐在收音機前，專心聽著柏林奧運賽成績的報導。」[99]

加的斯港口的海損後，至少清楚了一件事，「旅行聯盟」並非由旅客組成、巨大行李內裝的也不是輕便的夏季服裝。漢納斯．陶洛夫特、馬克思．馮．荷由斯和其他眾人同屬一個德國軍團，後來人人以「禿鷹軍團」*稱之。

七月中，西班牙發生了軍事政變：在弗朗西斯科．佛朗哥將軍的領導下，多數西班牙軍隊反叛二月才剛由民主選出的第二共和國政府。七月底（希特勒正在拜羅伊特的華格納音樂節），正值西班牙部隊由殖民地摩洛哥調往西班牙本土，獨裁者決定，將德國飛機投入他們的調軍。為了達成目的，他用船把十六架飛機和其他軍事器具運送到伊比利亞半島南邊，希特勒的舉動，拯救了西班牙國家主義叛軍即將告衰的叛亂，西班牙內戰就此揭開序幕。

除了德國之外，還有義大利政府也支持叛軍；蘇維埃共和國和墨西哥則幫助政府軍維持政權。希特勒在西班牙追求著一個非常利己的目的：他想和貝尼托．墨索里尼共同打造一個對抗歐洲左派的右派聯盟；此外，西班牙還擁有一些對德國軍事工業不可或缺的原料。起初，行動看似一場時間設限的冒險：德國人將這項任務定為最高機密，因為接下來他們計畫擔任奧運賽的友善東道主，不能被支持軍事政變的行動打亂。約瑟夫・戈培爾在今天的日記中揭露：「奧運之後我們將動粗。然後就要開槍了。」[100]

⚲

奧運選手村裡依舊人來人往，新選手遷入，其他已完成比賽的選手則遷出。這個星期五，以四千兩百七十五名運動員達到使用率的頂峰；再加上一千兩百四十一位員工也跟著到來，分別在管理、廚房、服務或是清潔等不同領域工作，所以今天總共必須供應五千五百一十六人膳食，如此高的數字需要巧妙的後勤支援，更遑論他們還得分散設置。每一個國家都有一個廚房可以使用，還有一些國家甚至帶著自己的廚師一齊前來，這麼一來，就可以把偏好的在地料理付諸實現，因為眾所皆知，每個國家的飲食習慣迥然不同：祕魯運動員每天要吃十個蛋；菲律

---

*禿鷹軍團（Legion Condor），是一支由阿道夫・希特勒下令組織的軍團，其成員來自當時德意志國防軍，其目的是在西班牙內戰中支持弗朗西斯科・佛朗哥的西班牙國民軍。希特勒暗地向西班牙派兵，一開始世界大眾並不知情。

賓運動員不喜歡花椰菜、蜂蜜還有起司；波蘭人喜歡包心菜菜餚；匈牙利人偏好豬肉；土耳其人只吃羊肉；盧森堡人的蔬菜高消耗量引人注目；美國人則吃各色各樣的肉（比賽前一定要吃煎半熟牛排），不過不吃煙燻魚；傑西．歐文斯和他的同伴喜歡烤馬鈴薯和蔬菜當配菜，還有英式鮮奶油和冰淇淋當點心；日本人每天攝取三百克米飯和許多魚，他們從家鄉帶了無法捨棄的黃豆製品；對阿根廷人而言，肉類的攝取特別重要，為了保險起見，他們事先船運了四千公斤的上好牛肉到柏林，因此這些南美洲人可以每天享受「煎牛排」或「烤肉餃」；德國運動員早餐要吃四顆蛋、牛奶加葡萄糖、番茄汁、高蛋白乳酪加亞麻籽油，以及在麵包上塗滿奶油，此外他們還吃很多肉（有時是絞碎的生肝）、馬鈴薯和燴蔬菜。奧運選手村未禁止飲酒，但很少人喝。只有義大利人和法國人終究無法捨棄他們的基安蒂酒和紅葡萄酒，法國「大公國」的運動員對吃十分講究，精緻無骨肉排和高湯燉肉對他們來說缺之不可——奧運選手村的廚師讓人美夢成真。

總之，眾運動員在奧運比賽期間，總共攝取了八萬零兩百六十一公斤的肉類、三千零四十七公斤的鮮魚、八千八百五十八公斤的麵類、六萬零八百二十七公斤的麵包製品、五萬八千六百二十二公斤的新鮮蔬菜、五萬五千二百二十公斤的馬鈴薯、兩千四百七十八公斤的咖啡、七萬兩千四百八十三公升的牛奶、二十三萬兩千零二十九顆蛋、兩萬四千零六十顆檸檬，以及二十三萬三千七百四十八顆甜橙。[101]

《國家社會主義黨內通訊》，納粹黨新聞服務報告：「印度巴羅達土邦部長聶內和卡勒·馬哈拉德沙，拜訪納粹黨種族政治局，目的是為了了解國家社會主義，在種族問題和新德意志種族立法上的立場。客人對雅利安法*特別感興趣，他們並表示，在基本問題上雙方有一致的觀點。」[102]

⫯

列爾特街上的波茨運動場被擠爆了。五萬五千名觀眾來到現場，感受足球四強賽的第二場比賽：德國對挪威。德國隊在帝國教練奧托·內爾茨的帶領下，被視為是奧運足球競賽的奪冠熱門隊伍。九比〇戰勝盧森堡的頭條新聞之後，毫無疑問，他們今天也將戰勝挪威。內爾茨的目光已經放到了準決賽，今天他想讓主力休息，並讓國家隊候補球員替補上陣。來自英格蘭的裁判亞瑟·巴爾東，準時在十七點三十分鳴笛，比賽開始，悲劇登場。

---

*雅利安法，此法宣稱雅利安人種的血統在歷史上由印度發跡。

一次德國隊的嚴重掩護失誤，使得挪威右後衛歐德．法蘭曾得以在第一時間發動一次順暢的攻擊。阿爾夫．馬汀森接球傳給萊達．克凡門，克凡門又再傳給馬格納．伊薩克森。球場時鐘指著十七點三十七分，伊薩克森射門，一比〇。這一早就進的球讓德國隊目瞪口呆，他們防禦非常薄弱，進攻又毫無運氣，情況在下半場也不見好轉。比賽的第八十三分鐘，伊薩克森又再一次將馬汀森和克凡門的前傳球轉變為第二個進球。比賽結果二比〇，挪威進入半決賽，而德國從比賽中淘汰。約瑟夫．戈培爾寫在日記上：「元首氣憤不已，我幾乎無法鎮定下來。這場比賽是對神經的考驗。觀眾暴動。從沒看過這樣的比賽，球員彷彿被集體催眠一般。」[103]

不用說，責任當然由教練承擔。奧托．內爾茨被迫休假。一九三六年夏天，他的現任助手接管帝國教練局，此人名為塞普．赫爾貝格*。

帝國媒體會議每日指示摘要：「那位義大利的獲勝選手不叫做傑歐吉歐．歐伯維格，而是傑歐吉．歐伯維格，請各位運動主編注意，不要將名字去德語化。」[104†]

此時，艾斯雷本納街上出版社的空間變形也已完成，客人可以入場了。恩斯特・羅渥爾特的作家之夜深受眾人喜愛，高達一百人蒞臨的情況也不算少見。除了旗下的作家之外，還經常有其他出版社的作家，以及記者、藝術家、科學家、商人，與一堆出版社的關係人士，或是可能對出版社有幫助的人出席。

今晚的活動以表揚「湯姆」——湯瑪斯・伍爾夫為由而舉行。羅渥爾特以這位美國的成功作家為榮，因此想向眾來客驕傲地介紹他。羅渥爾特用一口破英文向出席者問好，接著開始一段簡短的演講：他和他的「husband」非常開心，今天大家來共襄盛舉。湯姆露齒而笑，韓茲則失望地搖搖頭，不知有多少次，他曾跟這位出版商解釋過，他的老婆不叫做「husband」，不過羅渥爾特就是無法記住。羅渥爾特很有自信地繼續說：他非常確定，有朝一日湯姆也會找

---

*塞普・赫爾貝格在戰後持續帶領德國隊並成為德國名教練，被德國人尊稱為「老闆」。除了運動上的成功外，他的語錄頗為經典，為眾人所樂道。諸如「球是圓的」、「下一場比賽永遠艱難」、「足球是九十分鐘的比賽」、「一場比賽後便是一場比賽前」和「足球總是處於最好的情況」等。

†傑歐吉歐（Georgio），為義大利名字，傑歐吉（Georg），為德國名字，但義大利境內也有德語區，因此義大利人可能也會有德文名字。

到一位「good husband」。此外，他唸這個字的時候還發錯音，聽起來就好似「Hosenband（褲帶）」。一番類似的胡言亂語後，施利希特自助餐開張，在場眾人立即飛撲過去。

在湯姆的請求下，羅渥爾特除了邀請了緹雅．韋爾克（湯姆對她已經不生氣了），還請了瑪爾塔．陶德，以及米德莉．哈納克偕同先生阿維德。米德莉來自美國威斯康辛州的密爾沃基市，在柏林的工作是文學家兼翻譯。阿維德是經濟學家，在帝國財政部任職。湯姆喜歡這兩位哈納克，他特別欣賞米德莉的從容與鎮靜，跟他自己衝動的脾氣完全相反。更不用提米德莉是個女人，女人的性感總吸引著湯姆。和多數女性相較之下她算高大，一頭直髮紮在身後，臉龐輪廓嚴峻，經常身穿灰色洋裝，讓人感覺宛如修女。至於哈納克這對夫妻，去年就開始為蘇維埃情報局工作的事，湯姆當然毫不知情。

很奇怪，在羅渥爾特的作家之夜上，幾乎沒人談論文學，他們大都談論時事或是政治話題。想當然，今晚奧運賽也是重點話題。湯姆欽佩不已地說：「德國在這個領域毫無經驗，卻完成了一座雄偉的競技場，這座競技場的形式講究又完美無瑕。德國組織有方令人刮目相看，不只如此，所有運動賽事乃至每場比賽的最小細節，都伴以精準的計時來開始與進行；甚至還能夠以驚人的安靜、秩序和效率來指揮群眾。這麼多人，在其他任何一座大城市一定無法執行，在紐約交通肯定會令人絕望，亂七八糟地搞瘋所有人。」[105]湯姆對納粹組織靈活的稱讚，聽在米德莉的耳中，一點也打動不了她，她的眼神中甚至還帶著明顯的反對意見，令湯姆逐漸沉默下來。米德莉接著暗示說：我們必須要非常謹慎……不過在她繼續說下去之前，其他也想跟名作家交換幾句隻字片語的客人也加入了，他們向湯姆激動說著他的新書《時間與河流》有多感人時，湯姆不得不想著米德莉的警告，她究竟想說什麼？

夜晚逐漸展開，氣氛熱鬧有加。突然間恩斯特．羅渥爾特用最強音唱起歌來：「我這兒有一瓶小摩澤爾……一瓶小摩摩摩摩摩澤爾……！」到目前為止只有供應啤酒和清澈的蒸餾酒，現在羅渥爾特還獻上他最最喜愛的摩澤爾葡萄酒。每一瓶開啟的酒瓶（有很多瓶）他都會用「我這裡有一瓶小摩澤爾……」來歡喜致敬。羅渥爾特藉著教會湯姆所有想像得到的下流玩笑，開發出一套幼稚的趣味。「舔，舔，你舔貓屁屁……」他在作家前面揮舞著摩澤爾葡萄酒，高唱一首下流的歌曲，湯姆當然不知道自己像鸚鵡般複誦的是什麼意思。那真是一段好時光，作家恩斯特．馮．沙羅蒙回憶說：「那段時光，沙場上還找得到兄弟情，還有感人肺腑的告白、深刻真實的人生，以及生活中隨興而起的擁抱。」[106]

只有緹雅．韋爾克無法享受羅渥爾特屋裡的夜晚。她不過才見過湯姆一面，基本上跟他還不熟，現在卻得看著他和瑪爾塔交換著些小小的親密接觸。那麼多陌生人、米德莉的嚴峻模樣、羅渥爾特的肆無忌憚，尤其是熱鬧的氣氛，全都讓緹雅深深地心煩意亂，很不舒服。她覺得自己在眾多賓客中，就像個陌生的身體，沒有任何歸屬。不僅如此，緹雅愈來愈相信，韓茲正狐疑地打量著她，有一次他們眼神不經意對上，緹雅直覺感到韓茲深深的厭惡。湯姆無法理解此類的敵意，兩個本來不認識的人，卻打從一開始就不信任對方，在他眼裡，這是一種典型德國現象，他不曾在世界其他任何地方遭遇過類似的情況。不過，如果德國發生的這種情況，是無關乎個人仇恨又如何？如果，德國被一種潛伏的疾病侵襲，啃食了社會並毒害了人際關係，那又如何？湯姆還沒能進一步思考以前，羅渥爾特又再一次唱起那首摩澤爾葡萄酒頌歌，把湯姆拉回作家之夜這一團漩渦之中。

最後的客人離開艾斯雷本納街時，天色已經灰白。對湯姆而言，選帝侯大街的旅館不過幾百公尺遠。他溜達穿越甦醒中的柏林，米德莉的神祕暗示在他腦中揮之不去。

⫯

戈培爾日記：「早早就上床。今天度過了奧林匹克一週。希望趕快結束。」[107]

窺入另一個世界：

看來國家社會主義者的恐怖暴行還未能侵入西羅酒吧。

一九三六年八月八日，星期六

帝國氣象局柏林氣象報告：

多雲偶有雷陣雨。吹微弱西北風，天氣稍涼。二十一度。

帝國媒體會議每日指示摘要：「請大家翻譯德國文章和特刊時，要特別謹慎使用文字。外國人曾多番抱怨，法文和英文的翻譯簡直糟糕透頂。」[108]

伊莉莎白・李，十歲，不久前還和父母住在一間漂亮的公寓裡。李家家裡有桌子、椅子、床、衣櫃、五斗櫃和其他各式各樣的東西，還有一個小廚房，母親在那兒準備三餐給家人。客廳門上安著一只十字架——他們信天主教。牆上掛著圖畫，沙發上放著枕頭，窗戶掛有窗簾，桌上擺著花。雙親白天外出工作，孩子則去上學。我們也可以把伊莉莎白、父母親和姊姊當成一戶正常的德國家庭，但帝國內政部長威廉・弗里克卻不這麼想，他早就瞄準像伊莉莎白這樣的人，對他而言，這十歲大的小女孩是個討厭鬼、簡直麻煩死了。根據納粹用語，李家是「吉普賽人」——而柏林奧運城不允許吉普賽人存在。依據一九三六年發布的公告〈吉普賽人禍害防治措施〉，弗里克授權柏林各警察總長執行「吉普賽人國家追緝日」，目標是將所有柏林的辛提人和羅姆人*，從自家公寓或棲息地帶走，隔離到市區外的集中營。

一九三六年七月十六日，奧運開幕兩週前，任務開始啟動：星期四，李家和其他六百位辛提人和羅姆人一早就遭到逮捕、遣送到柏林的馬察恩區。馬察恩區自一九二〇年起隸屬於大柏林，但還是保有許多原始的鄉村特性，一座十九世紀的小教堂和一棟帝國晚期漂亮的學校建築。只不過馬察恩區不是處處都充滿著田園風情，通往布蘭登堡州的阿倫斯費爾鎮和韋爾諾伊亨鎮的鐵道兩旁是汙水處理地，過濾柏林的廢水。車輛不斷駛來，將汙水打入坑裡，造成可怕的臭味。他們把辛提人和羅姆人關進營區，就在鐵道、汙水處理地和城市墳墓之間。許多和李家相同的家庭，一直以來住在堅固的房子裡，突然之間被放逐到濕漉漉的草地。伊莉莎白回憶道：「馬察恩區有幾間木棧屋和拆掉輪子的露營車閒置在石堆上。我們從自家的漂亮公寓來到一輛老舊的露營車裡，全家被迫居住在裡面。他們不准我們從公寓攜帶任何東西，就算我們帶了，馬察恩區也沒有公寓可以讓我們放東西。那裡什麼都沒有。」[109]

營區的生活條件非常淒慘，只有兩個廁所供應六百位非自願住戶使用。自營地開放後，短期間內皮膚病和感染性疾病劇增，他們無依無靠，連個簡易的護理設施都沒有。辛提人和羅姆人得向當地的小販購買自己的生活用品；營區沒有飲水設施可供使用，伊莉莎白和其他人被迫步行到大約兩公里外的馬察恩鎮中心取水，他們時常遭受敵視，某些小販甚至心不甘情不願地只賣廚餘給他們，伊莉莎白學到了一種至今完全陌生的感受：飢餓。

---

*辛提人（Sinti）和羅姆人（Roma）起源於印度北部，是散居全世界的流浪民族，被其他民族統稱為吉普賽人，德文：Zigeuner，有鄙視的意味。

雖然一九三六年八月營區尚未圍上圍籬，但站崗的警察控制進出手段強硬：只准因工作或購物離開，此外，受拘留者還必須再三準時報到與告退，門禁二十二點，只要誰違反了規定，就會獲得橡膠棍或守衛警犬伺候。一位居民回憶道：「基本上我們時時活在恐懼之中，害怕警察、害怕村民、莫名其妙地害怕每一個人。」[110]

距離馬察恩區大約二十五公里處就是奧林匹克體育場。伊莉莎白聽說，來自全世界的許多人在那裡快樂地大肆慶祝一場友誼和族群理解的盛會，不過在這輛破舊的露營車裡，她無法一起同樂。營區位於城市的另一個盡頭，是個沒有任何遊客會為了與小女孩玩耍而闖入的地點，不過伊莉莎白也沒有心情玩樂，她雖然不是很清楚「族群理解」這複雜詞彙的意義，不過如果這個詞代表，許多無辜的人從自己家裡被帶走、遣送到這樣一個地方來，那麼一定是個很壞的詞彙。

伊莉莎白想要和她的父母親回家，回到自己的公寓，想要再次睡在自己床上。她又怎麼預料得到，還有更糟的事即將降臨在她和家人身上！

十七點三十分，健康泉球場開始最後一場足球四強決賽：奧地利國家隊對上祕魯國家隊。

雖然球場提供了三萬六千個觀眾座位，卻大約只有五千名觀眾到場。這場決賽顯然不是特別引人注目，尤其這支來自安第斯山脈國家的隊伍，是第一次參加南美洲以外的比賽，祕魯人尚未寫下任何紀錄，不過最好別低估他們，因為八強賽中他們以七比三踢走芬蘭人。

裁判多拉爾夫．克里斯安森來自挪威，他簡短告誡兩位隊長，希望這是場公平的比賽，接著他準時吹響開賽哨聲。九十分鐘後比賽二比二，因此必須打延長賽。接著出乎意料之外，延長賽中祕魯球迷突然衝入球場，攻擊一位奧地利球員，球員稍後做筆錄時提到，他甚至看到對方的隨團球迷到處揮舞著手槍。無政府狀態支配了球場，裁判克里斯安森全然手足無措，他還未曾遭遇過這等混亂場面。在他控制好場面並暫停比賽前，祕魯人竟在兩分鐘內踢進了兩球，使得比分來到四比二。不過奧地利人不想輕易讓人占便宜，他們提出抗議，而抗議有效——負責奧運足球賽的國際足球協會ＦＩＦＡ接受抗議，決定重新安排一場沒有觀眾的比賽。幸運的奧地利！＊

祕魯人又如何反應呢？他們覺得事情不單純，一定是納粹德國為了阻止擁有五位黑人的祕魯隊獲勝而向ＦＩＦＡ施壓，影響他們的決定——不過這個想法大概就跟綠林小說情節一樣真

＊幸運的奧地利（Tu felix Austria）出自拉丁文史詩，原用來指奧地利哈布斯堡王朝不費一兵一卒就擴張領土的聯姻政治。

實。約瑟夫．戈培爾在日記上記錄：「尷尬的祕魯足球事件，不過德國完全是無辜的。」[111]就連國際奧委會主巴耶拉圖也認為祕魯的指控是胡說八道，他在訪問中表示：完全是ＦＩＦＡ裁判法庭的主張，德國絕對沒有參與。

後來祕魯人寧願放棄重賽，還中斷了奧運所有的比賽項目離開柏林。出於團結因素，同樣來自南美洲、至今五位參賽選手尚未能贏得任何一場比賽的哥倫比亞代表隊也跟著回去了。奧地利足球員不戰而勝，進入了四強賽，奧運也添了一樁醜事。

柏林納粹黨報《攻擊日報》對籃球賽有個想法：「籃球首次登上奧運賽程表，大部分的德國人覺得，這項運動多少仍像是『黑人藝術』。非常可惜，因為籃球不僅十分適合作為平衡運動，它豐富的攻守轉換，帶來層出不窮的機會，不只球員，連觀眾也容易立即為之著迷。」[112]

艾德華．杜伊斯堡是柏林路德街上有名的綜合戲院「斯卡拉」的藝術指導，顯然他的個性還很務實。他對自己說：既然美國人在城裡，那我們就提供美國秀給他們看。八月奧運之月，杜伊斯堡取了個意味深長的劇名《美麗世界》，上演一齣刻意國際化的大型歌舞劇。除了備受歡迎的斯卡拉女孩（穿著清涼的二十四位女舞者團體），節目單上還看得到許多引人注目的美國藝術家名字：來自加利福利亞的女舞者馬蒂亞．梅莉費爾德（美國最美的歌舞劇舞者）；身材矮小的默劇演員弗瑞德．山博恩，木琴演奏技藝精湛到令人窒息；藝術表演團體「四個木馬」，在暈眩的高度表演令人發暈的肢體藝術；雜技演員傑克和喬治．多爾蒙德，單輪車上演出綜藝大雜燴；女舞者蒂娜．格雷斯，雖然名字聽起來很美式但卻不是美國人，本名叫做凱特．潔兒達．約翰娜．易兒瑟．許密德，她是軍官的女兒，來自柏林。

每天兩次（十七點十五分和二十點四十五分），演員兼卡巴萊*演員喬治．亞歷山大、安妮塔．施伯達和圖汝德．黑斯特伯格的三人秀，毫無意外獲得柏林媒體的大加讚賞。納粹想向全世界證明，他們就連綜藝戲院也是頂尖水準。一位《柏林地方誌》編輯不經意地展現了細膩的政治幽默，在一篇報導最新一季斯卡拉的文章裡，他下了個正好也很符合奧運的標題：〈美麗的表象世界〉[113]。

---

*卡巴萊（Kabarett）是一種具有喜劇、歌曲、舞蹈及話劇等元素的娛樂表演，盛行於歐洲。表演場地主要為設有舞台的餐廳或夜總會，觀眾圍繞著餐台邊進食邊觀看表演。此類表演場地本身也可稱為卡巴萊。

啤酒和武器。若有人問克拉拉和保羅・馮・宮塔德是如何賺得驚人財富，他們一定會據實回答：靠賣啤酒和武器。不過當然不會有人問宮塔德之流的百萬富翁如此俗套的問題。事實上，他們算得上是德國最富有的家族。克拉拉女士是啤酒廠老闆阿道夫・布希的女兒，他是傳奇的德國美式啤酒王朝安海斯・布希的創始人。原本身家就已上百萬的克拉拉，又嫁給了帶領德國武器與彈藥工廠超過二十年、在無數的監理事會中占有一席之地的保羅・馮・宮塔德。二十世紀的前三分之一時期，任何一場戰爭都能讓這位工業大王大撈一筆。保羅・馮・宮塔德向所有參戰方兜售武器，這麼一來，他永遠都能站在勝利的一方。他的酬庸（百分之七的純利）簡直如流水般川流不息地湧來。

宮塔德家還有個二十六歲的女兒莉莉克萊兒，她扮演著三〇年代所謂的「流行教主」。一九三〇年十二月，莉莉克萊兒小姐嫁給商人溫拿・須伯，各馬路小報驚艷地爭相報導這場年度夢幻婚禮。只有記者卡爾・馮・奧西茨基評價負面：「他（宮塔德）為女兒籌備了一場花了應該有四萬馬克的婚禮，打造出沒品味的有錢人參考時尚雜誌做出的誇張奢華。」[114]儘管慶祝大費周章，婚姻仍無法持久。莉莉克萊兒的下任丈夫據說是父親精挑細選出來的：伯恩哈德・貝爾克豪斯，他是忠實的納粹，還是成功的工業家，和政府以及海因里希・希姆萊所領導的親衛隊關係極佳。貝爾克豪斯擁有無數金屬加工廠，一九三六年夏天，又建了柏林盧貝克機械工廠，這個工廠是接下來幾年「第三帝國」重裝備發展的要角。貝爾克豪斯在盧貝克製造德國國防軍標準步槍——九八短卡賓槍，從中獲利無數。貝爾克豪斯正如宮塔德一直以來盼望的那種女婿一樣：有錢，有野心，事業上既無情又大膽。他們在一九三五年完婚。

若國家社會主義的柏林有上流社交圈，那麼一定不會漏了宮塔德一家。他們固定在動物園區班德勒街上那棟浮誇的別墅開氣派的宴會。這幾天也經常能在西羅酒吧見到克拉拉和女兒莉莉克萊兒。冉克街上的這間小店，算是拉丁角落和夏比尼酒吧外，柏林夜生活最熱鬧的地方，有許多電影明星、外交官、政治家和商人上門造訪。許多來客上門的目的是裡頭頂尖的爵士樂，西羅酒吧鋼琴師回憶道：「因為擁有國際化的客群，我們有開某種程度玩笑的自由。國際遊客想必渴望聽到國外的各色表演，當時我們要跟上流行十分困難。一些大使館的客人過來，把最近美國、英國或其他地方流行的歌曲，吹口哨或唱出來，我們聽寫下來並編成曲，接著演出帶給觀眾驚喜，觀眾總是對我們跟得上潮流的程度感到驚嘆不已。」115

這家店由兩個相連的空間組成。酒吧走阿拉伯風格，這在三〇年代是最新流行，牆上可以看到象形文字，上方空間延伸出一個金色拱頂。餐廳位在走下幾步台階的地方，漆著淺陶土色。克拉拉和莉莉克萊兒總是坐在同一張桌子前，而且只喝蘇打水。雖然餐廳的廚房大受歡迎，她們卻不點任何吃的。西羅招牌菜烏龜湯，用甘醇雪利酒和幾滴干邑白蘭地精燉而成，是老饕必吃美食，有些饕客只為這道美食而上冉克街。克拉拉和莉莉克萊兒卻與眾不同，母女倆只喝水。名下戶頭寫著好幾百萬，在高級餐廳卻只喝礦泉水——這就叫低調。

每回克拉拉踏入西羅酒吧，艾邁德必定會出現在不遠處。艾邁德是酒吧的擁有者和克拉拉太太的情人——至少曾經是。他其實叫做艾邁德·毛史塔法·迪少奇：艾邁德是名字，毛史塔法是姓，迪少奇是祖父的名字，在他的故鄉埃及這是常見的排序，不過在柏林大家只知道他的名字。艾邁德三十歲，是男人的模範：高大、深色鬈髮、擁有迷人魅力。無異於大喬和夏比尼，艾邁德也在舞池開啟了他在柏林的職業生涯。他曾在摩登的女性酒吧以職業舞男的身分供貴婦人使喚，克拉拉也是在那裡陷入了這位花花公子的羅網。用克拉拉的錢，艾邁德在一九三二年一月開了西羅酒吧，不久後，柏林哈弗爾河上游克拉多城區裡的另一個寧靜地點上，夏季餐廳「拉丁角落」也開幕了，兩家餐廳自第一個香檳軟木塞爆出響聲的那一刻起，便生意興隆。何妲·阿德隆在同一時間為她心愛的小白臉大喬，（據說）金援了拉丁角落這件事，讓克拉拉很不是滋味。阿德隆和宮塔德兩位夫人打從心裡厭惡對方，拚命想用豪華宴會、昂貴轎車、優雅華服，以及各種百萬富翁的無用小玩意來贏過對手。

納粹對西羅酒吧的經營，很長一段時間沒有任何異議。相反地，他們很慶幸，奧運期間有這樣一處好地方可以秀給國際賓客看，不過，不久後情況也會改變。

柏林國家警察局每日報告：「一位不明人士在一九三六年八月八日十九點左右，在曲棍球場東側看台打破一瓶裝著液態化學藥劑（吡啶）的瓶子，味道會造成噁心並刺激咳嗽。至目前為止，對兇手的調查仍然沒有下落[116]。」

格倫．莫里斯手裡拿了一條被子，攤開被子鋪在奧林匹克體育場的草地上，接著又拿第二條被子包裹起自己，躺到之前鋪好被子的地方，最後還拉了一條毛巾蓋到臉上。格倫無聲無息地躺著，的確，如果沒看到他嘴上那塊布輕輕地上下顫動，大概會相信他連呼吸都停止了。也許他在睡覺，假設他沒睡，一定也在想一些好事，或許他正想著科羅拉多州大學認識的女友夏洛特，兩人想在明年結婚。這個二十四歲的美國人是十項全能選手，他跟個木乃伊似地躺平，或睡或夢著未婚妻的同時，也在為下一個項目儲備力氣。他昨天（十項全能比賽的第一天）就這麼做了，今天也要維持下去——比賽和休息。結果證明格倫是對的：第六個項目障礙賽跑，他排名第一。再這麼持續下去，他將贏得金牌。

下午德國同事艾爾文・胡伯走近格倫。胡伯蹲下，拍拍格倫的肩膀，問他是不是可以介紹萊尼・里芬斯塔爾給他認識。萊尼無論如何都想要認識格倫，她背後的想法是——也許他願意讓她拍些個人影片。格倫把毛巾從頭上拉下，從被子中解放，站了起來。「How are you?」格倫近乎害羞地問，並向萊尼伸出手。女導演回憶：「真是個不可思議的瞬間，我從未經歷過這樣的片刻，我試著去壓抑身體裡湧起的感覺，試著去忘記發生的事。」格倫毫無瑕疵、鍛鍊十足的身體、俊美的臉龐和神采奕奕的眼睛徹底征服了萊尼。好似被閃電擊中般，她結巴地吐出幾句客套話，接著比賽也開始點名了。十七點三十分開始的一千五百公尺賽跑是奧運十項全能的最後一個項目，格倫・莫里斯在這個路段跑出四分三十三秒，得到了五百九十五點的成績，現在他總共有七千九百點——這是新的世界紀錄，當然他也獲得了金牌。銀牌落在格倫的同鄉包柏・克拉克身上，銅牌同樣也由美國人、來自奧克拉荷馬州的傑克・帕克獲得。

「注意！注意！」不久後賽場廣播發出隆隆的聲音報告：「Cérémonie olympique protocolaire!（奧林匹克頒獎典禮，法語），Olympische Siegerehrung!（德語）」三個美國人隨即站上頒獎台，美國國歌響起，格倫、包柏和傑克將右手靠在前額敬禮。萊尼恨不得將這特別的一刻拍下來，只是攝影師看了看測光器，皺起額頭揮手拒絕。天色已經大暗，暗到無法拍攝。萊尼此刻不再透過攝影鏡頭，她在距離賽場幾公尺的地方觀看典禮。在她的眼裡，只有格倫讓她格外歡喜。典禮過後格倫和萊尼走向對方，她祝賀他精采獲勝，不過格倫沒有興致閒聊。「他當場把我擁入懷中，扯下襯衫親我的胸部，就在賽場正中央，十幾萬名觀眾面前！」[117]

⫶

如果外交藝術是，不讓別人看到自己手裡的牌，那麼埃里克．飛利浦爵士就是一個特別靈活的外交官。瑪爾塔．陶德回憶：「如果有人突然告訴他：『您的祖母被謀殺了』，他的表情將完全不會起任何一道變化，好像話沒傳入他耳裡，他會用英國紳士優雅的細微聲音斷斷續續地（好似嘴裡含著一顆馬鈴薯）回答：『不會吧，您不是說真的吧？是嗎？真的？有意思。』他幾乎不笑，也沒開過任何玩笑。」[118] 埃里克爵士在德國當了三年英國大使，如同妹夫羅伯特．范斯塔特一般，他在英國的外交界是「第三帝國」的公開反對者。不過今晚，他將再度讓自己的信念消失在專業英國禮貌的面具下。今晚在威廉大街的大使館房間裡，舉辦了一場恭維德國政府的外交宴會，他將迎接超過一千名賓客。戈培爾在日記中抱怨：「非常令人疲憊。首先只有一些小點心，接著是巨型的接待會。一千個人，一千句廢話。」[119]

賓客名單裡還有下議院議員亨利．錢農，他今晚也不是特別愉悅，尤其是因為羅伯特和莎莉塔．范斯塔特也出席了。「范斯塔特一家是人盡皆知的擁法派，我希望他們待在柏林的這段日子，可以幫助他們中和一些偏見。」亨利．「薯條」爵士在柏林絕不會錯過任何派對，而且他還會把社交經歷巨細靡遺地書寫下來，但裡面卻找不到半個描寫埃里克爵士宴會的正面字眼：「大使館這場宴會簡直無聊透頂，人擠人又沒品味。」[120]

阿道夫·希特勒每日造訪奧林匹克體育場。
頒獎台上的情況似乎不總能令他稱心如意。

一九三六年八月九日，星期日

帝國氣象局柏林氣象報告：

高壓多雲，日間氣溫急劇上升，微風持續轉向，偶有陣雨。二十三度。

彼得．約阿欽．佛洛里希*十三歲，是個 Steppke（小鬼頭）——柏林人這麼稱呼古靈精怪的小男孩。彼得在維爾默斯多夫區明斯特街的歌德學校上學，歌德學校是一間所謂的改制專科高中，現代語文和自然科學是重點科目。才十歲出頭的孩子就開始上法文課，兩年後還得在英文或拉丁文中選修一門。彼得的父母親原本希望孩子學英文，但在校長——高中教育局長關德特博士的建議下，他們選了拉丁文。彼得是個好學生，不過他真正滿懷熱情的科目是運動。當然，他也是柏林赫塔足球俱樂部的狂熱球迷，在他的眼裡，柏林赫塔就是全世界最棒的足球隊。足球場裡他和其他球迷齊聲合唱「哈！吼！嘿！柏林赫塔足球俱樂部！」也難怪彼得（在一九三六年夏天）這整個禮拜，腦中只剩奧運賽了。彼得的父親莫里斯．佛洛里希也和兒子一樣對運動狂熱。奧林匹克體育場的入場券，這位先生早在某次去布達佩斯出差的途中就弄到手了，他把票券如同獎杯般供置在客廳的餐具櫃上，每當彼得經過這件家具，就會對比賽更加期待，想像著他和父親坐在體育場向運動員歡呼的樣子。

父親莫里斯．佛洛里希是個很會賺錢的商人，也是德國社會民主黨的追隨者；母親則在姊姊開的縫紉用品店上半天班。以前彼得和父母是德國人，但希特勒掌權後，他們成了猶太人。許多年後彼得在書中寫下：「人可以由三種方式成為猶太人：出生是猶太人、習俗是猶太人、國家說你是猶太人。天生的猶太人，不過是股微弱的氣息，自一九三三年一月三十日納粹執政開始，我才在他人的強迫下認同自己的猶太身分。」[121]基本上佛洛里希一家對猶太教完全陌生：他們很早就退出猶太社群，並自稱「入骨的無神論者」。像「猶太認同」或「猶太自覺」這類概念，他們覺得沒有任何意義，受洗或皈依天主教也不列入這個家庭的考慮，因為這就表示：「用一個迷信去換另一個迷信。」[122]彼得還是小男孩時，就覺得自己被迫扮演著一個不屬於他的角色——他成功地從猶太成年禮上溜走，寧可在最重要的猶太節日去球場看柏林赫塔比賽。等到一九三五年九月通過所謂的紐倫堡法，明文立法隔離猶太人之際，佛洛里希一家有股不祥的預感——他們遲早得離開自己的故鄉。奧運期間，日子看來暫且恢復了正常，就連那些彼得上學會經過、納粹放著煽動的《衝鋒報》報箱，也為了這十六天的比賽而拆除了。

由於比賽入場券是發給匈牙利首都布達佩斯的分配額，所以彼得和莫里斯坐在奧林匹克體育場一群興高采烈的匈牙利運動迷中間。他們的區塊位於「元首包廂」正對面，所以彼得難免會看到包廂發生的事，而且看得很清楚。可以的話他一點也不想往那瞧，不過這幾乎無法避免。就是那邊的那些男人自以為有權利摧毀無數人的生存空間嗎？彼得覺得希特勒的長相很討人厭，而赫爾曼·戈林穿戴著那身愚蠢行頭的肥胖樣子簡直可笑！約瑟夫·戈培爾讓他想起以前母親唸給他聽的童話故事裡面的一個壞心腸的小矮人。彼得審視著這些德國的高官顯貴時，

＊彼得·約阿欽·佛洛里希（Peter Joachim Fröhlich），一九二三年生於柏林，一九四一年移民美國，改名為彼得·蓋伊（Peter Gay），成為美國傑出的歷史學家、心理學家。

不由得想起那個大家私下流傳的笑話：「真正的雅利安人長得什麼樣子？跟希特勒一樣金髮，跟戈培爾一樣高大，跟戈林一樣苗條！」＊

為了這個星期天，彼得已經興奮了好幾個禮拜。十五點剛過不久，場內廣播宣布彼得最喜愛的比賽開始——男子四人四百公尺接力賽，事實上，只要美國人比德國人更技高一籌的項目，彼得全都喜歡。而來自美國的四百公尺接力隊伍，毫無疑問所向無敵，史上只有一次美國輸了接力賽，就是一九一二年斯德哥爾摩奧運賽。眾運動員就定位時，現場驟然鴉雀無聲。阿根廷選手跑在最內側，第二跑道是德國選手，旁邊是荷蘭隊，第四跑道屬於美國人，第五跑道供給義大利隊，加拿大隊伍則站上最外側的跑道。彼得其實只對第四跑道的情況感興趣。為了一覽整座體育場，他伸長了脖子，看到傑西．歐文斯站在第一棒的位置，接下來依序是拉爾夫．麥特卡夫、佛伊．德拉培和最後的法蘭克．威寇夫。

彼得當然無從得知，美國隊內部曾激烈討論過一個問題：誰可以參加比賽？很長一段時間，馬爾地．格立克曼和山姆．斯托勒以為自己可以參加，但教練樓松．羅伯特森反對，並用歐文斯和麥特卡夫來取代他們，這個做法悖離了他至今的訓練——只動員尚未參賽過的新人跑者來跑接力賽。格立克曼和斯托勒兩位跑者是猶太人，他們以為這是反猶太的陰謀：一定是美國體育界人士向羅伯特森教練施壓，把他們換下比賽，目的是要討好納粹。跑者失望下的猜測是合情合理的，但羅伯特森的決定出自於簡單的權衡：希望避免可能讓德國意外獲勝的各種情況，因此他相信，不能捨棄兩位最強的跑者——歐文斯和麥特卡夫。

比賽開始前不久，穿著白罩衫的男人法蘭茲・米勒最後一次查看測風器。田徑運動規定，若在順風速率超過每秒十二公尺的條件下打破世界紀錄，則不能列入紀錄。不過裁判解除了警報——微側風每秒一點六公尺，提供了破紀錄的完美條件。離開始還有幾秒鐘的時間，十多萬人屏息以待，接著槍聲響起：傑西・歐文斯不負眾望地搶在前頭，以第一名的位置交棒，拉爾夫・麥特卡夫和佛伊・德拉培持續拉開領先距離，最後衝刺階段，美國已將所有對手遠遠拋在後頭十公尺遠，法蘭克・威寇夫於槍響後三十九點八秒衝過終點。創下新的世界紀錄，同時也是新的奧運紀錄！義大利隊伍以四十一點一秒位居第二名，德國人以一秒之差排在第三名。歡聲雷動，有些觀眾不可置信地揉了揉眼睛：這是什麼情形？起跑的鳴槍聲不是才剛消失而已嗎？美國的四人隊伍跑起來真宛如超自然事件！

傑西・歐文斯又再次成功了。他贏得了四枚金牌，真是貨真價實的奧運明星、彼得的大英雄！坐在在匈牙利球迷中間，莫里斯和彼得感覺未被監視，十分安心，此刻就連他們也能肆無忌憚地為美國人歡呼了。頒獎儀式上，彼得理所當然跟著起立哼起美國國歌，因為他在學校學了拉丁文而不會英文（拜關德特博士所賜），所以彼得不了解歌詞「O say, can you see...」的

＊希特勒是褐髮，戈培爾很瘦小，戈林是個胖子。

意義，不過他直覺感到這首歌在歌頌自由。

十五分鐘又過去了（十五點三十分），接下來是田徑項目最後一天的另一波高潮：女子四人四百公尺接力賽。德國、英國、美國、加拿大、荷蘭和義大利挺進決賽，不過在這個項目中，德國女選手就好比美國的男選手，也是所向披靡的奪冠熱門。結局似乎早就注定好了，德國女子四人團隊將贏得接力賽。在美國隊轟動全場的勝利之後，希特勒在包廂裡來回走動，早已開始摩拳擦掌期待不已。彼得坐在他正對面，他完全無法分享「元首」的這份熱情。彼得等待著最糟的情況發生——在他的眼裡，正是德國的勝利。裁判鳴槍，第一位德國女跑者愛咪・阿布斯飛馳超越其他對手，接著凱特・克勞斯接棒，拉開領先距離並交棒給瑪麗・朵菱格。彼得完全無法再看下去，因為此刻德國看來勢如破竹。忽然間莫里斯從座位跳起來大叫：「那女孩掉了棒！」接著彼得也看出發生了什麼事：最後一次的交接棒，依爾瑟・多爾菲德特沒能抓牢棒子，棒子掉了。美國選手海蓮・史蒂芬斯立即成為第一個跑過終點的跑者。

元首包廂裡人人失望透頂。希特勒憤怒地搖頭，用手拍打自己的膝蓋。戈培爾在日記中抱怨道：「我們真不走運！那些女孩沮喪不已，元首安慰她們，整個會場都十分悲傷。」[123]整個會場？觀眾中卻有一個男孩欣喜若狂。十幾年後，彼得・佛洛里希還將這次的不幸事件描述成「我人生中最重大的時刻」[124]。

柏林國家警察局每日報告：「根據最新消息，希特勒青年團的巡邏隊把韓里希．法蘭肯史坦（一九一八年十一月二十四日出生，住在柏林韋爾特街）和威利．克萊恩（一九一九年十二月十二日生，住在柏林韋爾特街三十號）帶到警察局，因為兩人在盧斯特花園向一名阿根廷人討香菸。巡邏隊介入時，兩個猶太人還對外國人說：『這就是德國的年輕人！』」[125]

距離柏林北方大約一百公里的卡爾維茲鎮有間房子，是作家漢斯．法拉達的家，在經歷無數次住院療養後，他終於能待在家休養。幾個月前（五月中），他才從柏林旁的齊柏尼克小鎮，蕭斯醫生開的海德豪斯療養院離開。法拉達近年來飽受憂鬱症和焦慮症之苦，還對藥物和毒品上癮。一九三六年八月，他終於暫時能夠控制這些問題，還開始創作新的小說，有一天這本書將叫做《狼中之狼》*。

---

*《狼中之狼》（*Wolf unter Wölfen*）法拉達的小說，故事背景設在一九二三年德國經濟蕭條時期，後於一九六四年拍成電影。

今天奧運比賽的王牌項目田徑告一段落，美國隊以十四面金牌、七面銀牌和四面銅牌占據第一名的位置，排名第二的德國隊則以五面金牌、四面銀牌和七面銅牌的成績遠遠落後，因此美國人有充分藉口來大肆慶祝一番！晚上跳高選手柯恩劉斯・強生、戴夫・阿布里頓以及田徑選手拉爾夫・麥特卡夫離開選手村前往市中心。他們的目的地是烏然德街上的夏比尼酒吧。雖然三位選手精心打扮了一番，但他們穿上的亮色西裝仍舊不符合酒吧的服裝規定，夏比尼很重視晚宴西服，只能是深色西裝，不過為了幾位鋒頭盡出的貴賓，他今晚也可以開一個先例（我們也不像拉丁角落那樣比教皇還要講究），恭候美國貴賓大駕光臨。夏比尼其實也是為了生意著想——世界級運動員上門對他而言有利無弊。

柯恩劉斯、戴夫和拉爾夫的朋友米奇早在此就恭候多時了。「米奇」其實叫做赫爾伯・佛列明，他也來自美國，在柏林生活超過一年了。他的德文說得馬馬虎虎，在過去這幾天經常充當美國隊的翻譯，也因此和選手相互結識。不過赫爾伯原本的工作不是翻譯，也跟奧運賽沒有任何關係，他是穆斯法塔和依芳所謂的「賣點」——他們固定提供客人特別節目，並稱之為「賣點」。

赫爾伯・佛列明和他的小樂團自去年起在夏比尼酒吧客座演出。除了長號和主唱赫爾伯之外，還有魯迪·杜蒙特（鼓）、法蘭茲·冬（單簧管）、佛里茲·舒茲－瑞謝（鋼琴）、馬克思·古希（吉他）和E·威爾肯斯（貝斯）為固定班底，每當酒吧的工作一空閒，穆斯法塔也會坐到鼓前，不少搖擺樂迷覺得這個黃金陣容是帝國裡最棒的樂團組合，他們夜復一夜寫下爵士樂的歷史。一位時代見證人回憶起赫爾伯說：「他是我至目前為止聽過最不可思議的長號樂手。他的唇顫音非常特殊，能讓長號發出——厲害的大提琴聲！」[126]譜架上放著摘自美國歌舞片〈禮帽〉或是〈一九三六年百老匯旋律〉等等的最新歌曲，是依芳請她姊姊從倫敦的唱片行找來的。至於〈禮帽〉的作曲者歐文·柏林和〈一九三六年百老匯旋律〉的寫詞者亞瑟·佛瑞德是猶太人這碼事，夏比尼酒吧裡沒人會介意，相反地，他們驚喜地跳著舞，直到〈無弦〉和〈臉貼臉〉之類的歌曲成為腦海裡揮不去的旋律。

本週的另一個「賣點」叫做馬奇雙胞胎，他們兩兄弟表演藝術踢踏舞。這對來自美國的雙胞胎已經被酒吧聘僱了好幾年，並為酒吧帶來了不少收益。不用懷疑，穆斯法塔的直覺精準，他知道觀眾喜歡哪些「賣點」。而且赫爾伯和馬奇雙胞胎還擁有其他稀有之處，才在國家社會主義的柏林無比賣座：他們是「黑人」。夏比尼酒吧輕易就能激怒那些自稱為風紀守衛的人，「黑鬼伴奏熱門爵士跳踢踏舞」[127]，納粹「傳道書」《柏林先鋒報》批評他們當然不遺餘力。雖然公開攻擊不斷，赫爾伯和馬奇雙胞胎還是順利地登台表演了一段很長的時間。一九三六年初，赫爾伯的工作許可證延長出了問題，不過美國大使陶德出面干涉後，他盼望的文件立即到手。赫爾伯曾說，他甚至在總理府為希特勒演唱過，不過沒有任何證據支持這項說法。128

今晚夏比尼酒吧裡氣氛持續加溫，政治不是重點，沒有人想聽到希特勒和納粹的事。柯恩劉斯、戴夫和拉爾夫慶祝勝利杯觥交錯，乍看之下一如往昔：赫爾伯和樂團演奏最流行的搖擺樂，穆斯塔法微笑穿梭店內，阿契茲坐在一旁含情脈脈，依芳則徘徊在橡皮棍附近待命。只是烏然德街上空烏雲罩頂，依芳還不知道蓋世太保已鎖定她。

•

柏林國家警察局每日報告：「國王大街的展覽廳裡，有人在廁所門上塗鴉，內容是有關種族問題的叛國標語。」129

•

弗蘭德小姐居住的房子尊榮不凡，鄰居包含此等人物：老男爵米歇爾・馮・梅登，頭銜大地主、珠寶商約阿欽・梅爾斯曼、骨科醫生古斯塔夫・慕斯卡特博士，專業治療扁平足、經營流行服飾店的法蘭茲・班納許，以及歐石楠疾病與產後照護之家護理長阿芬女士閣下，他們全都住在選帝侯大街一百二十四號與寇比耶街的交叉口。最大的公寓住著上頭提到的弗蘭德小姐：共十間房，占據了房子的前半部，租金每月二百五十五帝國馬克——這位女士獨身，顯然需要很多空間。屋主叫做毛利師．加藤哥，國籍西班牙，還是個猶太人，不消說，加藤哥先生寧可躲得愈遠愈好：他現在住在開羅。

位在建築物底層的是威利和瑪麗亞．列曼夫妻開的義大利餐廳「小酒館」。小酒館由三個打通的空間組成，總是座無虛席。客人坐在排得緊密的小桌子前，輕易就能和鄰座攀談個幾句。主空間裡雖然有一架大鋼琴，卻不常有人眷顧，因為客人寧可找人聊天，不過他們其實也聽不清楚音樂，因為氣氛既熙攘又熱鬧。旅遊指南把小酒館介紹成著名景點，其實和威利從前的職業脫不了關係。餐廳開張之前，他的工作是星電影公司的攝影總監，因此威利認識各色男女明星，這些明星後來又成了小酒館的老主顧。自從八卦報紙刊登了當代眾名人如歐嘉．闕秀娃在選帝侯大街一百二十四號出沒後，店的名聲就傳開了，威利．列曼也不再需要打廣告了。除了藝術家上門光顧之外，還有許多國外記者也會過來。美國通訊社國際新聞部的威廉．夏伊勒*、美聯社代表路易斯．B．洛希納、《芝加哥論壇報》通訊記者席格里德．舒爾茲和其他幾人是餐桌的核心，他們幾乎每晚都聚在小酒館裡。記者得先把寫好的文章拍電報到美國，所

*威廉．夏伊勒，美國作家、戰地記者、歷史學家，其代表作有《第三帝國興亡史》。

以大都要過了二十二點以後才會來，待到凌晨兩三點也不少見。也經常有記者的朋友熟識如瑪爾塔．陶德或是米德莉和阿維德．哈納克加入他們的圈子。他們談論時事、把酒言歡、埋頭吃列曼特製義大利麵和滋味無窮的小牛肉。

「湯姆」湯瑪斯．伍爾夫和米德莉．哈納克今晚踏入小酒館時，眾家記者的固定座位還空空如也，於是他們先占了兩個座位，夏伊勒和其他人進來後應該也會加入他們。在湯姆心裡，小酒館連接著一個不美麗的回憶，他告訴米德莉：前幾年拜訪柏林時，有次他和韓茲以及三五好友喝遍了不同的酒吧，最後在三更半夜來到了小酒館，瑪爾塔正和一位不認識的男人喝著紅葡萄酒。湯姆、韓茲和另外幾人就坐在隔壁桌，不過瑪爾塔卻完全沒有意思邀請他們過去，他們的出現甚至讓瑪爾塔顯得有些尷尬。他和韓茲生氣了，瑪爾塔怎麼會這麼沒禮貌，後來他才得知，瑪爾塔的同伴是唐納德．克洛普弗，美國藍燈書屋出版社的創辦人。克洛普弗是猶太人，他堅持拒絕和德國人同坐一桌。韓茲覺得就像有人當頭賞了他一記，他說：「外國人怎麼無法（和我們一樣）分辨德國人和納粹的不同？」[130]他不想就此善罷干休，於是起身走向克洛普弗，對他自我介紹，還抗議似地跟他握了手。看得出這位美國人在回覆招呼時很驚訝，他甚至被迫開啟了簡短的對話，雖然，氣氛不佳。

如今（滿一年後），湯姆依舊認為克洛普弗對待韓茲的態度簡直不可理喻，他坦白說出口，他不喜歡猶太人，接著很快停留在一個話題上：言論自由。「我們美國人認為，德國人沒有自由言論，不過這不是事實。德國人可以寫、說和想那些在美國不允許說出來的事情，例如他們可以在德國說出和寫出他們不喜歡猶太人，說他們覺得猶太人很差勁、腐敗、不友善，這在美國是不可能的。」[131]而米德莉得聽這些歪理。

米德莉不可置信地看著湯姆，他是說真的嗎？把德國的反猶太主義當作言論自由的表達，他不可能真的這樣相信吧！米德莉現在的表情，正如前幾天在羅渥爾特派對上露出的那樣。她的眼裡有些許的責備，看著湯姆的樣子，宛如家庭女教師打量著一位說話不經大腦的學生一樣。米德莉開了頭說：我們必須要很謹慎。現在她要說的，我們大可稱之為「給湯姆的一堂政治課」。她報告：納粹掌權不久之後策畫杯葛猶太商店、《公務員職業重建法》把猶太公務員調職休息，以及焚燒書籍；還詳盡說明去年通過的、把隔離猶太人明文立法的《紐倫堡法》。米德莉說著說著激動起來，她問湯姆知不知道《衝鋒報》？她訓斥他，知不知道《衝鋒報》的創辦人尤利烏斯．施特萊徹和他的同黨用了哪些下流的方法來教唆反對猶太人？他知不知道，有些餐廳和商店的櫥窗上掛著「猶太人禁止進入」的標語？

最後出現了一個字，一個湯姆直至今晚還不曾聽過的字，米德莉說得很小聲，湯姆幾乎聽不清楚：集中營。他知不知道，德國政府把猶太人、社會民主黨人、共產黨員、同性戀，甚至其他異議人士關入集中營？湯姆搖了搖頭。此刻兩人沉默下來。這份安靜大概只維持了幾秒鐘的時間，但湯姆感覺就像半個世紀那麼長。他就像個無知的青少年，在惡作劇之後得忍受人家的訓誡，難堪地看著米德莉。米德莉苦笑。「在德國只有馬是快樂的。」[132]她引用瑪爾塔的父親陶德外交官最愛提的一句諷刺語，現在湯姆也小聲笑了。他向米德莉老實地承認，在這個多數作家都表態其政治立場的年代，他也很清楚自己缺乏政治熱衷。米德莉理解地點了點頭。湯瑪斯·伍爾夫直到今晚為止對德國的好印象，如今產生了明顯的裂縫，有些事情開始在他身上發生改變。

大受歡迎的「官邸賭場」裡，藉由桌上電話，
客人彼此之間可以很快地產生交集：
「抱歉，小姐，請問您是……」

64

一九三六年八月十日，星期一

帝國氣象局柏林氣象報告：

溫暖的天氣持續，雲層逐漸聚集，有局部短暫陣雨，吹強烈東風。二十五度。

一離開夏比尼酒吧，沿烏然德街往北走大約三百公尺，自然就會到達石頭廣場，一八八五年建的正四方形廣場這一帶，屬於柏林夏洛滕堡區。一九二〇年代，許多俄羅斯人逃離家鄉的革命*落腳柏林，便在介於南邊選帝侯大街和北邊俾斯麥街間的豪華出租公寓安頓下來，夏洛滕堡亦被當地市井百姓戲稱為夏洛滕格勒†。石頭廣場四號的房子算是經濟繁榮時期的一個特別美麗的建築範例，一九〇七年由新藝術運動建築師奧古斯特・恩德所建造，如今則盤踞石頭廣場成為民宿旅館，一九三六年夏天，伊兒娜・柴樂邁耶開始職掌大權，不過實際上沒有人會叫她柴樂邁耶，對旅館的房客和員工來說，她就是「老闆娘」。

三年前丈夫馬克思去世時，伊兒娜才三十七歲，對經營旅館毫無概念。一夕之間她必須接手整家旅館的運作，而且還是在一段正艱難的時期中接手：一九二〇年代，這家旅館是俄羅斯上層貴族最愛的避難住處，不少大親王連同所有僕役一起搬入其中一整層，一待少不了就是好幾個月；還有一些有錢的猶太夫人也是固定房客，她們不想要再擁有房子，就把石頭廣場當作寡婦住宅，不過希特勒掌權之後，眾房客就退避三舍。「老闆娘」決定出錢投資，讓這棟逐年老舊的建築全面現代化，蓋新的浴室和換新家具，最後大有斬獲！一九三六奧運年，石頭廣場上這家旅館成為選帝侯大街一帶最受喜愛的住處，一間附私人衛浴的房間才九馬克一晚，在阿德隆飯店則必須付超過雙倍的價錢。

石頭廣場的旅館房客，除了價錢適中的舒適房間外，還特別喜愛那家庭式的氛圍。「老闆娘」和三個孩子就住在房子的頂樓，可想而知，他們經常和房客打成一片，有些常客還熱熱鬧鬧地融入柴樂邁耶一家的日常生活。最年長的兒子翰茲二十一歲，有朝一日想要成為餐飲業者，因為伊兒娜熟識知名餐廳老闆奧托．何爾謝，便和他約好，不久後讓翰茲去做學徒；弟弟阿欽恩小他兩歲，圖畫得很好，日後可能想走藝術的道路；十六歲的女兒伊兒瑟是家中老么，她上女子中學，對音樂情有獨鍾，想在中學畢業考後開始學聲樂，成為有名的歌劇紅伶。有些男女聲樂家定期會來石頭廣場作客，當然也特別令她開心。有些女主唱在晚上的表演開始前，會在旅館的音樂沙龍練唱，伊兒瑟就貼在門上偷聽，她幻想有朝一日自己唱著華格納、威爾第和普契尼的大段子時，將會是如何光景？

不過今晚柴樂邁耶一家不去歌劇院，而是去城中區離揚諾威茨橋不遠的「官邸」。官邸是「官邸賭場」的簡稱，不過這名稱不但沒有解釋清楚，反而更模糊了焦點。官邸其實是一間有名的舞廳，在一九三六年奧運之夏，也屬於柏林夜生活的亮點之一。這裡所有的一切，看起來都比其他舞廳更大也更奢華，其他地方只有一支樂隊演奏，在官邸同一時間就有三支樂隊輪流

＊一九一七年俄羅斯發生共產革命，經內戰後，一九二二年蘇聯成立。

†夏洛滕堡（Charlottenburg）被戲稱為夏洛滕格勒（Charlottengrad），因為格勒（grad）為蘇聯常見的地名結尾。

演出。超過三萬顆燈泡提供壯觀的燈光效果，水池每小時進行精心設計的水舞表演，大大小小的噴泉隨著音樂的節拍旋轉與搖擺。

像柴樂邁耶家一樣住在時髦的石頭廣場的人，基本上不會去揚諾威茨橋那邊玩，不過當老闆娘和孩子想要尋鮮時（就像今天），他們總是會去官邸。伊兒瑟對官邸那套精心設計的電話和管道傳送系統特別著迷。每桌配有一支電話，還有一個獨立的管道傳送連接口，藉由這個管道傳送裝置，可以將寫著私密訊息的紙條傳送到其他桌。傳送裝置還可以傳送小物品，像是香菸、雪茄、巧克力、香水、給先生的火柴、給小姐的修指甲盒，還有其他更多的東西都可以從傳送裝置訂購，只要填上一張訂購單，和錢一起放入寄送盒，寄出郵件，不久後物品就會寄達。這套系統是最新的流行，在柏林僅此一家。

當然，這樣的裝置正如同為了讓人搗蛋而設計一般，伊兒瑟玩得不亦樂乎。她訂巧克力糖送給隻身一人的小姐，在一張打招呼的卡片上寫：「不好意思，小姐，我是三十二號桌的先生，可以請您跳一支舞嗎……？」這位被波及的小姐打開寄送盒，讀著紙條情緒激動，並儘量不引人注意、期盼地望向三十二號桌，坐在三十二號桌的先生，這位先生當然對從天而降的好運摸不著頭緒，有不少次形成尷尬的局面。因為伊兒瑟必須事先支付巧克力糖的錢，所以很可惜，她不能太常玩這個惡作劇。不過還有更划算、同樣也能帶來效果的桌上電話：伊兒瑟用它打電話給獨自一人的先生，請他到吧台會面，翰茲或阿欽恩則在同一時間打電話給隨便一位小姐，同樣也約她過去，為了保險起見，他們還約定了祕密的見面暗號。先生問：「不好意思，小姐，您是……」好戲上場！伊兒瑟和她的兄弟待在安全距離以外欣賞嘲笑接下來發生的好事。因為多了許多奧運遊客，官邸今天生意特別好，伊兒瑟、翰茲和阿欽恩也因此忙得不可開交。

⫯

埃里希．阿倫德正好相反，官邸沒留給他什麼美好回憶。就在兩個禮拜之前，他曾到過那邊，是啊，這件事他還勉強知道，如今他卻精神不濟地坐在柏林附近的小鎮艾柏斯瓦爾德的調查監獄裡，地方法院法官克勞思當著他的面說他的「性格卑劣」，監獄守衛對待他就像對待慣犯一樣，像阿倫德先生這樣自尊心強的男人，當然難以承受。他自我辯護說：他是自立門戶的泥水匠，經營著一間營運良好的建設公司，腳踏實地工作攢了微薄的積蓄，此外，自一九三二年一月起，他就是國家社會主義黨和衝鋒隊的成員。然而此刻什麼都幫不上他，阿倫德早已「醉」入萬劫不復之地。

鬧劇自七月二十五日早上九點開始。阿倫德在艾柏斯瓦爾德鎮坐進他的汽車，開了大約五十公里來到柏林，他得去赴一些工作上的約會。等到下午稍早事情都辦完了，埃里希還不想回去艾柏斯瓦爾德鎮，家裡有老婆赫兒塔在等著他，帝國首都卻有廣大的世界踩在他腳下。奧運賽開幕前一週，柏林早已騷動不已。無數旅客停留在這張燈結綵的大城市裡，到處都在談論這場為期不遠的比賽。在艾柏斯瓦爾德鎮能幹嘛？阿倫德心想，柏林的生活真熱鬧，他要狂歡、痛飲、好好放縱一下！於是他駕車前往市中心，把車停在一條巷弄裡，走向腓特烈大街上的威爾茲咖啡館。威爾茲咖啡館的空間雖然不比附近以優雅著稱的柯蘭茲勒咖啡館或傳奇的摩卡·艾夫提咖啡廳大，也不那麼有名氣，不過阿倫德就是喜歡威爾茲，因為這裡永遠都有新鮮事，他正想好好體驗一下。

阿倫德點了香檳，喝了一兩瓶皮可羅（小瓶裝香檳）之後，有一位自稱華格納處長的先生想要加入他，這位可疑的官員問他，是不是可以坐到他身邊。當然可以！阿倫德先生感到很榮幸，他對官員、權貴和冠有榮譽頭銜者一向沒有抵抗力。他只不過是個來自艾柏斯瓦爾德鎮的平凡泥水匠，現在卻和道地的處長聊天。「香檳！」阿倫德大聲呼喚服務人員。為了方便起見，他現在不點皮可羅而改換大瓶裝香檳。兩個男人才喝完一瓶氣泡酒，下一瓶立馬又送上桌。阿倫德完全沒有想到，身為處長應該沒時間和閒情逸致，整個下午耗著與完全陌生的人共飲。稍後還有一位名字頗為饒舌的年輕小姐安娜·貝斯徹奇恩斯基加入他和華格納處長，他也還是不起疑心。小姐的職業是……？阿倫德想不起來了，安娜·貝斯徹奇恩斯基走入他的人生時，他明顯已經醉了。此刻二十二點已過，阿倫德已痛飲了大約七個鐘頭，不過他還是沒喝夠。「現在前進官邸！」他向處長和小姐大喊，大夥都很興奮。阿倫德買單，買了全部人的單，他們離開這家店時，女服務生還得到了一大筆小費。突然間他不再是泥水匠阿倫德，他覺得自己儼然就是個站在世界顛峰的男人，而他很喜歡這樣的自己。三人坐上阿倫德的車，醉醺醺的狀態下，他還是自己駕駛這段開往揚諾威茨橋的短短路程，氣氛極佳，華格納處長開些下流的小玩笑，貝斯徹奇恩斯基小姐咯咯笑，模樣宛如小女孩。

一到官邸賭場他們就要繼續痛飲，香檳沒完沒了倒個不停，阿倫德先生再度展現大方，眾所皆知，飲酒容易讓人感到飢餓，他竟連客人的餐點也買了單，官邸的樂團團長還得到了一筆豪爽的小費，現在，阿倫德甚至開始無差別地請所有客人喝飲料。他非常享受成為眾人焦點，為了讓自己顯得很重要，他故意大聲說話，就連鄰桌也聽得到。不過，其他客人漸漸覺得阿倫德先生很吵，領班請他小聲一點，沒用，阿倫德甚至更大聲了，現在就連偏遠的座位都聽得到。店老闆費里茲．山島走過來，請阿倫德離開店裡，不過他拒絕了。阿倫德吹牛說：「我是政府代表。外面停著我放著外交行李的政府坐車，每週三次我開車到直布羅陀，政府為此付給我五萬四千帝國馬克。」山島笑了，他聽多了醉客的瘋言瘋語，藉著四個大男人插手幫忙才成功地把阿倫德拖出店外。由於阿倫德已買了單，山島覺得事情也算圓滿結束，有一小段時間店裡安靜了下來，不過，後來阿倫德又折返回來。他豪氣地撞開大門，往店裡邁步好幾公尺，然後大聲喊出一句改變他人生的話：「阿道夫．希特勒破產了，我很後悔在一九二九年加入納粹黨。」真是不幸，樂隊正好在休息，所以阿倫德的話大家聽得清清楚楚。總之，客人胡戈．布羅塞克、威利．卡茲達、保羅．希許勒和埃里希．舒爾茲是受夠了，他們跳起來捍衛「元首」的榮譽。

一場混戰開打，阿倫德不知怎麼還逃得出去，他成功上了車，閃電般開了車走，不過布羅塞克和其他三個男人緊追在後，把他逼入第二場危機。幸好阿倫德非常熟悉柏林，立馬上了帝國高速公路引道往北的方向，以時速一百一十公里向艾柏斯瓦爾德鎮奔馳，追逐者的汽車愈來愈貼近他的車尾，當這位逃兵必須在城市邊界停車受檢時，四人成功把阿倫德壓倒在地，開始了一場肉搏戰，過程中鮮血四濺，最後兩方人馬找上當地的警察局，並互相指控對方。

截至今早為止，阿倫德已經蹲在拘留所接受調查超過兩週。柏林地方法院的檢察總長接手本案，鬥毆過程與結果已不再提出討論，現在他們所關心的事情更加嚴重：觸犯憲法第二條，惡意攻擊國家與黨，單一行為觸犯數項罪名——叛國與褻瀆元首和帝國總理等罪，如果埃里希．阿倫德被判有罪，就必須吃好幾年的牢飯。

阿倫德搖了搖頭，他什麼都不記得了，他向辯護律師保證。這欲加之罪竟然栽在他身上，一個黨內同志和衝鋒隊員——根本就八竿子打不著！阿倫德唸經般地複誦，他只想在柏林玩樂一天，華格納處長不就可以作證！辯護律師哈柏曼聳了聳肩說，找不到這位可疑的官員，貝斯徹奇恩斯基小姐也下落不明。

阿倫德已經萬劫不復了，艾柏斯瓦爾德鎮的國家社會主義黨在八月一日就把他開除黨籍，他以前的同志做筆錄說，阿倫德是出了名的酒鬼又自以為了不起，一份聲明裡提到：「我們所有人早就很清楚，以他做人處事的方式遲早會出問題。」

辯護律師魯道夫．哈柏曼向他的辯護人解釋，他說，案子現在擱在承辦的帝國司法部，六天之後奧運賽結束，在這之前肯定不會做出任何結論，我們大概要先等到奧運的遊客出境——而這可能為阿倫德帶來好運，或是霉運[133]。

⫶

幾天後偵探喜劇《船上遊戲》的拍攝工作即將開始，戲裡「虎皮西」休伯特．馮．麥瑞肯扮演優雅的德拉圖侯爵，這個角色當然在最後會暴露出騙子的真面目（還有其他的可能嗎？）。電影大部分都在快速郵輪不來梅號前往紐約的航行途中拍攝。離啟航還有幾天，虎皮西今天想在拉丁角落尋歡作樂。

奧運比賽期間俱樂部的生意特別好，除了幾個熟悉的臉孔外，還可以看得到無數的國際遊客。如同最近的柏林街道一般，這幾天拉丁角落也充斥著多樣的語言。兵荒馬亂之際，里昂．亨利．大喬在店裡迅速穿梭，在接待櫃檯歡迎眾名流，設法幫他們安排個好位子。乍看之下一如往昔，卻有一種奇怪的氣氛停滯在空氣中，虎皮西察覺到有哪裡不對勁。大喬向他這位朋友吐露機密：「親愛的虎皮西，我要把錢和榮耀放進口袋，帶著一切越夠*國界。」[134]虎皮西這位朋友很慢才領悟過來，剛剛大喬跟他說了什麼。他要把店賣了？並且儘快離開德國？但為什麼？大喬解釋，最近這段時間，他太常為了芝麻蒜皮小事煩惱，雇員、眼紅的競爭對手，還有其他好多好多……他工作快五年了，感到很厭倦，有位熟人叫歐易根・諾賽克，他仲介兩位有興趣的買家給他，他們隨時都可以付六萬帝國馬克的現金買下拉丁角落，愈早愈好，他想帶著錢溜到巴黎或倫敦。

這還真是新鮮事！虎皮西驚訝無比，他還真的沒想到！只是他不知道，大喬口中突然放棄生意的理由其實不是真的。說真的，酒吧老闆已經陷入千鈞一髮的危機中了。大喬沒有告訴他的朋友虎皮西的事：這幾年來客裡有的是警察。大喬一直很寬鬆地遵守法律，相應之下，他的案底也堆積成山：欺騙、侵占、賄賂、誹謗和其他林林總總的事蹟。有一次他被檢舉拉丁角落的廚房髒亂；又有一次，他在招待義大利大使館的場合，把德國香檳以高價香檳的價格出售；還有一次，烏發電影公司在拉丁角落舉辦慶祝會，他把每瓶十二馬克的摩澤爾葡萄酒列在帳單上，卻拿出便宜很多的當地牌子；大喬膽大包天，把舊瓶重裝或是貼上新的標籤，讓廉價的德國葡萄酒品牌（一杯一點七五馬克）變身法國比司吉・杜龐切的名酒拿破崙一八一一（一杯六馬克）；他試圖以五十馬克來賄賂一位過度正直的官員，還罵一個不服從的員工「德國豬」。

真不意外，警察、刑警、海關、商業局和外事處，都輪流對這家名餐廳產生興趣。無數證人做了證，也同樣誕生了無數的報告，不過訴訟卻全都暫停審理，大喬就是不會被逮住，就彷彿有人為他隻手遮天一樣。

不過奧運賽開始不久前，出乎意料外，祕密國家警察介入了調查，突然間，焦點不停留在欺騙行為上，他們感興趣的重點變成了大喬的家庭關係。蓋世太保官員十分確信：里昂・亨利・大喬不是那個他假裝成的人。他們確定，大喬在一九二五年來到柏林，在柏林買了兩套優雅的西裝，開始了舞男的職業。不過他又是從哪冒出來的呢？他出現在柏林之前又做過了什麼呢？調查結果證明，雖然大喬擁有尼加拉瓜國籍，不過卻不是繼承那位他宣稱在南美洲過世的父親而來的，而是在一九二七年以一千四百馬克買下的。蓋世太保決定不再姑息，他們要追查到底，把大喬過去的底細一點一滴掀開攤到陽光下。事實上，調查者發現，一九〇三年九月一日，大喬在羅馬尼亞的加拉茲市睜開眼見到了世界的第一道光，不過加拉茲市卻沒有人認識叫大喬的家庭，他們要找的人更可能叫做萊布・莫里茨・科恩（Kohn），他是莫里茨・科恩的兒子，而他的母親珍娜特，出生的姓叫做柯恩（Cohn）†。里昂・亨利・大喬——這個幻想出

＊原文有口音，其實是要說越過。

† Kohn 和 Cohn 都是猶太姓，以此判斷大喬的父母為猶太人。

來的名字，是一九二九年他在柏林自己取的，調查者說：「有鑑於此，根據我的調查，可以確定大喬是猶太人。」[135]

這就是大喬的大祕密：一個羅馬尼亞猶太人經營著一家帝國首都柏林最知名的俱樂部，還是許多深具影響力的納粹、有權勢的商業資產家和著名藝術家的東道主。他的偽裝長期完美運作，大喬甚至還捐錢給納粹黨，並在國慶日升起卐字旗，不過現在他的面具被拆穿了，他想愈早離開柏林愈好。

大喬如參謀總長般計畫逃亡，並再三將他對德國的告別在腦海裡重複演練。一個星期後八月十六日，拉丁角落的買賣將完成。馬克斯·阿培爾特和餐飲業者布魯諾·林布爾格這兩位買家連同公證人將到店裡，一番寒暄後，他們將進入大喬的辦公室。就如公證人該做的那樣，他將以單調的聲音宣讀契約，接著大喬、阿培爾特、林布爾格和公證人簽署文件，接下來大喬將得到一個裝著六萬馬克現金的行李箱，在檢查完金額正確之後簽收，緊接著，這些先生也許會為了慶祝交易成功而喝個一杯干邑白蘭地或香檳。大喬將把錢箱暫時寄放到辦公室的小保險箱裡，小保險箱裡面已經放了他在過去這幾年從營業額中拿走的四萬馬克，這是非法的，但他不在乎——大喬需要每一芬尼！總之，將有十萬馬克的巨款供應他東山再起使用。八月十六日當天，大喬會清空辦公室，一如約定把鑰匙交給一位同事，然後帶著眾所皆知、塞滿大把鈔票的行李箱搭上前往巴黎的火車。奧運賽的最後一天，所有遊客都動身離開，他將混在兵荒馬亂中，邊界警察和海關人員將不會徹底檢查——這就是他的算計！大喬的女朋友夏洛特・絲蜜德可將會處理剩下的事情，把公寓解約、凱迪拉克賣掉，幾週後跟著過去。計畫大致如此，六天之後就可以證明是否行得通。

一九三六年奧林匹克之夏，
艾登酒店摩登的天台也是城裡的旅遊勝地。

一九三六年八月十一日，星期二

帝國氣象局柏林氣象報告：

晴朗至多雲，傍晚會下幾場零星的溫暖陣雨。日間受東南風影響氣溫持續上升。二十七度。

帝國與普魯士交通部公布：「過去一週以來，德意志帝國交通事故受害者中，有一百四十九人死亡，三千七百九十三人受傷。」[136]

⸸

這幾天只要從威廉皇帝紀念教堂沿著康德大街走，就會在廣告柱、廣告看板和房屋外牆上，無止境地看到一個名字：泰迪．石濤佛。這位出現在許多海報上的先生，本名叫做恩斯特．海英熙．石濤佛，不過他的支持者只叫他的小名——泰迪。海報上這位男子七年前就曾經居住在柏林，然而當時他還是個無名小卒，只能在家徒四壁的房子裡過拮据的生活。一九三六年八月如今，二十七歲的泰迪儼然成為了一位大明星。也許跟大家想的不同，泰迪不是運動員或演員，也並非跨越大西洋的查爾斯．林德伯格那樣勇敢的飛行員，更不是坐在賓士銀箭裡的賽車手曼弗瑞德．馮．布勞西曲，他甚至還不是個德國人——泰迪．石濤佛是來自瑞士的樂團隊長和薩克斯風樂手。

艾芙莉．薛柏比泰迪大九歲，稍微算得上是他的老闆，泰迪不喜歡聽到這種說法，不過當時事實如此。薛柏女士領導著康德大街上的德爾菲劇院，自七月初到十月底這段期間，她聘用了泰迪和他的原始泰迪樂團（以瑞士伯恩市徽熊來命名）。泰迪第一次踏入德爾菲劇院時，他聳了聳肩，一句話也沒說，特別對薛柏女士沒什麼話說。不過，後來他在這棟建築物裡四處環顧，眼神看起來好似在問：這到底是在搞什麼？泰迪既困惑又訝異，據說他想到了老柏林人的一個笑話：建築師問建築工人：「房子的毛胚已經做完了，現在走啥風格？」以德爾菲的情況看來，他們走了希臘風格，更確切地說，是一九二八年自以為的希臘風格：藝術風格化的柱子、波形紋路，再用小天使裝飾門面，屋頂的高處放了四隻石獅子，看似在保衛這個地方。因為建築在康德大街街角邊上大幅內縮，因此在康德大街和法沙南街交叉口形成了一座寬廣的前花園，夏天大家可以坐在棕櫚樹和頗具異國風情的植物下喝下午茶。劇院本身是棟兩層樓的建築，底層的咖啡廳旁有衣帽間和員工後勤房間，樓上則是擁有兩個舞池的舞廳和五百三十個座位，再加上一百二十個樓座包廂座位以及一些正廳前排座位。室內裝潢由壁畫、人造大理石和混凝紙仿製樑柱拼湊成亂七八糟的風格。大廳天花板配置無以計數的小燈泡來模擬星空。影響一九二〇年代末期建築甚劇的新現實派，在德爾菲裡則找不到任何蹤跡。這就是接下來四個月泰迪的工作環境。

薛柏女士在一九三六年奧運夏日之際，把一切籌碼都壓在聘用泰迪樂團來演出之上。剛開始劇院的生意不是很好，因此她希望近期的眾多國際遊客能帶來轉折，她的計畫成功了！泰迪和原始泰迪樂團自登台第一天起就是票房磁鐵，德爾菲劇院基本上場場客滿：樂團若下午在前花園演出，人群便一串串結集在周圍的街道上，到了傍晚，經常得拒絕數百位來客入場，因為大廳已經爆滿。好似柏林對泰迪樂團的樂音早已迫不及待。泰迪稍後在筆記裡寫道：「美國人在城裡，他們的出現激起德爾菲劇院從未有過的漣漪，下午就有人開始跳搖擺舞，晚上的氣氛簡直無法形容，柏林人居然還和美國人一起跳舞。」[137]

泰迪特別受柏林眾家小姐的歡迎。他高大、一頭金髮緊緊地紮在腦後，模樣十足就是個好萊塢明星。他動作的方式、搖著身體指揮同事加入演奏的方式、吹薩克斯風的方式，還有回應觀眾歡呼的方式，全都散發著不可置信的慵懶，這正好是德國音樂家經常缺乏的，當然不用特別強調，泰迪是個超級師奶殺手。最後談到音樂的部分，泰迪樂團幾乎只演出美國樂曲，包括百老匯最熱門的搖擺樂。樂團中一位樂手華特．多布辛斯基稍後回憶起表演的事說：「我們毫不猶豫、激烈演奏『真正的美國佬爵士』——就像音樂人說的那種。觀眾想要聽這種音樂，他們忘情地參與。」[138]搖擺樂以病毒似的驚人速度蔓延開來——納粹正看著。泰迪樂團鼓手包柏．胡伯說：「我們沒有因此而遭遇麻煩，不曾有人提醒我們不該表演美國音樂。」[139]

面對泰迪和一九三六年八月在德國達到顛峰的搖擺樂風潮，國家社會主義的文化政治家的立場混合著容忍和興致缺缺。一方面，他們很高興有這麼一位國際化的音樂家能夠呈現給奧運遊客，另一方面，文化界人士一直以來都認為搖擺樂不重要，所以沒有必要立法反對。雖然德意志電台的廣播主席歐易根．哈達莫夫斯基在一九三五年十月公告了「禁止以任何形式播放黑人爵士」的禁令，不過這陣雨般的限制幾乎起不了任何作用，因為同時間黑膠唱片公司（德國世界名牌）「德律風根」傾注全力讓搖擺樂和爵士樂在德國掀起流行。奧運賽開幕兩週前，泰迪和原始泰迪樂團為德律風根錄製了他們最早的四支曲目，到了一九三九年三月，其他無數曲子也跟著錄製完成。泰迪說：「那一個個作家、作曲家和出版商全都是猶太人，他們在一九三六年希特勒的柏林錄製完成了名揚世界的成功作品。」140

不過泰迪和薛柏女士當然也有敵人，其中一位敵人住在慕尼黑，叫做漢斯．布魯克納。布魯克納先生三十九歲，鍾情膚淺的創作，從他的筆下誕生了許多流行歌曲，例如〈來自遠方的致意〉、〈主啊，保衛德國萊茵河〉，或是〈老海灘蓬椅在做什麼夢〉，全都是些庸俗的低級羅曼史小說、毫無文采的作品。布魯克納在一九二八年八月就已加入了納粹黨，也算是「老黨員」了。他創辦了一份名為《德國舞台——給流行樂和音樂客棧的專業報紙》的戰鬥報，身為發行人，他煽動對抗爵士、對抗有色人種和猶太人，或是對抗他自己認定是同類的某某某。布魯克納的楷模是尤利烏斯．施特萊徹，他文章裡的用詞遣字和施特萊徹的鄙瑣用語幾乎同出一格。不過布魯克納在黨內沒幾個朋友。一九三五年，他和熟人牙醫杜塞爾多夫的妻子克麗絲塔．瑪麗亞．羅克聯手，將一本標題為《猶太音樂ＡＢＣ》的低級論戰手冊發行市場時，就連納粹黨機關報《人民觀察家報》也反應不佳，甚至還對此發表了負面的評論。這本手冊本來應該是本科學詞典，但錯誤卻尷尬地層出不窮，接二連三的抱怨信在承辦的帝國文化局堆積成山，理所當然，布魯克納在帝國文化局也聲名狼藉，他被歸類為頭腦簡單的偏激份子，只會製造麻煩，所以最好不要和他扯上關係。雖然聽起來很矛盾，但偏偏是這位布魯克納向爵士樂宣戰，所以暫且提供了泰迪和同事某種類似避風港的保護。此外，布魯克納和同夥宣導用現代舞曲來取代爵士，就連黨內高層也不得不哈欠連連。一九三五年十一月，戈培爾從一次「德國舞蹈」活動返家後，在日記裡寫下：「只能說：『回歸爵士吧！』糟糕又吹牛的大外行！真是活受罪！」[141]

泰迪完全不在意這些討論。今晚他和原始泰迪站上德爾菲廣場的舞台上時，他就只想要做好音樂。不管作詞作曲家是美國人、德國人、猶太人、基督徒或是其他隨便什麼都好，都引不起他豆大的興趣，也因為如此，觀眾喜歡他。而為了觀眾，他和團員們將會從早到晚大肆演出助興。有一首柏林人特別喜歡的歌——〈Goody Goody（一本正經）〉，歌裡的喇叭開場大致就是樂團的特色，〈Goody Goody〉正是奧運夏天的主題曲。

⸻

《優雅世界》雜誌邀請大家：「使用『沛欣』洗護髮產品、擁有一頭秀髮的小姐，請將您美麗的頭像用高光相紙拍照寄給『比勒費爾德市渥夫博士公司負責票選員工』。一九三六年度我們將以每張十帝國馬克（換取重製同意權）來表揚，最多選出十二張相片，連同名字和居住地一併刊登在雜誌上。裁判投票的結果永久有效且不容異議。」沛欣的八月女模叫做希拉・琪娜絲，家住柏林滕佩爾霍夫區[142]。

⫯

最新一期的《仕女》雜誌上，目次頁旁索性就是一則漢凱香檳酒莊的半版廣告，廣告上一位美麗的年輕女性手持玻璃杯，身前香檳冰桶裝滿冰塊和一瓶漢凱乾型酒。廣告允諾著「夏夜的加冕」以及「漢凱乾型酒有口皆碑有益健康！」相較之下，與這期雜誌同一時間發布的、在外交圈裡廣為流傳的人事異動，則不那麼激勵人心：有一位漢凱家族成員被任命為德國駐倫敦大使。這裡說的是約阿希姆・馮・里賓特洛甫，他在一九二〇年娶了公司負責人奧托・漢凱的女兒而成為漢凱家族的一員。

國內外的政治觀察家都對這則人事命令搔頭不解：希特勒怎麼可以將這麼重要的外交職位，硬生生交給了里賓特洛甫呢？這位獨裁者可以，因為他喜歡里賓特洛甫，為此他獨排眾議。法國外交官安德列・弗朗索瓦－龐賽有教養地保守形容：「他的智商中等、教育水準平平，對外交問題無知得令人訝異。」[143]這位外交官在私下的對話就毫無保留，他對美國同事喬治・梅瑟史密斯刻薄地說：里賓特洛甫是一個大白痴，哭天搶地的笨，不過他英文講得好，是那種「在英國紳士眼裡算個紳士」[144]的型。就連在「第三帝國」的領導圈裡，里賓特洛甫也少有朋友，在許多人眼中，他像個傲慢的假紳士、自我中心又不親切，還是個愛吹牛的人，用自以為是的高見折磨著周圍的人。在戈培爾眼中，里賓特洛甫則是一個騙子，他在一九二五年讓一個冊封為貴族、沒子嗣的阿姨認養，換來每個月四百五十馬克的終身俸，並得到貴族頭銜。戈培爾說：「他的名字是買來的，他的錢是娶來的，他的官位是騙來的。」[145]

里賓特洛甫並不情願去倫敦當外交官。他原本想要接管外交部，但這個職位正由專業的外交官康斯坦丁・馮・紐賴特做得好好的，希特勒沒打算將紐賴特解職，里賓特洛甫又對「元首」言聽計從，最後只好忍痛接受了。因此泰晤士河旁的任命，在他眼裡沒有任何值得慶祝的理由。好巧不巧，里賓特洛甫今晚有客人——大約六百名，他在好幾週前就因為奧運賽而邀請了客人，當時還沒談到這項新任務。

禮車以每分鐘為一拍將貴客送上門。每位來賓進入別墅後，都會收到一份裝訂成書的賓客名單，翻頁時可以發現許多英國名字，錢農夫婦也在上面。就連戈林也大駕光臨，也許他只是想要嫉妒地監視，約阿希姆和安娜麗絲・馮・里賓特洛甫會用什麼花招來伺候客人，因為後天早上戈林也要舉辦自己的奧運慶祝宴會，他當然一點也不想輸給其他的競爭對手，不過這不是件簡單的事。里賓特洛甫家住柏林高級城區達勒姆的一棟優雅別墅，別墅裡有廣闊的公園，還有游泳池和網球場。有何不可呢？錢可多得是。

217　一九三六年八月十一日，星期二

今晚整座莊園裝飾喜慶、燈火輝煌，國家歌劇院的演唱家表演備受喜愛的獨唱曲，稍後客人開始大跳起舞來。無數穿著整齊制服的侍者幫客人源源不絕地倒著波馬利香檳（究竟為什麼不是漢凱乾香檳？），主人請人在室外生火烤全牛。至於眾人為他新職位獻上的諸多祝福，里賓特洛甫則費勁地報以友善苦笑，只是這輪殷勤獻得愈久，他的臉就愈糾結，這位新任外交官幾乎隱藏不了他對未來職位的感受。和里賓特洛甫剛好相反，戈林眉開眼笑地自娛娛人，他一桌走過一桌，到處東聊西扯，遮掩著嘴大開「香檳男爵」或「里賓假惺惺」的玩笑。

亨利・錢農爵士今晚可以更仔細地觀察，過去幾天掠過他心頭的一些事情：身為國家社會主義黨的領導階層，他們妻子的出場既不優雅又沒品味。亨利・「薯條」爵士想破頭也不明白，里賓特洛甫家財萬貫，還舉辦了這場有如法國舊制度時期般鋪張的宴會，但女主人卻沾不上時髦的半點邊。「里賓特洛甫夫人雙眼有如知識份子，穿著可怕的卡其色禮服，完全沒化妝。」[146]男主人至少看起來還像個「遊艇船長」，但整屋子的女士就只有沒品味可以形容。亨利爵士嚴肅地自問，難道是因為這些德國女人沒有吸引力，才有眾多男子成為同性戀？「薯條」一定心裡有底。儘管如此，這些英國客人還是相當自得其樂。亨利・錢農在他的日記中這麼說：「我們待到凌晨三點，我非常樂在其中，這個夜晚既誘人又古怪，名流雲集多美妙呀，里賓特洛甫外交官（或最好說里賓特洛甫夫人）的頂級香檳，完全讓我暈頭轉向。」[147]

正當里賓特洛甫在達勒姆區作東時，奧林匹克選手村眾人正對柏林交響樂團的演出翹首以待。這場表演是定期提供給運動員的餘興節目之一，出場的有音樂家、舞蹈家、雜技演員和其他眾多面向的當代藝術家。大西洋飛行員查爾斯·林德伯格、拳擊手馬克思·許梅林和男高音揚·崎布拉都曾經成為表演嘉賓，今日輪到的則是德國最有名的交響樂團。確切來說，「柏林愛樂」已是第二次在選手村出場。七月底，比賽開始前不久就曾經策畫過一場露天音樂會，卻因為連日下雨而必須臨時轉移到體育館內。今天的天氣較好，表演已無阻力，交響樂團以大型陣容出場，節目表上盡是理查·華格納、卡爾·瑪麗亞·馮·韋伯和喬治·比才的一流作品，只有阿羅伊斯·梅利夏（今晚的指揮家）比較算是二流，顯然德國名指揮家威廉·富特文格勒沒有時間（或是沒有興趣）。

音樂家坐在所謂的樺樹圓環裡，樺樹圓環位於選手村的中心位置，大約三千名聽眾三三兩兩散落在一旁的空地。梅利夏開始指揮理查·華格納的《唐懷瑟·序曲》時，天色漸昏暗，一個鐘頭之後，比才的歌劇《卡門》段子中的音符響起時，天空已漆黑一團。無數的火炬將交響樂團浸濡在一片澄紅色的火光中，若從位於稍高處的堡壘向下看，則可看到這樣一幅景象：樺樹圓環火光沖天，好似燒紅的火山熔岩，光景迷人至極。

沃福岡・菲爾斯特納亦是無數聽眾中的一員。兩年多來，菲爾斯特納隊長負責國防軍政府奧運選手村的興建工程，一九三六年年初，甚至還成為了選手村的第一指揮官。比賽期間內，他士官階級的軍事排行更高了，還接手執掌地方長官大權，相當於市長的地位。的確，這位四十歲的先生有充足的理由來好好享受這個夜晚，因為到處有人讚譽奧運選手村，成就了一項大師級的作品，而這項作品有一部分也是他的心血結晶。不過沃福岡・菲爾斯特納卻悶悶不樂，音樂會一結束，煙火飛升至柏林的夜空時，他完全無法陶醉在這五光十色的好戲裡。

菲爾斯特納的長官維爾納・佛萊赫・馮・吉爾沙為他的職務代理人感到十分憂心。雖然菲爾斯特納在他面前行為毫無缺失，但從其他人那裡，卻有愈來愈多的抱怨傳到吉爾沙的耳裡：隊長無法掌控狀況、反應草率粗暴、他在狀況外等等。事實上，菲爾斯特納已經陷入絕境，不久前他震驚地發現，老婆黎歐妮和自己的副官外遇了，據說這位不忠的太太想儘快離婚，私人的悲劇又觸發了更多的工作問題。菲爾斯特納的出生背景「非雅利安人」，這則流言傳遍了選手村，寫著「打倒猶太人菲爾斯特納」標語的海報，由不明人士貼遍了整個區域，大夥竊竊私語，說有個官方調查程序要開始調查他。事實上，菲爾斯特納父系那邊的祖父是猶太人，一位二等表親正是猶太音樂出版商奧托・菲爾斯特納，在種種轉折之下，沃福岡・菲爾斯特納也和夏比尼酒吧的女主人依芳小姐是姻親。

根據納粹國家的法律，沃福岡・菲爾斯特納算是所謂的「四分之一猶太人」，也是「二級混血」。奧運賽是他的某種防護罩，只要上萬名遊客還在城市逗留，菲爾斯特納所歸屬的納粹黨和國防軍就肯定不會對他採取任何行動，納粹不想要有任何醜聞。不過比賽結束之後會發生什麼事呢？當所有的國際遊客離開，世界大眾不再關注柏林後，又會發生什麼事呢？也難怪，菲爾斯特納無法細細品味柏林交響樂團的演奏。他非常害怕。一個星期之後他死了。

⸻

柏林國家警察局每日報告：「歐兒嘉．雪瓦伯來自里加市，國籍拉脫維亞，她透過一位衛鋒隊分隊長打了疑似是記者的威廉．林德納博士的小報告。上述這位博士帶她參觀了柏林的景點，看著腓特烈大帝的墳墓時，他疑似說了：國王墳墓上的卐字旗真醜。接下來的交談中，他疑似還使用了這樣的字眼：阿道夫．希特勒是大冒險家、奧地利人，他只想要打仗和蓋軍營。戈培爾博士是耶穌會士，只會重複說同樣的話，他有一隻畸形腳，他的小孩也有相同的畸形腳。林德納疑似繼續自吹自擂地說，他人生中還沒有說過『希特勒萬歲』。」[148]

女導演萊尼・里芬斯塔爾拍攝奧林匹克比賽的官方電影。
她自己也喜歡投身於大銀幕前。

一九三六年八月十二日，星期三

帝國氣象局柏林氣象報告：

稍早天氣還算晴朗，晚點雲層聚集，雷雨帶來明顯的溫度下降。

多半吹微風，南風轉西風。二十四度。

八月十二日清晨破曉，漢斯．艾德華．基瑟被押入法庭監獄的中庭時，萊茵河的省城波昂還沉沉睡著。三十二歲的基瑟生命已走到了盡頭，沒幾分鐘後他就要伏法了，儘管如此，他連殺人犯都稱不上。到目前為止，他因為偷竊和侵占有案底在身，後來還偽造錢幣服刑了十二年。六月中旬，基瑟心血來潮想到了一個壞主意，他綁架了一位波昂商人十一歲大的兒子，把男孩綁在樹林裡一棵樹上，用蘋果汁、橘子和巧克力餵食，並要求一千八百馬克的贖金。計畫一敗塗地——六小時後受害者毫髮無傷重獲自由，基瑟則遭到逮捕。根據帝國刑法第兩百三十九條，剝奪人身自由最高可判處五年有期徒刑。不過，帝國政府知道這件事以後，緊急頒布一條對抗兒童綁架勒贖的新法令，他們想要拿基瑟來殺雞儆猴，並藉此在社會大眾面前樹立良好形象。六月二十二日（事件後才第六天），帝國法院公報公布了刑法第二三九甲條款：「利用詐欺、脅迫或武力綁架陌生兒童，意圖勒索或剝奪其自由，將處以死刑。」[149]因為法律向前追溯到一九三六年六月一日起生效，他們將依據新的法令對基瑟提起告訴。在全國民眾高度關切之下，七月一日宣布判決：死刑。主審法官在判決書中，以全德國父母的名義，明確地向帝國政府表達對新法令的感謝。

基瑟站在監獄中庭，雙手被反綁在身後。一位天主教神父走到他身旁，喃喃唸著簡短的祈禱文來赦免罪人之罪。法官再次宣讀了一次判決後下達命令：「死刑執行官，請行使職權！」隨後一切進行得異常迅速，死刑執行官的助手一把抓住基瑟的兩隻胳臂，快步把他帶到斷頭台並用皮帶扣緊他，幾秒後劊子手的斧頭迅速落下，基瑟立即身首異處。第十二天的柏林奧運比賽開始，而漢斯·艾德華·基瑟死了。

帝國媒體會議每日指示摘要：「本日兒童綁架犯在波昂伏法。為顧及奧運賽事，德國新聞報導不應在此事上大做文章，應停止評論。」[150]

漢納斯·陶洛夫特、馬克思·馮·荷由斯和禿鷹軍團的其他士兵此時已離開加的斯，抵達了西班牙安達魯西亞省首府塞維利亞。他們在附近的塔布拉達區機場組裝解體的飛機。安達魯西亞的這個季節，氣溫經常高於攝氏四十度，有時甚至更高，這還是在陰影處！因為日間幾乎無法在室外活動，直到傍晚天氣才稍微舒適些，也難怪，組裝工作比預計花了更多時間。手邊沒有充分的工具，更增添了工作困難，此外，有些德國士兵不適應地中海料理而消化不良，在廁所待的時間比在停機庫還多！炎炎午後，西班牙人特別放慢節奏，來自阿勒曼尼亞*的來客不能理解，把他們詮釋成工作道德鬆散，產生了文化差異問題，兩國男人之間隨時可能爆發衝突。

今天陶洛夫特在日記寫道：「我們對任務有了更進一步的了解，但不是特別振奮。大概就是要我們培訓西班牙飛行員使用我們的戰鬥機。」[151]令人失望透頂，他真希望能夠儘快自己飛行。然而阿道夫．希特勒嚴格限制德國人：暫時不要積極干預戰事。他話中強調的是「暫時」，約瑟夫．戈培爾小心暗示道：「元首很想插手西班牙內戰，不過情勢尚未成熟。之後應該有的是機會，先讓我們愉快地辦完奧運吧！」[152]

這段期間內，不管是叛軍或是共和黨任一方，都開始了血腥的攻擊，數千人慘遭刑求甚至謀殺。德國媒體剛開始還很低調地報導，愈接近奧運比賽尾聲，描寫共和黨似是非是的戰爭慘劇的文章就愈來愈多。從客觀角度看來，佛朗哥當然也不比對手共和黨的政府軍來得仁慈，但德國的讀者無法得知，因為新聞只詳盡報導西班牙政府軍以布爾什維克主義†之名犯下的「禽獸般的殘酷行為」。頭條：「每天早上處刑」，另外一個標題：「七十名士兵在鬥牛場慘遭處決」。這些報導經常是出於未經證實的傳言，戈培爾卻肆無忌憚地散布這些似是而非的慘事，許多類似事件發生在教堂或修道院：這裡說的是年輕修女，光天化日下她們排成一排被布爾什維克「紅軍」強暴或割下乳房，同時修道士得被迫跳舞跳到倒下為止；他們在神的家裡把男人、女人和小孩釘上十字架，在教堂長椅拆下來的柴堆上把神父活活燒死[153]——媒體就是這麼報導。

宣傳部長戈培爾正好利用這類的恐怖故事——不論那些屬不屬實。戈培爾對神父、修道士或修女毫不同情，基本上，他只認知到結合了性與暴力這股蠱惑人心的潛力。虐待狂對付無辜的神職人員，在眾人的認知上是非常嚴重的越界。戈培爾煽風點火，煽起自己國家的人民對「布爾什維克主義」的恐懼，事實上他想要達成的目標是，讓德國人按部就班準備好向蘇維埃共和國開戰。

帝國媒體會議每日指示摘要：「又有一本雜誌刊登了一篇文章，報導極度不合時宜的種族問題，即是出自《運動和種族》雜誌，內容概述如此：只有條頓人‡有機會贏得十項全能。這篇公開文章肯定無法充實種族教義，但卻會因此激怒奧林匹克的遊客。我們譴責這篇不合時宜

---

* 阿勒曼尼亞（Alemania），西班牙語的德國。

† 布爾什維克主義（Bolschewismus），俄國社會民主工黨的一個派別，是共產黨的前身。

‡ 條頓人（Teutonen），古日耳曼人的一個分支，後泛指德國人。

的公開文章……附帶一提，只要是奧運比賽的報導，就非常不合適提到『異種』這個字眼，請避免這個字，讓我們遵守奧林匹克所有國家平權的前提。」[154]

德國人喝太多酒了——至少泰歐・格雷斯博士是這麼宣稱的。泰歐・格雷斯博士每天從柏林布里茲區的住宅開車前往市中心，在李林恩街接下對抗酒精的重責大任。這位四十歲的博士是德國聖殿騎士教團的領導人，聖殿騎士教團最早起源於美國倡導禁酒生活的一個自力救濟機構，總共一千一百五十個地方團體裡有超過三萬兩千名會員，是所有對抗酒精機構中最大的，卻不是唯一的。一九三六年，全帝國領土內有超過二十個團體站在前線對抗酒精，其中包含「德國對抗非洲白蘭地貿易協會」、「德國牧師節欲會」，以及「對抗酒精中毒基督教帝國工作團」——其目的命名卻可能讓人詮釋錯誤*。

酒精上癮在「第三帝國」既不算疾病，也不是惡習，而是歸類為「破壞民族健康」、「全種族的公敵」——泰歐・格雷斯在他出版的文章裡如此稱呼。也難怪，格雷斯博士鼓掌歡迎「預防遺傳疾病新生兒法」，這是用來強迫可能遺傳疾病患者和酒精中毒患者避孕。

不過，一九三六奧林匹克年中，德國人究竟喝了多少酒？事實上，自一九三〇年的酒精消耗量的低點後，沒多久酒精的消耗量又再度回升。在一九三三年民眾還只消費了六百萬瓶氣泡酒，到了一九三六年已經增加到一千四百二十萬瓶；同一時期，白蘭地的消費由五十六萬四千七百一十六百升增加到七十六萬七百九十六百升；最後，啤酒方面則有記載，從三千四百萬增加到三千九百萬百升。德意志帝國難道是酒鬼的國度嗎？赤裸的數字加深了這般的臆測。不過當我們更深入地觀察將會發現，一九三六年酒精的消耗數字跟老時代比起來簡直望塵莫及：一九〇八年白蘭地的消耗至少有兩千六百萬百升，一九一九年放上德國酒鋪收銀台的氣泡酒還有將近一千六百萬瓶，而啤酒的需求則在一九〇一年以七千一百萬百升為最高點[155]——也就是說，帝國時期和威瑪共和國時期的民眾喝得更多。

事實上，酒精消費的增加是不安定加深的一種表現。月刊《德國報導》——流亡布拉格的社會民主刊物，在一九三六年夏天首度提到一種蔓延德國的「當下氛圍」，一位來自巴伐利亞的祕密線人說：「如今大家喝了比威瑪時期更多的啤酒。出現了愈來愈多的小型豪飲俱樂部團體，他們在下班後到小家庭餐廳聚會。」最嚴重的問題是，年輕人因為這些儀式般的飲酒狂歡而與政治漸行漸遠。「而老一輩的人呢？我們在他們身上觀察到很多事，他們坐在酒館裡請年輕人喝免費啤酒，然後把膾炙人口的戰爭故事再度搬上檯面。戰爭裡的苦難他們已然遺忘，在

---

*此處德文亦可解釋為「對抗酒精不足基督教帝國工作團」。

這些對冒險興致勃勃的年輕人的炙熱雙眼前，他們忘情沉湎於自己當年的英雄行為。」一線人的總結預告了不美好的將來，「不論在鄉下或是城市，如今年輕一代的普遍氛圍是『沒有比當軍人更棒的事了！』」[156]

⫶

回到位於利岑布格街三十五號的郵局。下午稍早，瑪莎．卡雷寇踏入營業大廳領取她的每日情書。寄件人叫做伽慕友．維納佛，比瑪莎大十二歲，職業是音樂家和指揮家。過去這幾年，兩人經常撞見對方：不論是在戲院、瑪莎定期拜訪的羅馬咖啡館、傍晚的演講，或是碰巧在街上。有一次他們在瑪莎的房子前相遇：當天下著暴風雨，瑪莎正要去赴一個約會。又是一個狗天氣，伽慕友想要搭話，但瑪莎沒有時間，她正從兩個水窪之間跳過去。幾年後伽慕友坦承，那幾次的相遇並非巧合，是的，他暗戀瑪莎，埋伏等著她，只為多瞧她一眼，只是伽慕友不敢向她表白，因為瑪莎和紹爾結了婚。不過，一九三五年的某個時刻，兩人之間想必擦出了火花，卡雷寇太太和伽慕友成了一對地下情人。

面對這種情況，瑪莎吃盡了苦頭——必須掩藏、偷偷摸摸、欺騙自己的先生……她受盡折磨。雖然兩人維持著與他人比起來較現代、較開放的婚姻關係，但瑪莎就是不想要欺騙他。有一次紹爾寫信給瑪莎：

你是否忠誠，我沒差
只是，我不想失去你。
你可以盡情對我不忠
只是，不要讓我知道。157

瑪莎在一首名為〈給某人〉的詩裡回應，裡頭說：

他是寬廣海洋。
你是港灣。
所以相信我，請安心睡吧，
我總會返航。158

不過這互相承諾卻變得愈來愈接近自我欺騙。幾天前（一九三六年七月三十一日）瑪莎和紹爾慶祝八週年結婚紀念日，瑪莎卻深深感到悲傷。她愈常去郵局就愈清楚，她不再愛紹爾了，甚至，她大概從來不曾真的愛過他。好似一切還不夠複雜似的，這個夏日瑪莎得知（不出她所料）：她懷孕了——而且應該是伽慕友的。瑪莎提不起力氣對紹爾說出真相。在下定決心之前，她選擇過著以利岑布格街郵局為中繼站的雙重生活。紹爾還以為自己是孩子的生父，當然，他心花怒放地打造未來計畫：孩子生下來後這個公寓就太小了，最好在出生前就搬家。才剛說，他就找到了。在夏洛滕堡區的保持忠誠街附近，有人提供給紹爾一間較大的公寓，他為了自己和瑪莎，自十月起租下這公寓。

瑪莎坐在郵局裡，手裡拿著伽慕友的最新來信，凝視著漆布地板。她的眼神看來就像定格在灰色地毯上的某個點上，毫無動靜。事實上瑪莎望向虛無，她看到的未來好似腳下的地板毫無色彩。瑪莎覺得不想再和紹爾一起生活了，她還擔心她的猶太身分會讓她在不久後就無法待在德國生活。後來，一九三八年的某個時候，她回憶道：「在最後那兩年，我吃盡了一切苦頭。」[159]就在瑪莎坐著沉浸在內心世界時，無數行人踏入郵局，也有一些人離去。每當門一打開，街上的嘈雜聲就傳入營業大廳，房子外面站著一個報童，他大聲叫賣著官方《奧林匹克報》的頭條，可以清楚聽見一些話，這小子喊著：「日本游泳選手的大日子！兩面金牌！」奧運……？啊，她根本不在乎。瑪莎有其他的煩惱。

柏林國家警察局每日報告：「德意志勞工陣線的一位部門主管打報告：貝倫街的西門酒館裡，有位德國員工對坐在對面的奧運遊客說元首和國家的壞話。」160

御林廣場上的柏林歌劇院，今天的節目表上列著威廉．莎士比亞的《哈姆雷特》。演員陣容堅強：古斯塔夫．格林德根斯扮演哈姆雷特，海蜜妮．柯納是皇后葛簇特，凱特．高爾德則演出奧菲莉亞。這場表演屬於奧運的周邊藝術節目，預計將有許多國際賓客參加，當然，戲票早在幾週前就已售罄。古斯塔夫．格林德根斯很緊張。這位三十六歲的演員今天能站在舞台上，並非理所當然，不久前，情勢還顯得對格林德根斯十分不利。有個以納粹思想元首阿爾斐雷德．羅森堡為中心、具有重要影響力的圈子，視格林德根斯為眼中釘，他們認為：不能信賴格林德根斯在文化政治上的立場，此外他還是個同志。這位「墮落根斯」先生（托馬斯．曼偶爾習慣如此稱呼他的這位前女婿）受同性吸引，在黨內高層的圈子裡也早已不是祕密了。約瑟夫．戈培爾有紀錄在案：「元首不喜歡古斯塔夫．格林德根斯，他覺得格林德根斯太不男性化了。」[161]希特勒應該對什麼叫做「不男性化」感同身受。不過格林德根斯有赫爾曼．戈林的強力支持，而普魯士國家劇院是在戈林的掌控下。戈林和格林德根斯，兩位本質上南轅北轍的男人互相欣賞對方。有位時代見證人如是說：「他對戈林的態度近乎崇拜，可以說是友情。但他對其他所有納粹領導人都抱持著強烈懷疑與諷刺的態度，尤其是施特萊徹和萊伊，對於希姆萊更是在鄙視之外懷抱著仇恨。」[162]一九三四年秋天，戈林任命他的寵兒格林德根斯當任國家劇院的劇院經理，並賜給他無數特權——羅森堡派難以接受這些。

奧運賽開始前不久，格林德根斯看到他的機會降臨。五月初，納粹黨報《人民觀察家報》刊登了一篇惡毒的攻擊，內容主要針對格林德根斯的同性戀問題。這篇攻擊想必是在羅森堡的同意下刊登的，畢竟他是「褐衫聖經釋義」的「主筆領導人」*（一般稱為：主編）。文章作者瓦德瑪．哈特曼的寫法真不是一般的狡猾，他不指名道姓但卻正中格林德根斯的要害，以打擦邊球的方式故作正經地點出：從哈姆雷特這個角色可以看到十六世紀的道林．格雷。羅森堡的手下哈特曼沒有直接說出其中真正關聯，他只巧妙暗示，但正中紅心！格林德根斯覺得他們指出奧斯卡．王爾德和他小說裡的男主角道林．格雷是同性戀小白臉此點，擺明了是在威脅他。†

毫無疑問，格林德根斯身陷危機。一九三四到一九三五年左右，格林德根斯的演員同事科特．馮．魯分，因為同性戀身分曝光，遭流放到薩克森州利希藤堡集中營九個月，遭受到可怕的折磨；著名的詩人兼流行歌曲作詞人布魯諾・巴爾茲的情況也好不到哪去，他們把他關在布勒澄湖監獄八個月，被釋放之後，巴爾茲還必須娶塞爾瑪——一個來自波美拉尼亞的金髮農家女孩；更別提那數千名被拖走、虐待甚至謀殺的知名同性戀者。當政權連對格林德根斯此等大人物都不手下留情時，那麼還會善待誰呢？

格林德根斯情急之下逃到住在瑞士巴塞爾市的朋友處，同時間赫爾曼・戈林收到他的一封來信，信裡格林德根斯簡短精要地告訴戈林他正流亡國外這件事——格林德根斯大概不想離開德國太久，只是在裝模作樣。作家祖克邁爾覺得格林德根斯很喜歡玩火，他對危險的直覺反應是有趣：「他在權力面前表現得玩世不恭，也因此經常置身險境。」[163] 奧運開幕不久前，格林德根斯的詭計得逞，戈林打電話給他在瑞士的心愛演員，向他保證會提供他的私人保護，並允諾他一筆令人暈眩的加薪，還毫不顧忌地派人逮捕文章作者哈特曼。回到柏林後，戈林高調任命這位返鄉遊子為普魯士國家議員——一枚在政治上毫無意義的頭銜，不過卻帶有豁免權。古

*作者諷刺納粹黨報《人民觀察家報》為納粹聖經釋義。納粹時期的許多職位都稱作領導人，此處亦是作者諷刺。

†道林・格雷（Dorian Gray），王爾德小說《格雷的畫像》裡的同性戀主角，王爾德本身亦為人盡皆知的同性戀作家。

斯塔夫．格林德根斯在這次的權力試探中大獲全勝。

為了安全起見，格林德根斯還和年輕了他十歲的女同事瑪麗安娜．哈波締結婚約，這場婚姻是不是為了要滿足赫爾曼．戈林所開的條件，我們並不清楚。事實上，格林德根斯和哈波互相在對方身上感到深刻的人類情誼。瑪麗安娜．哈波信誓旦旦地說：「古斯塔夫有種特質，他像個可以真正信任的朋友。」[164]婚禮在一九三六年六月底舉行，柏林人為此調侃一曲：「哈波、哈波、格林德根斯，他們不會生小根斯，如果哈波有小根斯，那也不是出自格林德根斯。」

克服危機後，格林德根斯百分百安全了，可以避免他人繼續挑釁。不過他那喜歡玩火的個性還是不變。今天在《哈姆雷特》表演中，他站到舞台中央的最前方，把臉轉向大廳，開始唸那句有名的台詞：「我對男人沒有興趣……」他在這裡突然停頓下來，觀眾屏息以待，甚至連一根針掉落的聲音都聽得到。他想做什麼？格林德根斯望向一排排的觀眾，觀眾甚至有種感覺，好似他直接望進每一個人的眼裡，幾秒之後他繼續說下去：「對女人也沒有。」這個效果非常巨大。二十三點一過布幕降下，全體演員歡欣鼓舞大肆慶祝。

舞台前排坐著一個十六歲的高中生馬歇里．萊西，後來改名為馬歇爾．萊西－蘭尼奇。他回憶道：「格林德根斯特別強調哈姆雷特的兩句話，『這是個混沌的時代』以及『丹麥是座監獄』——至少我覺得如此。但那些納粹，尤其是文化政治家和記者，有可能沒察覺到嗎？他們可以把這齣《哈姆雷特》當作宣告政治立場、當作抗議德國暴政來理解嗎？不，當然不可能。」[165]

安妮·麥恩茲經營著一家在奧古斯伯格厄街上
以她之名命名的小酒館，
酒館內有無數的知識份子和藝術家出沒。
「麥恩茲改變物質！」

一九三六年八月十三日，星期四

帝國氣象局柏林氣象報告：

多雲偶陣雨，受微弱西風影響天氣逐漸轉涼，二十度。

在德勒斯登，距離奧林匹克體育場大約一百八十公里遠的地方，維克多．克萊普勒*悶悶不樂搖著頭。清晨閱讀報紙令他作嘔，因為幾週以來就只剩下一個主題：奧林匹克！國家社會主義領導下口徑一致的德國媒體，本來撒謊就不會臉紅，只是一九三六年八月當時，克萊普勒覺得他們又更變本加厲了。他到處都可以讀到：柏林生活多麼和平愉快，全德國民族和熱愛運動的「元首」有多麼團結一心，在「第三帝國」生活是多麼美妙，柏林奧運真是一場不平凡的歷史成就，是歷代最傑出的賽事……政權不停地自賣自誇。有份報紙甚至擅自以崇高的語調，口沫橫飛地大談闊論不久後將由「希特勒帶來德國復興」。

像這樣的措詞讓克萊普勒很生氣。克萊普勒是位有聲望的小說家，一九二〇年開始在德勒斯登科技高中當教授教書，直到一九三五年因為猶太背景而遭到解僱，切斷了他的經濟來源，如今他經常得想盡辦法來付下一筆帳單，也難怪，他滿心厭惡地注視著柏林的現況。日記裡他挖苦道：「一個民族的榮耀取決於同族的人是不是比其他族的人多跳了十公分高。」他想到海蓮娜．邁爾，一週前為德國贏得一面銀牌，頒獎典禮時還行了「希特勒禮」，克萊普勒覺得這真是一樁不可置信的無恥表現。「我不知道哪一件事更加無恥，是她以第三帝國德國人的身分出賽，或是她的成績被算在第三帝國頭上。」[166]克萊普勒藉此點出海蓮娜悲劇的關鍵：她能夠成為納粹德國代表團的一份子，不是因為她擁有猶太背景卻法外開恩讓她加入代表團，而正是因為她的猶太背景才故意讓她加入的。海蓮娜僅僅想要參與運動賽事，對政治基本上不感興趣，卻身陷一場人為的布局，她完全無法看清此番布局的規模，她的故事是一個雙重杯葛的故事。

就在一九三三年，希特勒接收政權不久後，外界組成了許多抗議行動，特別是在英國和美國。當時這些行動圍繞著一個議題：德國政權會不會允許猶太運動員參賽。他們訴求，如果德國不能保證讓猶太運動員參賽，國際團體就會抵制柏林奧運。國際奧林匹克委員會萬分不願面對這些爭議，會長巴耶拉圖伯爵斷然表示他不對此負責，他巧妙地迴避問題：他們不想干涉其他國家的內政事務——如果德國不想提名任何猶太運動員，那也是他們自己的事情。不過這件事巴耶拉圖可想得太天真了，他低估了美國大眾，他們不願被國家內部主權這個藉口給輕易打發。美國可說是運動強國的第一把交椅，如果他們不參加比賽，那麼比賽將失去運動上以及政治上的意義。此外，美國拒決參賽還可能成為鼓勵其他國家一併退出的指標作用。

美國內部輿論壓力逐漸增溫的同時，一九三四年秋天，美國奧林匹亞委員會（AOC）派遣了一個調查團到柏林，評鑑猶太運動員在帝國內的處境。調查團不多不少正由一人組成——艾弗里．布倫戴奇，昔日的十項全能選手，後來做起建設公司生意，為自己賺得了億萬家產，

＊維克多．克萊普勒（Victor Klemperer），德國猶太教授、小說家，猶太時期仍堅持留在德國，誓言成為最後一個見證人。非猶太人的鋼琴家妻子愛娃在納粹時期仍和維克多共進退，還積極保全丈夫的日記。

如今正以美國奧委會會長身分主事。布倫戴奇先生在帝國首都停留了六天，參觀建造中的奧運比賽區域，拜訪了幾家柏林博物館，還大肆享受了一番；他只抽得出少許時間給猶太運動代表，眾代表在會談中向他證實，不准猶太人成為德國運動協會會員時，布倫戴奇這麼回覆：「我在芝加哥的俱樂部，猶太人也同樣不能加入。」[167]這位來自美國的訪客覺得，事情這樣就算是辦完了。回去以後，布倫戴奇先生的陳述完全與事實相反，他說德國的猶太人對他們運動現況非常滿意，並建議美國奧委會的同事接受邀請前往柏林參賽。不過，大眾的抗議聲音並未平息下來，因此看來國際奧委會（ＩＯＣ）有責任，在一九三五年的夏天，以他們這方的名義，派出一位談判代表前往柏林。

查爾斯・希區考克・薛利爾出任這項棘手的外交任務時，是位退休將軍，六十八歲的先生還是國際奧委會裡長年的會員，也可說是一位老練的體育界人士。不過對於猶太人在德國的處境，他也跟布倫戴奇一樣，沒興趣！那麼他又為什麼能夠勝任這項任務呢？答案可能和大家猜得剛好相反：薛利爾是希特勒的崇拜者。早在一九三三年六月，他就寄了一封讀者來信給《紐約時報》，信裡稱讚新任的德國帝國總理為「歐洲的強人」。一九三五年八月二十四日，能讓希特勒接見會談一小時，對薛利爾而言簡直就是美夢成真。這位前將軍想必感到自己有崇高的使命，或許他老早就把自己視為美國駐柏林大使？無論如何，後來他寫了一篇和希特勒會面的報告，還寄給了美國總統富蘭克林・德拉諾・羅斯福這樣的大人物，報告裡頭薛利爾使勁地奉承希特勒，說他私下謙虛、身體健康令人印象深刻、性格又正直——羅斯福在閱讀的時會怎麼想呢？為了讓柏林那邊對自己的友善態度不抱疑慮，他又請駐華盛頓德國大使館轉交了一份報告副本給戈培爾的宣傳部。

儘管如此，希特勒還是抱著完全不退讓的態度，和薛利爾商討猶太運動員的事。他虛情假意地說：他們不會欺壓猶太人，只不過將他們從德國族群裡完全隔離，因此猶太人不能成為德國奧運代表隊的成員。接著薛利爾展開攻勢：他是德國的朋友，只不過想要把事做好。不過如果「元首」堅持，那麼國際奧委會將會把比賽從柏林轉移。希特勒則向這位訪客叫囂：就算發生了這種情況，他們也會舉辦只有德國參加的奧運賽！不過他的無動於衷只不過是裝腔作勢，事實上希特勒對美國人參加「他的」奧運有極大的興趣。這一點薛利爾前將軍當然也心知肚明，於是他接著指點希特勒一條外交出路：德國政府應該向猶太運動協會要求，提名一位代表加入德國隊。薛利爾雖然只是暗示，不過在他的建議之下，誕生了「猶太人在場證明」這個主意。希特勒答應會考慮看看，並為了表示他對貴賓的尊重，他邀請這位美國訪客到紐倫堡參加今年的納粹黨代會。薛利爾感激地接受邀請。

在佩格尼茨河岸紐倫堡市的四天停留期間，前將軍薛利爾與帝國體育部部長漢斯・馮・夏瑪・歐斯騰繼續接下來的會談。部長愈來愈欣賞薛利爾的建議，從此以後他們的信條宣稱：當然他們會接受猶太運動員加入德國隊，只要該運動員處於「奧運備戰狀態」，並藉著這個限制打開了他們恣意妄為的大門。接著誰該是「奧運備戰狀態」的人選呢？決定權當然在歐斯騰身上。薛利爾離開紐倫堡後，他們顯然已經達成一致意見，選出了一位候選人——花劍選手海蓮娜．邁爾，一九三五年九月二十一日，歐斯騰邀請她參加德國代表隊。薛利爾還建議歐斯騰：「用掛號寄信給她，這樣一來不論她接不接受，德國官方的體育部部長也已經尊重了國際奧委會的原則。」[168]

毫不意外，回到美國後薛利爾馬上為柏林政府「洗刷冤屈」。同時，他覺得猶太人在德國所受到的待遇就跟「在南方州吊死黑人」[169]一樣，與他無關。更過分的還有，他擅自直截了當地威脅美國的猶太人，德國媒體用電報傳送了薛利爾的這番話：「在美國，我們擁有五十萬名運動員，他們為了奧運和德國之旅做準備。但如果這些運動員突然發現，從一億兩千萬的美國人民中，有五百萬猶太人試圖、甚至已經搶下了這次稍縱即逝的機會，那麼幾乎可以保證，我們將會經歷一場禍亂連年的反猶太難關。」[170]換句話說，猶太人應該要有自知之明，別讓比賽掃興。薛利爾的論戰想必在柏林會大受歡迎。

而海蓮娜．邁爾呢？在各方人馬施壓要她拒絕邀請的情況下，最後她還是接受了。海蓮娜用對德國的鄉愁和對家人的想念來作為接受的理由。她寫給歐斯騰的回函裡說：「以德國公民身分為德國奮鬥對她來說很重要。」歐斯騰也同意。身為「半個猶太人」，對國家社會主義份子而言，海蓮娜也許比同樣被點名的跳高女選手格萊特．伯格曼更容易令人接受。這位選手雖然也處於優異的「奧林匹亞備戰狀態」，不過比賽開始前兩週，歐斯騰告訴她，因為她的成績不夠好，所以不能提名她，但真正的原因是——格萊特是「純猶太人」。

隨著海蓮娜加入德國奧林匹克代表隊，國際的抵制運動也逐漸平息。美國人接受了德國的邀請，第十一屆奧運比賽之途已經暢行無阻了。若海蓮娜當時拒絕了納粹的邀請，歷史是否會有其他發展呢？那麼美國和一些其他國家也許有可能不會來到柏林，那麼，或許希特勒就不會有戲唱了？

至少喬治．梅瑟史密斯是這樣相信的，他的工作是駐維也納美國大使。梅瑟史密斯對納粹始終抱有疑慮，並不辭辛勞地在外交報告中，再三向華盛頓政府警告要小心德國政權。一九三五年十一月中，他寫信給美國外交部長柯德爾．赫爾：「在歐洲，有許多聰明且見多識廣的觀察家，他們認為，一九三六年奧運舉辦與否，扮演了接下來政治情勢發展的關鍵角色。我相信，這個對柏林奧運的評價非常重要且不誇張。」[171]喬治．梅瑟史密斯所做的判斷，逐漸銷聲匿跡，乏人問津。

⁂

流亡在倫敦，作家兼昔日自由的《柏林日報》記者阿弗瑞德．科爾寫了一首〈納粹奧運〉

之詩：

種族憤怒狂潮興，
席捲褐衫軍*；
三個黑人狀態優，
屢締佳績；
納粹表現真差勁。
（奧林匹克笑哈哈）

種族守衛戴種族徽章，
遭三個黑人迎頭痛擊，
真不幸！
「我的元首」將怎麼說呢？
北方花劍手站立無語。
（奧林匹克笑哈哈）

元首嘆息：「奧林匹克呀！
（已經遭滲透了）
貌似法國人的國度，
遍布猶太人，充斥著黑人。」
他呻吟：「上帝，你真公平！」
（奧林匹克笑哈哈）172

赫爾曼・戈林是最後一位文藝復興人——至少他自己是這麼宣稱的。我們不是很清楚戈林這麼說是指什麼意思。如果我們荒謬地將文藝復興與血腥、縱欲、浮誇、暴食、貪污、腐敗相提並論，那麼戈林名副其實是最後一位文藝復興人。除了這個自封的稱號之外，戈林還擁有其他無數的頭銜，例如：普魯士內政部長、普魯士總理、普魯士國務院院長、帝國國會議長、帝國林業部長、帝國狩獵部長、帝國航空部長、帝國航空專員、帝國防空隊隊長、上將、空軍總司令以及其他林林總總。戈林分開領取對應每個職位的薪水，他還有對應每項工作的專屬制服，甚至還親手設計制服的草圖。有時他一身全白出現，有時淺藍，有時則穿著紅褐色上衣搭

＊納粹軍服顏色為褐色，褐衫軍泛指納粹。

配袖子高高鼓起的襯衫、綠色長靴，並手持長矛。在私人的領域裡，他喜歡穿著絲綢材質的紫色和服，寬鬆地遮掩他那龐大的身軀。戈林愛好飾品——他佩戴許多鑲寶石的戒指、金色匕首和劍。也難怪接待裁縫、髮型師、珠寶商、調香師和藝術品商人，也屬於這位文藝復興人的固定任務。

今晚戈林以奧運名義在帝國航空部花園主辦了一場盛大的宴會，就在萊比錫街和威廉大街交叉口的一棟笨重的建築物裡。不久前，這棟建築才以破紀錄的十八個月的建築時間蓋好，戈林成為房子的主人，錢不是問題，國際貴賓將受到隆重款待。除了外交使節團和外國政府成員出席外，還有國際和國內奧委員會代表、帝國政府眾部長、納粹黨和國防軍代表、無數藝術家、運動員以及來自國內外的眾多王公貴族。

戈林讓傳令官與軍樂隊穿著中世紀傳統服裝宣告慶典開始。首先，國家歌劇院的芭蕾舞團跳舞，接著房子主人開放了深鎖至今的花園後半部，展出一整座袖珍型村莊，包含客棧、郵局、麵包店、射擊廣場、黑森林磨坊、萊茵河蒸汽船與龍岩山、聖誕市集攤位，以及一座旋轉木馬。法國大使安德列・弗朗索瓦－龐賽簡直不敢相信自己的眼睛，戈林一襲全白的夢幻制服、戴滿鑽石，沉甸甸地擠在一匹小木馬上、氣喘呼呼地乘著旋轉。真夠噁心！

這場揮霍當然所費不貲，光是從何爾謝貴族餐廳訂的食物就花了一大筆錢。美國大使威廉・陶德估計，這個夜晚總計花費約四萬馬克，當然他有可能還少估了。戈林將他文藝復興人的稱號發揚光大。亨利．錢農煞有其事地記錄在日記裡：「名監製馬克斯．萊因哈特也無法策畫得更好。有個人對我說：『這樣的事自從路易十四*後就沒有了。』我回答：『尼祿†之後就沒了。』不過更確切地說，這個夜晚使人想起克勞狄一世的宴會，只差沒有那些可怕的事情。‡」[173]只有約瑟夫．戈培爾反應特別不佳：「戈林的花園宴會。很多人。有些僵硬和冷場。我和星期天運氣不好的幾位德國女跑者聊天。此外只待了一會兒。」[174]只不過，戈培爾的好戲才正要上場。

帝國媒體會議每日指示摘要：「星期六將舉行的奧地利對義大利的足球賽，請比之前更多加轉播有義大利人的畫面。」[175]

---

*路易十四，法國國王，在位鋪張、稅收重。

†尼祿，羅馬暴君，電影《暴君焚城錄》描寫的即為此人。

‡克勞狄一世，羅馬第四任皇帝，文中可怕的事指的是他在一場宴會中中毒而死。

一九三六年七月十五日，愛蓮諾・洪恩・賈芮特和超過三百位男女運動員登上曼哈頓郵輪自紐約啟航，當時這位女游泳選手還是美國運動界的女英雄。過去七年間愛蓮諾還未輸過任何比賽。繼代表美國參加一九二八年的阿姆斯特丹奧運和一九三二年的洛杉磯奧運後，第三次在柏林的奧運也迎接著她的到來，光是如此幾乎就足以列入紀錄。對愛蓮諾而言，沒有什麼是她得不到的，就連她的表演事業也大得人心，為她賺進了大把的鈔票。她和她的先生樂團團長阿爾特・賈芮特一同登台，一身白泳衣、白牛仔帽、腳蹬高跟鞋，高唱一曲〈我是格蘭德河的老牧童〉——美國人愛極了這樣的她。不過愛蓮諾在航行一週踏上德國漢堡的土地後，她運動員的生涯便已告終，名聲全毀。到底發生了什麼事呢？

越洋旅途中她經常放縱自己多喝一些，還和同行的記者通宵玩牌、抽菸，鮮少顧及船上規矩。抵達德國的前一晚，愛蓮諾放縱得特別狂妄，一番豪飲後，她甚至醉得找不到自己的房艙，而踉蹌撞進了女子代表團風紀女士的寢室裡。愛蓮諾有香檳和香菸的助興，口齒不清地裝瘋賣傻，但老處女沒有笑的心情，最後她甚至還想躺到女督導的床上。女督導請了代表團的醫生過來，醫生診斷她為急性酒精中毒——誰又會訝異呢？愛蓮諾為自己辯護：只不過小酌了一些香檳。但是，美國奧委會主席布倫戴奇覺得她已經越過界，他說：「她不再符合資格。」並把她從團隊開除。

若布倫戴奇希望藉此擺脫這位任性的女選手，那麼看來他要大失所望了。這次的不名譽退團將愛蓮諾彈射到馬路小報頭條：遭解僱的運動明星一躍而成魅力無窮的罪惡女孩——美國人喜歡像這樣的戲劇轉折。接下來在漢堡，愛蓮諾獲得了一家媒體通訊社五千美元亮眼報酬的工作，請她以記者身分報導奧運，她一口就答應了。如今她如魚得水：這位剛出爐的記者住在柏林的豪華旅館、持有媒體工作證和進入所有運動場的資格，以及城市中所有重要慶典的邀請。在一次機會下，有人介紹她給阿道夫．希特勒認識，愛蓮諾說：「希特勒覺得我的故事很吸引人。他告訴我，美國人這點不是特別聰明，明明有極高的奪牌機會，居然仍在奧運開始前開除我，更何況不過是幾杯香檳。若是在德國，我應該在比賽後才獲得處分。」希特勒最後還想要知道她是不是真的喝得那麼醉，愛蓮諾回答：「唉，哪有！」176

今晚，戈林知道愛蓮諾是他帝國航空部花園的來賓時，便將這位年輕小姐喚到身邊來，與她盡情暢談。突然間，戈林嗅到一個良機來作弄美國人，他用國家官方語調說：現在頒發給她一個勳章。他把一個銀色卐字徽章從胸膛摘下（從他平時出席大眾場合習慣佩戴的眾多徽章之一），扣在愛蓮諾的領子上。這位受獎人回憶道：「我很享受，也很喜歡這些宴會和『希特勒萬歲』，喜歡那些制服和旗幟。戈林既有趣又親切，另外那位有隻爛腳的也一樣。」177

和愛蓮諾・洪恩・賈芮特相反，「湯姆」湯瑪斯・伍爾夫，並未獲得戈林花園宴會的邀請，就算有，想必他也不會去。和米德莉在小酒館的一席談話，使他開始思考，腦海裡總有個問題揮之不去：他會不會看錯了德國？從湯姆自己的經驗中，他無從證實米德莉悄聲告訴他的任何一個醜陋的歷史事件的存在，他從未見過有人被逮捕、虐待甚至殺害。集中營這個他幾乎不好啟齒的字眼，還是從米德莉口中首度聽聞。自從到柏林以來，湯姆不曾在大庭廣眾之中發現任何證據，可以證明政府的血腥暴政。但是，會不會他們是在對湯姆和其他外國遊客演戲呢？奧運是否只不過是一場盛大的政治宣傳呢？有沒有可能，他每天遇到的德國人，在這場心懷不軌的戲中，都扮演著跑龍套的小角色呢？果真如此，那麼他和來自其他泱泱大國的眾多遊客就上了納粹的當了，湯姆真不敢繼續想下去……也難怪他寧願避開納粹和這幾天到處舉辦的豪華宴會。好似他想要證明，也有一些德國人沒有參加這場奧運騙局，今晚在冥冥之中，湯姆受到牽引來到麥恩茲媽媽那裡。

奧古斯伯格厄街算得上是柏林的娛樂大街。無數的餐廳、酒館、酒吧和綜藝表演都夾在這條大約一點五公里長的街道兩旁。上頭那一端，奧古斯伯格厄街匯流入悠阿欽詩塔樂街那裡（距離湯姆的旅館只有擲石之遠），就是安妮．麥恩茲的同名酒館。老闆娘本來叫做安娜．瑪麗亞．麥恩茲，出生的姓叫施奈德，不過她的客人最常叫他麥恩茲媽媽；她還有另外一個綽號叫瑪麗亞．特蕾西亞*，他的客人表示，因為她有鴨蛋臉兒、飛天髻和豐腴身材，簡直就是那位奧地利女皇的分身。

麥恩茲媽媽、別號瑪麗亞．特蕾西亞的小酒店已經存在了半輩子那麼久——確切說來是一九一三年四月開始。當時街上還很少有人駕駛汽車，而有更多的出租馬車；如今情況正好相反，除了汽車外大家很難再看到馬車。就算外面的世界再如何變化，奧古斯伯格厄街三十六號自過去的二十三個年頭以來，沒有一丁點的改變。那裡沒有桌巾，在麥恩茲媽媽那兒，大家就像坐在自家廚房裡的簡單木頭桌前；那兒有大木桶裝的啤酒、種類眾多的烈酒和甜酒、充足的葡萄酒以及幾樣扎實的菜餚：雞湯、鯡魚卷、炸鯡魚、火腿、酸黃瓜等些許類似的菜餚，再多就沒有了。

安妮酒館的美學概念和選帝侯大街一帶的摩登世界正好相反，顯然正是因為這種簡單，多

---

*瑪麗亞．特蕾西亞（Maria Theresia），奧地利哈布斯堡君主國唯一的女皇，膝下兒女成群。

年來吸引了眾藝術家與知識份子。導演恩斯特・劉別謙、演員埃米爾・傑寧斯、康拉德・維德、亞歷山大・格蘭納何、維爾納・克勞斯和雅寇伯・提德克、傳奇人物芙莉茲・瑪莎莉、作家貝托爾特・布萊希特和柯爾特・平圖斯，以及畫家埃米爾・歐爾里克等，都在時間推移之中成了老主顧。作家阿佛瑞德・理查・麥爾，別名木克朋克，甚至在一本小說中歌詠安妮女士和她的小酒館，書名叫做《麥恩茲或麥恩茲等等之。所有麥恩茲等等之或麥恩茲喜劇》。書中自由改編羅馬國民詩人維吉爾的話「意志改變物質！」*——不是意志，而是「麥恩茲媽媽改變物質」。

麥恩茲媽媽等等之當代人，在柏林人人稱之為 knorke（柏林方言：了不起），她是客人的老闆娘、顧問、心理治療師、靈魂撫慰者和聆聽懺悔的媽媽的綜合體，而且坐在收銀台附近的人還可以跟她記帳。三個星期前（七月二十一日），麥恩茲媽媽慶祝她五十七歲的生日。生意興隆不已，她根本不需要每天站櫃檯，大可偶爾出來露個面就行了，但媽媽不想要聽這些，「當媽媽的才不會讓家人孤零零的」，她這麼回應了那些好意的勸告。

打從去年第一次拜訪後，湯瑪斯・伍爾夫就成了麥恩茲家族的一份子，兩人幾乎無法溝通，這也不打緊，對麥恩茲媽媽來說，湯姆就是個來自美國的巨人。今晚他一踏入酒館，麥恩茲媽媽就自動為他開了瓶啤酒，湯姆此刻醉翁之意則是在女服務生艾莉身上。艾莉是那種豐滿的金髮女郎類型，襯衫幾乎包不住她突出的圓形曲線，對湯姆產生了一種詭異的性吸引力——

他在艾莉身上看到的是一塊用兩條腿站著的巨大可口的火腿肉，有一次他向韓茲用刀叉作勢說明：「她是一塊上等肉，我要從她身上切一片下來。」178

米德莉對「第三帝國」生活一直以來的描述，看在湯姆的眼裡，不太符合安妮．麥恩茲小酒吧裡的現實。在這裡會讓湯姆產生錯覺，以為他進入了另一個世界，這個世界裡，國家社會主義並不存在，不過很快今晚湯姆就會得到更多的領悟。一個客人對他提起：以前大瑪莎莉†經常到麥恩茲媽媽這裡來，不過她現在跟同事亞歷山大．格蘭納何同樣住在國外。他用明顯壓低的聲音補充：對猶太人而言，生活在希特勒的國度裡是件很危險的事。另一位客人又提到：希特勒掌權後，有些酒館和酒吧必須關門，例如奧茹卡．蒂樂，或是奧古斯伯格尼街上離安妮酒吧不遠的藝伎酒吧，他們是僅招待女性的地點，但那些新的先生不喜歡女同性戀，他們認為女性應該成為母親，而且必須送給「元首」孩子，納粹教義是這麼說的。湯姆搖了搖頭。此外，幾年前柏林還有多元的同性戀次文化存在於大約一百家咖啡館、酒吧和酒館裡，這些地方主要上門的顧客是男同志和女同志，高級俱樂部像舍恩貝格街和莫茨街口那傳奇的「黃金

＊意志改變物質，拉丁原文 mens agitat molem！作者改成 Maenz agitat molem，Maenz 是麥恩茲媽媽的德文，作者用兩個音相似的字玩了一個文字遊戲。

† 大瑪莎莉（Fritzi Massary），奧地利猶太女演員、歌手，後來移民美國。

城」，甚至還曾經成功登上旅遊指南。作家艾米爾・斯奇帝亞還記得，有一次他到變性酒吧米卡多，「鋼琴前坐著沙特樂格林男爵先生，他要別人叫他『女爵』，他演奏歐仁布爾格伯爵的曲子。」[179]經典的還有蓋斯伯格街附近的斯爾浩特——一間小小的、煙霧瀰漫的小酒館，通宵營業到清晨，湯姆在今晚得知，如果他更早幾年就來柏林的話，可以在斯爾浩特遇到瑪琳・黛德麗*和弗德里西・何蘭德†，不過這些時光早已不復返。從前有位蒼白的少年穿著女孩的洋裝，客人喝著雞湯時，他就在一位失明鋼琴家的伴奏下演唱著憂鬱的歌曲，如今那兒成了健康食品商店。

湯姆異常安靜地陷入沉思，並非因為他對男同志和女同志有多餘的同情，一點也不，他只是直覺地感到，這塊土地有一些無法復原、遺失掉的事。他回憶：「然後有什麼出現了。不是突然出現，而是如烏雲逐漸密布，似霧愈來愈濃，像天空開始下雨。」[180]湯姆認清了現實，這些國家社會主義者討厭所有和他們不同的人，他逐漸清楚，這些人將這塊湯姆熱愛的土地，罩上面紗，滲入他們的毒，他們想要毀滅這裡。「那是一場精神上的瘟疫，看不見，而且無法認知，正如死亡。」[181]

＊瑪琳・黛德麗（Marlene Dietrich），德國女演員、歌手，後來移民美國。

†弗德里西・何蘭德（Friedrich Hollaender），德國猶太劇作家、音樂詩人。

路德街的何爾謝貴族餐廳是美食聖殿，
領導全歐的極品餐廳。
「給女伯爵的腳凳呢？」

一九三六年八月十四日，星期五

帝國氣象局柏林氣象報告：

多雲，雲層厚實，偶陣雨。受西風影響溫度稍有變化。二十度。

氣象報告搞錯了，這已經不能說是幾場偶陣雨了，更像是天上暴雨傾洩，大水源源不絕地從天空一瀉而下，排水道幾乎無法控制住洪水，在城市的街道和廣場到處形成大水窪。想要從甲地到達乙地，必須演出藝術式的跳躍，不然就會弄濕雙腳。水量讓約瑟夫．戈培爾必須做出緊急決定，明天晚上他邀請了兩千七百位嘉賓到孔雀島上參加奧運慶祝大會，慶典是否能如期舉行？還是他必須取消？

⸻

安德列．弗朗索瓦－龐賽站在鏡子前面仔細觀察他的八字鬍，八字鬍的尖端被拈得俏皮地往上翹。他小聲地用舌頭發出咂舌聲響：「嘖、嘖、嘖。」當這位閣下對事情不滿意時總會發出嘖嘖聲。此刻弗朗索瓦－龐賽正不滿意他八字鬍的形狀。他熟練地拈著鬍尖，在拇指和食指之間稍微地轉了轉，接著對著鏡子說：「漂亮！」外人肯定不會察覺絲毫改變，不過只要事關外貌，法國大使就絕對不會妥協。

弗朗索瓦－龐賽總是如同剛剝好的蛋般光鮮亮麗地出現，他的優雅就只剩自己的虛榮心還能超越。就算有點高高在上，他的臉部表情通常還是很友善的。「從高處往下看人」，法國人這麼稱呼這種人。有一次，一位同事居然沒戴帽子陪伴老闆到戶外，弗朗索瓦－龐賽笑容可掬地問他：「您的帽子呢？」他回答，他沒有帽子。弗朗索瓦－龐賽說：「那您又怎麼知道自己現在是在外面呢？」

弗朗索瓦－龐賽和太太賈桂琳定期會邀請人來巴黎廣場上的法國大使館參加茶會、鋪張的晚宴、家庭音樂會，和其他高級宴會。他們的邀請算是社交界的頭等大事。身為法國大使，毫無疑問，弗朗索瓦－龐賽扮演著帝國首都的外交中心人物，甚至只有當法國代表出現，一個慶典才算完整。許多的類似場合上，他的位子就直接在阿道夫．希特勒旁邊。「元首」十分偏愛這位法國人，他直接叫他龐賽，也許是因為他不知道如何正確發出他姓氏前半部的音。無論如何，兩人的關係非常良好且深厚。一方面，希特勒喜歡和說得一口流利德文、不需要翻譯的弗朗索瓦－龐賽聊天；另一方面，像希特勒這樣的「暴發戶」，對於自己能被歷史悠久的法國大貴族紆尊降貴相待感到很有面子。弗朗索瓦－龐賽對希特勒雖然表面恭順，說話卻總帶著微妙的諷刺。有一次獨裁者領著大使參觀一場國家社會主義的藝術展覽，兩人停留在畫家阿道夫．齊格勒一幅結實的女性背部裸體畫前，弗朗索瓦－龐賽搶希特勒說話之前說：「喔，我的元首，我看到了貝爾力希傑女士*……」[182]希特勒被他給逗笑了。

---

*貝爾力希傑是十六世紀的德意志騎士。德國有句鄙俗的諺語：舔我的屁股。據說出自此人，弗朗索瓦－龐賽以此開玩笑。

酸菜加肥豬三層肉配上一瓶啤酒——恩斯特．羅渥爾特只要一想到就會口水直流。此刻中午十二點剛過，羅渥爾特拿起了雨傘離開出版社。他走路穿越雨水漉漉的街道前往奧利弗廣場，路德維希．梅加藤經營的一間同名餐廳。羅渥爾特當然也可以搭乘十二路市區公車，公車直接停靠在梅加藤餐廳前，但他寧願活動活動雙腿，即使在今天這種傾盆大雨的天氣。這段短短的路程，羅渥爾特通常需要走大約十分鐘的時間，到了目的地之後，他會把夏季薄外套脫下、傘放進那裡提供的傘架，然後坐到一張結實的木頭桌前。餐廳主人梅加藤問候客人並接受客人點菜，接著到上菜為止大約需要十五分鐘的時間。這段時間裡，羅渥爾特脫下西裝外套掛在椅背上，把袖子捲高。從離開艾斯雷本納街到羅渥爾特得到他的午餐為止，總共需要大約三十分鐘的時間。今天，期待已久的是一大盤酸菜加肥豬三層肉，還配上一兩杯啤酒。

幾週以來，羅渥爾特就或多或少地展開類似的午休。不久前他不小心發現了路德維希．梅加藤的客棧（就在一次太太旅行去，這位臨時鰥夫不知所措之際）。羅渥爾特格外高興的是，梅加藤一家來自不來梅附近的飛格薩克村，在廚房執掌大權的梅加藤太太，煮的是不來梅家常菜：拉布斯考斯（馬鈴薯拌牛絞肉與甜菜根）、大豆子培根、炸胡瓜魚、不來梅麵粉布丁、李子培根還有鰻魚湯。恩斯特．羅渥爾特當然也懂得欣賞美味的蛋黃醬肉排和氣球薯條，不過簡單的廚房還是最得他的歡心。羅渥爾特鍾愛的菜色是撲魯克菜肉鍋——由白豆、牛肉、胡蘿蔔、馬鈴薯、蘋果和李子做成的大鍋菜。撲魯克菜肉鍋必須直接從爐火上儘量保持燒燙地端上桌，只有這樣才能散發它獨特的香味。梅加藤太太是位好廚師，她端出炙熱的撲魯克菜肉鍋，正如它該有的樣子。三不五時羅渥爾特會以此為樂：帶上一位搞不清楚狀況的作家到梅加藤餐廳，通常這位客人不旦對餐點名稱摸不著頭緒，更搞不清楚等下梅加藤太太端到面前的豐盛菜餚是什麼內容。

對於喜歡好吃、豐盛和粗飽的當代人而言，梅加藤的酒館好似一座黃金城，包括在奧利弗廣場稍作休息或剛完成工作的公車司機和計程車司機，以及文學界人士。近來大家還經常看到一位大約二十歲、矮個兒的結實金髮女孩，她總是獨自一人坐在餐桌前。在她點完餐之後，通常要等到把食物送入嘴裡時才會再張金口。作家恩斯特・馮・沙羅蒙也是梅加藤的常客，他非常訝異，這陌生女孩到底可以消滅多少分量的食物？「她先吃一鍋撲魯克菜肉鍋，然後花椰菜加煙燻香腸，再來是白煮豬腳配酸菜，最後是舌、心、血腸和肝腸的拼盤。」[183]此外她還喝了五大杯啤酒。這位胃口很健康的女孩叫做愛琳諾・漢森，是挪威作家、諾貝爾得獎人和希特勒崇拜者克努特・漢森的女兒，不久前開始住在柏林。漢森小姐顯然已經打探清楚附近的環境，用完大分量的餐點後，她一語不發離開梅加藤酒館，毫不遲疑地走進隔壁房子，那正是柏林烘焙大師羅伯特・海爾經營的同名蛋糕店。據說漢森小姐還吃了一塊特大塔蛋糕當點心。

像安德列．弗朗索瓦－龐賽這樣的男人，是絕對不會踏入梅加藤的店裡。光是想像必須吃下撲魯克菜肉鍋或是肥豬三層肉，他大概就會感到很難過：「嘖！嘖！嘖！」閣下偏愛家鄉的高級美食，在柏林就屬何爾謝餐廳無疑。任誰想要在奧運比賽期間到路德街二十一號的這家貴族餐廳用餐，就得要有塞得鼓鼓的錢包，因為上這館子很貴，貴得無法置信。相對來說，光顧此地則可以換來頂級的美食饗宴。不少饕客覺得，何爾謝餐廳就是歐洲最好的餐廳。

店面貫通了一棟柏林出租公寓的底層，由一間十二張桌子的主廳以及許多小包廂所組成，每間包廂大約可招待四到十位客人。房間內有一流的裝潢，例如雅座全都貼上值錢的綠色絲綢壁紙，大廳則鋪著上等皮革；厚實的波斯地毯吸收了所有雜音，桌與桌之間還隔著十分大方的間距，並隨需求放上木頭與玻璃做成的屏風，讓客人得以享有專屬空間；當然，能放到桌上花緞桌巾的就只有高級銀餐具和擦得晶亮的玻璃杯。

在何爾謝餐廳用餐，大家都說法語。由一位侍應領班、三位侍應副領班、四位服務生所組成的小組服務著少少幾張桌子。餐廳經理奧托．何爾謝以謙卑的奉獻精神伺候著每位客人。他親自接待重要來客，陪伴他們走到座位。還有一張裹著小粉紅綢緞的腳凳是餐廳特色，他們悄悄地推到女士下方，如果誰偶爾忘了，老闆就會提高音量說：「給女伯爵的腳凳到哪去了？」

那位散漫的服務生則必須付上一馬克的罰金。每回弗朗索瓦－龐賽訂位，餐廳主人就會叫人放上私人銀燭台和十二個邁森瓷器出品、展現拿破崙十二將軍的小人偶在桌上。在何爾謝餐廳，服從客人確實已臻至完美境界。

何爾謝很清楚常客的美食喜好，還能不著痕跡地滿足他們：龜肉凍、萊茵河鮭魚、小牛肉卷、朝鮮薊根、火烤腎臟或雄岩羚排。其中最知名的是何爾謝厚切牛排：從菲力牛的中段部分切下一塊三公分厚的肉排，用奶油煎至粉紅色，然後放到灌了肝慕斯、預先熱好用來當底的千層派皮上。廚師最後再淋上味道強烈的蛋黃醬，並用香菇頭來做裝飾。名揚世界的則是魯昂血鴨：鴨子不會被宰殺，而是活活掐死，如此一來可以將血留在體內，藉此讓肉質比一般來得更紅更嫩。取下的骨頭再用一台上了銀漆的壓鴨機來攪碎，流出來的醬汁加入打成漿的生鴨肝、胡椒、鹽、調味料、少許檸檬汁、一杯波爾圖葡萄酒、少許馬德拉酒和少許香檳，全部濃縮成深褐色的醬汁，最後將微微煎過的鴨肉煮透。幾乎所有的菜餚都會在桌邊做最後處理，不管是醃雞、雉雞、狍背肉，無一不是在客人面前切開的。就連配菜的菠菜醬也是在酒精爐上「現場」製造。[184]

除了海英茨．呂曼和古斯塔夫．格林德根斯這些演員以外，還有許多政治家、外交官和商場大亨也是何爾謝餐廳的常客。至於客人的政治立場，何爾謝不會考慮太多——只要一直和有權力的那些人維持關係就對了。例如威瑪時期的那些年裡，來的是猶太藝術家查理．卓別林、奧地利作家法蘭茲・威弗和馬克斯・萊因哈特，政治家有威瑪共和國總理兼外交部長古斯塔夫・施特雷澤曼；如今上門造訪的則是納粹高官，像是赫爾曼・戈林、羅伯特・萊伊和恩斯特・烏德特等。許多精采故事流傳在這棟雅致的房子周圍，人人私下談論，蓋世太保在桌子上裝上竊聽器，好用來偷聽在那用餐的外交官——很難說這些是否屬實。另外有一件軼事，奧托・何爾謝的父親古斯塔夫・何爾謝，在一次針對什麼是真正的貴腐甜白酒的爭吵中，將帝國總統保羅・馮・興登堡請出門。不過，興登堡這一位和戰爭用煮餐車「燉肉大砲鍋」息息相關的普魯士將軍，是否或曾經踏入過這家柏林的美食聖殿，是極有爭議的。此外，對何爾謝而言，沒有所謂好或壞的客人，只要他們手頭上有些小閒錢，他就恭候他們大駕光臨。奧運比賽期間，這家餐廳總是座無虛席。

⸻

柏林國家警察局每日報告：「有個美國女人，她是來德國玩的奧運遊客，昨天她在慕尼黑前往柏林的火車途中看到，乘車途中幾位說德語的人，他們一再追問外國旅客對德國的印象。每當外國旅客用不同觀點來談論褒揚新德國時，這幾個德國人（應該是反動份子）就試著用負面言語來誹謗德國。這個美國女人在都市檢察官邁爾的引介下，已經準備好來詳細陳述整個事件。」[185]

對愛蓮諾來說，今天是個難過的日子。奧運賽程表上寫著，下午是女子四百公尺游泳接力決賽，原本她應該在這個項目中和大家一起游泳，還極可能贏得獎牌。沒錯，如果布倫戴奇沒有把她丟出團隊外的話……愛蓮諾覺得手到擒來的勝利讓自己人給背叛了。不就連希特勒也說了，布倫戴奇的決定有多不明智嗎？而這一切不過是（根據她本人的看法）幾杯香檳和幾根菸的芝麻蒜皮小事。若說得好聽點，愛蓮諾對布倫戴奇沒什麼好感，不過事實上，她恨他，雖然她極力不讓自己被看穿。愛蓮諾的報復更隱諱，而且顯然還很有效，不論到哪，她總會搶走布倫戴奇的光采。昨天戈林花園宴會上，所有人都包圍著她，同一時間卻沒人發現美國奧運團隊的出席。雖然今天愛蓮諾在游泳會場的看台上也裝出一副好形象，並使勁全力讓眾人認出她來，但這個大雨滂沱的星期五，眾人目光集中在另一人身上。

如果傑西・歐文斯是田徑運動裡的國王，那麼韓德麗卡・薇蓮米娜・「麗」・馬斯藤布羅克就是女子游泳裡的皇后。這位十七歲的荷蘭女孩在過去幾天游了幾場艱辛的比賽：一百公尺自由式和仰式的前賽、複賽和決賽（分別獲得金牌以及銀牌）、四百公尺自由式的前賽和複賽，以及接力賽的前賽，直至今天十六點四十五分接力賽決賽哨聲響起時，她總共已經完成了九場辛苦的比賽。韓德麗卡游在荷蘭隊的最後一位，領先德國對手姬瑟拉．阿倫德特。不過在距離目標最後幾公尺前發生了不幸，「麗」嗆到水了，原本她應該要立即中斷比賽的，但她用盡僅剩的丁點力氣抵達終點，擊敗了阿倫德特，荷蘭搶下一面金牌。評論家驚嘆：「這體格異常強悍。這頑強令人欽佩！」[186]

韓德麗卡被隊友從水裡拉上來，忍痛咳出肺裡的水，一個穿著醒目圓點洋裝的高大女人向她彎下身來。她是韓德麗卡的女教練瑪麗亞．約翰娜．布勞恩。拜她對奢華的帽子、項鍊和胸針的愛好所賜，她在游泳會場具有某種出奇的知名度。「布勞恩媽媽」——這位五十四歲的女人被德國媒體所賜的封號，對她的門生要求嚴苛，除了辛苦鍛鍊外，她還規定她們過著苦行般遠離年輕人消遣娛樂的生活。當她被問到，怎樣的飲食對年輕女游泳選手最好，她卻出乎意料地回答：「白豆配培根。」

⫶

全德意志帝國裡有大約七百個所謂的《衝鋒報》報箱。這些報紙陳列櫃遍及村莊、大城、鄉間與都會，在房子外牆、市場和地下鐵車站隨處可見。舉例來說，在柏林有個報箱就放在造船大街的戲院前，八年前（一九二八年八月），貝托爾特・布萊希特和寇特・威爾還曾在那首演《三文錢歌劇》。然而那些輝煌的戲院時光早已消逝，布萊希特、威爾和恩斯特・約瑟夫・奧夫里希特——昔日這屋裡的導演，早在一九三三年就已離開了德國，如今造船大街上戲院裡上演的是膚淺的喜劇。任誰要從腓特烈大街朝戲院走去，在路的正右方就放著一個《衝鋒報》報箱。

《衝鋒報》創始人叫做尤利烏斯・施特萊徹，他也是這份「納粹聖經釋義」的發行人。五十一歲的施特萊徹自第一時間起就是國家社會主義者：他在一九二二年秋天成立納粹黨紐倫堡地方團、一九二三年四月創立《衝鋒報》、一九二三年十一月參加慕尼黑希特勒政變、一九二五年起成為所謂的法蘭克人*省黨部領導人。大人物希特勒曾經說過：「想要國家社會主義的人，就不能不接受施特萊徹。」[187]「元首」恭恭敬敬地稱呼這位昔日的小學教師為「法蘭克公牛」——一個剃光頭的粗壯精力包、能夠毫不留情刺穿敵人的男人。希特勒喜歡施特萊徹這樣冷血又肆無忌憚的偏激份子，他是五隻手指內數得出來的自己人，對他，獨裁者能夠以信任的「你」來對話。†希特勒覺得，施特萊徹多少是國家社會主義的組成血肉，不僅如此，他也是

---

*法蘭克人屬於西日爾曼民族。

†德語中，稱呼「你」和「您」有親疏上的差別。

個危險又可惡的心理變態。

尤利烏斯・施特萊徹的世界觀，一言以蔽之：「猶太人是我們的不幸！」這句從歷史學家韓里希・馮・崔屈克摘錄的句子，在《衝鋒報》的每頁標頭都看得到，低音伴奏般陪伴著整份報紙。回顧過去十三年，《衝鋒報》發表的所有文章和報導，一直在使用不同的變奏來表現同一個主題。施特萊徹的反猶太主義還以性癖的方式表現，發行的內容大概都是些「雅利安」年輕姑娘疑似被老猶太男人強暴此類傷風敗俗的故事。「挨餓的德國女孩成為發情猶太公鹿的嘴上肉」[188]，一篇特別猥褻的標題這麼寫。《衝鋒報》還報導他的特殊偏好，疑似儀式殺人：「誰是波蘭布雷斯勞城的兒童劊子手？」[189]另外一段裡：「嗜血狗、殘忍的猶太謀殺機構犯下血腥大罪。波蘭女孩慘遭放血。」[190]

這麼多下流報導，就算國家社會主義者也經常要忍不住搖起頭來。戈培爾覺得《衝鋒報》大概就是等同於色情畫刊般的八卦報紙。一九三五年八月，施特萊徹在柏林體育宮的《衝鋒報》年會上發表演說，戈培爾在日記裡記下：「有意思，不過很低級。他演說中有一部分真是可笑。」[191]也許施特萊徹本質上是個既矛盾又可笑的角色，但他的煽動文章卻在書報攤大賣，使他成為百萬富翁。一九三〇年，期刊的週發行量來到四十八萬六千份。

不過，一九三六年奧林匹克夏天，《衝鋒報》出現了一個問題。柏林街景無所不在的施特萊徹報箱，難免會有國際遊客碰上它停駐下來，例如，他們可能在去造船大街戲院的路上瞥見最新一期的《衝鋒報》，可能會看到報紙上有位裸體大胸脯的女人被伸出舌頭的「毒蛇猶太人」拐騙（標題：血罪）[192]，遊客可能也會發現，醜陋的巴特奧爾布溫泉鎮是「猶太人淨空」[193]狀態，或傑西．歐文斯可能會在某處拿到一份報紙，然後請他的朋友赫爾伯．佛列明翻譯以下內容：「在美國，有種族自覺的男人這麼做：他們吊死黑人，即便那黑人只不過試圖一親白人女孩芳澤。」

施特萊徹那倒胃口的作文不應該被外國人聽到。雖然《衝鋒報》在奧運比賽期間仍有發行，卻不准在柏林街頭販售。帝國首都暫時把《衝鋒報》報箱卸下，或用無傷大雅的運動新聞填滿。這個夏天有幾週柏林的街景是「《衝鋒報》淨空」[194]狀態。

美國女遊客卡拉・德・弗里斯走到阿道夫・希特勒的近身處。
她因為對「元首」香吻攻擊而留名青史。

一九三六年八月十五日，星期六

帝國氣象局柏林氣象報告：

上午持續多雲，氣溫較低，偶有零星陣雨。下午天氣轉佳，溫度上升。二十三度。

摘自約瑟夫・戈培爾日記：「天氣放晴。太陽出來了。拯救了孔雀島。我的心裡放下了一塊大石。這樣一場花園宴會考驗著神經。」[195]

⸻

奧運比賽的倒數第二天以及游泳比賽的最後一天。下午要頒發四面金牌：男子兩百公尺蛙式、女子四百公尺自由式、男子一千五百公尺自由式以及水球項目。大約有一萬八千名觀眾在今天追蹤這些比賽。包括四十三歲的卡拉・德・弗里斯和丈夫喬治。這對夫妻來自美利堅合眾國，確切地說，來自加利福尼亞，喬治是位牛奶製造商，在那兒賺進一筆可觀的財富。奧運對弗里斯夫妻而言是個美好的契機，實現他們懷抱已久的歐洲旅行計畫。此外，喬治剛好在兩個禮拜後（八月二十九日）可以慶祝他的四十三歲生日。而今天卡拉心裡想的不是羅馬、巴黎、倫敦或其他想造訪的地點，就連丈夫即將來臨的生日，此刻她都覺得無關緊要。卡拉全心全意只有一個目標：她要排除萬難去見阿道夫・希特勒一面。

而卡拉運氣很好。希特勒突然出現在游泳會場時，前兩個項目已經進行完畢。一如往常，他的出現在比賽會場造成騷動，幾乎無可避免。廣播通知簡潔清楚，確保在場人士全都得知「元首」進場了——不論他們想不想知道。卡拉特地學了幾句破德文，所以立即理解這句話的意思：「元首兼帝國總理步入會場。」希特勒一如往常受到親衛隊員的圓形隊伍包圍簇擁，護送到座位上。帝國體育部部長漢斯・馮・夏瑪・歐斯騰和帝國內政部長威廉・弗里克早已恭候大駕。直接坐在希特勒旁邊的是奧古斯特・馮・馬肯森。自保羅・馮・興登堡死亡將近兩年以來，這位八十六歲的陸軍元帥就是老皇軍裡位階最高的軍官。若興登堡是皇帝的替補者，那麼馬肯森就是興登堡的替補。如今馬肯森與興登堡如出一轍，遭「元首」利用為老普魯士時期的傀儡，他屬於那為數不少的保守普魯士軍人，打從心底樂意為希特勒效勞。喜歡諷刺的柏林人稱呼這位硬朗的老軍人為「帝國宴席上的裝飾品」，他的出席為「第三帝國」許多國家重大事件增添些許光采以及普魯士的綠鏽。

不過卡拉正眼不瞧馬肯森一眼，她所有的注意力都在阿道夫・希特勒身上。「我好興奮……」她一再嘆息，宛如一位年輕少女。喬治不在乎地聳聳肩，他覺得一切都不關他的事。忽然間，卡拉站了起來，離開她那一排座位，向希特勒走去。她愈走愈近，卻沒有人攔住她，就在離傾慕對象不到幾公尺時，卡拉忽地打開手提包，拿起相機，拍下希特勒給一位年輕人簽名的模樣。到此為止仍舊沒有人阻擋她。卡拉這時走到希特勒前面，拜託他也在入場券上簽名，她激動不已，甚至被自己另一隻腳絆了一下。

希特勒的隨扈此時發現了這位激動的美國女人，但沒有人覺得她是個威脅。也許是因為卡拉穿著非常得體。她穿著白裙子與襯衫，一襲大披肩，還戴著時髦的紅帽子。接著，不可置信的事情發生了：卡拉傾身越過希特勒面前的欄杆，把他的頭挽過來，在希特勒的臉頰扎扎實實印上一吻。原本她想親在他嘴上，但希特勒稍微撇開了臉，因此她的嘴唇只碰上了他的臉頰。至此才有一名親衛隊隊員上前請卡拉離開。整個會場爆出一陣大笑，卡拉回到位子上時，大家甚至還鼓掌歡呼，就連希特勒也幽默看待這次幸運的香吻攻擊，笑著加入鼓掌。

喬治為此嚴厲責備了太太：她的傻氣行為可能帶來可怕的危險。如果親衛隊員把她當作刺客怎麼辦？不過，希特勒的貼身隨扈顯然沒人想過卡拉以刀代吻，襲向「元首」。

或許是因為尷尬的安全漏洞，所以德國的報紙漠視了這段愛情插曲。平時總是鉅細靡遺報導「元首」一舉一動的媒體，這次噤聲不語。有段記錄這次香吻攻擊的十四秒影片，則消失在機密檔案櫃裡。在美國的情形則完全不同，無數報章刊登了卡拉鬼靈精怪的行為。就連遠在雪梨的《晨鋒報》也對這次的瘋狂行為下了一個粗俗的標題：「希特勒先生讓激動的女人給親了。」[196]而卡拉呢？這位德．弗里斯女士無法理解這場騷動，她為自己辯護：「他看起來多麼友善親切呀！我不知道自己為什麼這麼做，我沒有事先預謀。大概因為我是個熱情洋溢的女人吧！」[197]

「快速列車上可怕的發現」，《柏林午間日報》的標題寫著。「一位在斯洛伐克首都普雷斯堡上車的旅客一打開廁所門，一具滿身是血的無頭屍體即迎面倒下，讓他大吃一驚，旅客當場嚇昏。當局表示，廁所裡的旅客是自己用刮鬍刀把頭完整割下來的。」列車正從柏林開往布達佩斯。到底誰是那位無頭的無名氏，《柏林午間日報》尚未得知。「只能確定他來自祕魯。」[198]也許他是奧運遊客……？

⫶

柏林國家警察局每日報告：「之前曾報告過，有位男子在餐廳引起側目，因為他在外國人面前刁鑽地發起煽動言論。在外國人紛紛說柏林令人驚艷後，他一貫地回答：他們應該找機會去北邊或東邊看看，就會得到不同的印象，他自己也能說些別的，尤其他曾待過集中營。之前所推測的犯人名字結果證明是捏造的，對外貌的形容也不甚符合，有鑑於此，找出犯人變得十分困難。後來委託犯罪調查員昆莫爾調查，他罪證確鑿地出，犯人叫做塞勒，後來塞勒也持保留態度地認了罪。他從未待過集中營，而且一九三四年還因為仇視國家的言論而留下案底。帝國親衛隊隊長指示，以五年為期，將塞勒送往集中營。[199]

德國充斥著頭銜和官職的氾濫，就連小孩也十分清楚。例如在希特勒青年團裡，有隊長、大隊長、同志隊長、同志大隊長、護衛隊長、護衛大隊長和護衛總長。領導原則被不計後果地貫徹到底，整個人生以等級劃分，結果衍生了許多大膽創新的名詞，不少名詞具有七個以上的音節：如果有掌控旗幟隊長，那麼一定也會有大掌控旗幟隊長和總掌控旗幟隊長，不過還未曾聽說過有大總掌控旗幟隊長。

另一個國家社會主義者新創的名詞是「帝國文化監督」。數百年來德國舊語言史裡從未聽說過這個名詞，直到一九三五年十一月十五日星期五頒布了一道命令，繼而誕生了「帝國文化監督」一詞。被賦予本名詞的職位具有相當大的影響力，而漢斯·辛克爾即將接任，成為帝國文化局下三個商業局的局長之一，是個大權在握的官員。帝國文化局在一九三三年秋天成立，是約瑟夫·戈培爾的創造物，負責控管德國文化並將之國有化。任誰想要在「第三帝國」從事文化活動，就必須成為七個分局中的成員之一。在文化局草創時期，所有從事文化工作的人（也包含猶太市民）都自動被加入到這個新興機構，後來辛克爾參加了這場遊戲。辛克爾先生出生於一九〇一年，打從一開始就是國家社會主義者，一九二一年他還是學生時就加入了納粹黨（黨員編號二八七），兩年後又參加了希特勒「業餘的」慕尼黑啤酒館政變。一九三六年夏天，如今辛克爾成為戈培爾「監督從事精神與文化活動的猶太人和非雅利安人的特別委託人」——這是聽起來比較無害的職稱，實際上，辛克爾的任務在於「清洗」局內的猶太人——納粹的行話是這麼說的。

辛克爾以他的工作為傲。這位官員向今日發行的《十二點鐘報》說明：「在文化創造領域上，絕不能再讓非雅利安人成為德國人文精神生活的一份子。猶太藝術家進行『非原創藝術』*工作是遭禁的，大約只有百分之一的例外可以從事這方面的工作。在我們將猶太公民從寫字桌的椅子上拉下的同時，我們必須要問：『那個人現在怎麼樣了？』我們找到了答案。」[200]散布在帝國各個領域的猶太文化社團，像接水槽一樣，把這些失業的猶太藝術家接住，他們可以在猶太社團裡為猶太觀眾創作猶太作品。只是，就連納粹領導高層也再三走訪這些猶太文化社團的活動，他們顯然對那裡的音樂表演興趣濃厚——在這些社團裡，納粹高層可以聽到費利克斯．孟德爾頌．巴托爾迪和古斯塔夫．馬勒……這些他處禁演的音樂。一位時代見證人回憶道：「我們看到他們大聲鼓掌叫好。這裡的表演是他們在別地方看不到的，他們尤

＊非原創藝術（nachschaffende Kunst），指的是音樂家、舞蹈家、演員等，他們演繹的是其他人的作品，例如音樂家演奏古典音樂，而非自己創作的音樂，則屬於非原創藝術家；與之相對的是原創藝術（schaffende Kunst），包含畫家、雕塑家、作曲家、作家等。

其喜愛歌劇。」201

不過，對「第三帝國」猶太的藝術家而言，自我宣示和自我欺騙僅差之毫釐：一方面文化社團的工作對他們而言是一項正面的認同行為，另一方面猶太人的生活則受國家社會主義者劃出的界線所掌控，自我認同和異族定義是一枚硬幣的正反兩面。不出所料，帝國文化管理長辛克爾看待此事角度大不同，他既荒唐又迂腐地說，他甚至還收到許多猶太人的感謝信，「所以，不能說德國內部只做反猶太的事，猶太文化社團復國主義領導人自己都公開承認了，他們試圖去融合一個與自我截然不同的文化圈時，猶太傳統就遭到自我遺忘甚至否定了。」202

比賽倒數第二天，現在那些正坐在咖啡館或餐廳裡，拿著《十二點鐘報》讀著辛克爾文章的奧運遊客會怎麼想呢？

⫯

國家祕密警察通知關稅查緝局：「請儘快行動！猶太人大喬，直至一九二九年所持有的名字為萊布．科恩，根據可靠消息，他應該意圖在一九三六年八月十六日，最晚八月十七日，把店以大約六到八萬帝國馬克即期現金，賣給來自波蘭索波特市的有意買家，隨即離開帝國地區。」203

卡爾・笛安在奧運比賽倒數第二天有一連串的約會。早上八點，他參觀在多本里茲練兵場的馬術比賽，當然，他無法看到結局，因為他還要去游泳會場看跳水比賽；途中這位組織委員會總書記還得在自己的辦公室與人會談。二十點三十分，德國體操館舉行拳擊決定賽，不過笛安無法參加，因為同一時間行程安排還有底特里希・埃卡爾特戶外劇場（後來被人稱為森林劇場）的奧林匹克演奏會。

國際奧委會遵循著一個理念：結合藝術與運動。為此主辦方安排了奧林匹克藝術競賽，分別在五個項目上頒發金牌、銀牌和銅牌：建築藝術、繪畫與版畫、雕刻、文學，以及音樂。每個大項又分為好幾個次要項目，例如文學裡又分為詩、戲劇、史詩；音樂項目中則分為交響樂、室內樂和聲樂。來自所有參賽國的藝術家都可以投稿，唯一的條件是：參賽作品必須以藝術形式來探討奧林匹克比賽。各國先自行初選，再由國際評審從所有寄件中選出得獎人。想法還算吸引人，但實際操作卻令人失望。寄件作品的品質低落，內容異常貧乏，以至於某些獎項甚至無法頒發出去。

今日在奧林匹克演奏會上，獲獎的音樂作品將交由柏林交響樂團首演。首先響起的卻是理查・史特勞斯不算在比賽內的〈奧林匹克頌〉。底特里希・埃卡爾特戶外劇場上的兩萬名觀眾想在節目表得獎人名單上找尋有名的作曲家，卻徒勞無功：絕大多數的當代作曲家出自政治因素抵制了這次比賽，另外一些則不願為群眾活動而寫曲。總之，音樂項目上四十九個國家之中只有九國參賽，因為國際評審組成大都不出納粹黨的勢力，僅補充了芬蘭作曲家約里厄・基爾匹任以及義大利同伴法蘭西斯科・馬里匹耶羅，因此獎項頒布結果毫不出人意料之外。聲樂項目上，三面獎牌全部直接頒給德國作曲家；交響樂項目，巴伐利亞人維爾納・艾克獲得金牌，銀牌和銅牌則頒發給來自義大利的里諾・李維亞貝拉和捷克的加洛斯拉夫・克里卡；室內樂項目，為了簡單起見，不頒發任何獎項。總之，全都是自己人。

今晚以保羅・何佛的合唱作品〈奧林匹克誓言〉結尾，最後一個音都還未消逝，笛安就離開了座位趕忙出發，司機早已發動引擎等著他，現在他們正以破紀錄的速率在高速公路上奔馳，前往孔雀島，戈培爾的宴會正如火如荼地展開。

⫯

本日數字是三十二萬，更確切地說，三十二萬帝國馬克。今天戈培爾用帝國政府名義在孔雀島上設宴，就是花了這麼多錢。在奧運這個夏天，這究竟值多少錢呢？兩相比較下，一九三六年，三分之二的德國納稅人年收一千五百馬克，三十二萬馬克大約是他兩百一十三年的收入。換句話說，兩千七百位客人，戈培爾在每一位身上花了勞工大約一百一十八馬克的月薪。美國外交官陶德隱晦地提到：「奧運究竟全部耗費了多少錢，幾乎讓人無法想像。」[204]這個問題自然無人敢打開天窗說亮話。

為戈培爾設計宴會的人叫做班諾．馮．阿倫特，他的頭銜是服裝設計師、自學建築師和硬派納粹。希特勒也很欣賞阿倫特的作品，並定期交代他一些特別任務，例如委託他設計幾套「元首」的新外交制服，由於上頭俗氣的金線繡邊，這些制服也可以運用在《沙皇和木匠》與《飛鼠》等通俗歌劇裡。希特勒非常喜歡。今年起阿倫特多了個頭銜叫做「帝國舞台設計師」，不嘲諷就心裡難過的柏林人把這串長字簡化為「國師」。

為了奧運的「宴會決賽」，「國師」給戈培爾策畫了一場頂級慶典，位於柏林西南方哈弗爾河的孔雀島，充滿異國情調的童話國度在夜裡閃耀。為了讓人不打濕雙腳來到島上，專門建造困難橋樑的藝工隊裡的工兵部隊，特地蓋了一座橫跨哈弗爾河的浮橋。只要一踏上這座小島，一身白衣的侍者便會上前迎接，引導來客前往餐桌。島上給人的第一印象美得出奇：樹冠點綴著上千盞蝴蝶狀的花燈，樹幹發出靄靄綠光。島的正中央就是宴會草坪。瑪爾塔．陶德報導：「桌面裝飾喜慶，以酒為池，以肉為林，菜單上盡是些物以稀貴的佳餚美饌。」[205]交響樂團演奏著古典旋律，位置較高的舞台上有舞蹈表演。夜幕低垂，著名樂隊領導人奧斯卡．瓊斯特和搖擺樂團加入表演，他們通常只在高雅的艾登酒店演出。

約瑟夫・戈培爾和瑪格達親自迎接各色貴客，陶德一家也不例外。美國大使回憶道：「和他握手令我心中升起深深的反感。」[206]陶德覺得跟這位矮個博士相處很噁心，他很慶幸自己沒有受邀到他那桌。年輕的女演員麗達・芭蘿娃和朋友兼演員古斯塔夫・佛洛里希也是戈培爾的客人，戈培爾部長身為帝國境內所有電影問題的負責人，曾和芭蘿娃短暫碰面過一兩次，只是，今晚兩人距離還會更加拉近，戈培爾非常讚賞這位二十一歲的女演員，數週之後他將與芭蘿娃小姐墜入情網。

亨利・錢農在他的日記中總結：「雖然比不上里賓特洛甫宴會的優雅時髦和戈林宴會的極端奢華，但戈培爾的宴會最令人印象深刻。」[207]不知不覺中，所有人都被寵壞了，再也沒有什麼能輕易令人印象深刻。一場大約在午夜升空的巨型煙火秀，激起孔雀島宴會的最高潮。起初來賓驚嘆煙火製造者的手藝，接著興高采烈欣賞五彩繽紛的天空畫布，只是這場高潮卻沒有盡頭，煙火持續得愈久（陶德指的是半個鐘頭那麼久），給人的不適感就愈大。不少賓客將隆隆作響聲聯想成猛烈炮火，感覺纏鬥了一輩子那麼久，隆隆聲中又是一個巨大的爆炸聲，把夜空染成血紅色後終於落幕。德國政府展示得再清楚也不過，隨著奧運落幕，他們的政治也將不再收斂。

帝國媒體會議每日指示摘要：「各家報紙還會從地方部門拿到一份奧運落幕的評論規範。今日已清楚下達報導方向的指示，不應過度製造勝利的歡呼，同時也須避免縮小德國的勝利，總之，應該公平讚揚各國。如果最後德國金牌數領先美國，那麼應該宣稱，德國盡了最大努力才能獲得勝利的果實，不可因獎牌數把德國捧得高人一等。允許拿德國昔日的奧運成績來和自己做比較。」[208]

奧運閉幕典禮上，一座光穹頂升向奧林匹克體育場上空。
「我至今還未曾見過如此挖空心思的表演。」

一九三六年八月十六日，星期日

帝國氣象局柏林氣象報告：

晴朗至多雲，溫度持續上升，乾燥，微風，風向持續變化，局部地區清晨有霧。二十五度。

對里昂・亨利・大喬來說是個壞消息：拉丁角落的交易在最後一分鐘告吹了。契約雙方原已達成協議，交易本該在這個星期天搬上檯面，但顯然兩位有意的買家馬克斯・阿培爾特和布魯諾・林布爾格突然卻步了。約來的證人沒剩什麼事好做，只有聲明交易取消。也許阿培爾特和林布爾格受人暗示，大喬因為數件違反外匯規章事件正遭受調查當中，也可能他們因為大喬堅持要用現金支付六萬馬克這筆為數不小的金額而起了疑心。總之，今天的狀況明顯是對大喬不利，逃亡計畫失敗了，現在他和店又該何去何從呢？只能保持鎮定了，大喬決定，乾脆先繼續做下去。身為尼加拉瓜國民，在他身上應該不會出太大亂子，大喬對自己好言相勸。海關祕書舒爾茲傳喚他在八月二十日出席的那場偵訊，他也會見招拆招的。到目前為止，所有針對他的調查到最後都無疾而終，如今難道還會有什麼變卦嗎？事態緊急時，他還可以向老主顧柏林警察首長沃爾夫－海因里希・馮・海爾朵夫求救。只是萊布・莫里茨・科恩，別名里昂・亨利・大喬還不知道：現在不僅事關違反外匯規章而已，蓋世太保早就盯上了他的猶太背景。

⁂

柏林國家警察局每日報告：「根據警察局二四一分局的報告，一九三六年八月十六日十點，有市民在第十二、十三和十七轄區發現兩百五十份共產黨的煽動文宣。」[209]

湯姆剛用完早餐時，韓茲・列蒂克敲響門走進房裡。湯姆有點趕時間，他不想錯過奧林匹克體育場裡比賽的開場，本來他早就應該出門了。他走到盥洗台，房間的盥洗台做得像個壁櫃，他打開左右對開的兩扇門，把燈轉亮，在他刷牙和刮鬍子時，韓茲就坐在床邊望著選帝侯大街。

湯姆一面使勁移動嘴裡的牙刷，一面告訴這位朋友，接下來他要和緹雅到奧地利蒂羅爾山區旅行幾天。到蒂羅爾？韓茲目瞪口呆看著湯姆，好似在說：老天，你和那人到蒂羅爾做什麼？韓茲的眼神流露出責備之意，這種瞪大眼睛的樣子，湯姆曾在母親身上見識過，自孩童時期他就無法忍受，於是湯姆近乎賭氣地回答，前幾天他常和緹雅碰面，她人很好，他很期待和她結伴到山裡旅行。他是不是忘了那討厭的「豬頭」事件？韓茲才剛要脫口而出，就馬上忍住了。湯姆是個情緒化的人，很容易就會激動起來，韓茲有股不祥預感，這句話會令他暴跳如雷。這下韓茲也不再說什麼了，只是他隱隱覺得湯姆其實試圖在找藉口，韓茲太了解這個朋友了，所以他知道此事另有隱情。

韓茲點燃香菸，吞雲吐霧吐得又高又遠。結果湯姆忍不住自暴內幕：都是該死的納粹，這陣子真不想遇上他們！過去兩週，他有許多既美好又迷人的經歷，但同時也聽到了非常可怕的故事，因此現在他需要時間來思考，他得消化整理一切，湯姆解釋，也許有一天他會把柏林的經歷寫成書。

這個念頭打動了韓茲，他大力鼓吹湯姆：「你一定要告訴所有人他們有多麼可怕。在選帝侯大街，我看到那些惡人閒逛或坐在桌邊大吃大喝的樣子就覺得討厭，然後我就會想像我有把小機關槍，帶著我的小機關槍來回走動，每見到一個惡人，我就磅！磅！磅！磅！磅！」[210]湯姆不由得笑了，也許他正想著那瘦削的朋友韓茲在選帝侯大街大開殺戒是如何光景。不過韓茲一臉嚴肅地說：可惜他不會寫書，而且機關槍只存在他的幻想裡。不過他——湯姆，偉大的湯瑪斯．伍爾夫，擁有文學這個強而有力的武器，他可以拿起武器戰鬥。韓茲又補充：不過湯姆得十分謹慎，絕不可寫些惹納粹生氣的東西。

這下湯姆不可置信地瞧著這位朋友，同時嚴詞責備他，湯姆覺得他自相矛盾，戰鬥的同時屈服於敵人，這怎麼可行？湯姆強調：「我們必須寫，那些推動我們去寫的事！我們必須做，那些推動我們去做的事！」[211]他反駁韓茲時，聲音突然多了幾分傳道士的味道。此刻韓茲點燃了不知道第幾支菸，深深吸吐後對著湯姆大喊：「你這個大傻瓜！」韓茲不安地在房裡來回走動，或坐或站，才剛把菸捻熄在菸灰缸裡，又從菸盒中拿出一根新的，他接著說：「你可以寫所有你必須寫的，但不必激怒黨內人士，你完全不用提到他們。不過如果你提到他們，又說了對他們不利的事，那我們就再也無法讀到你的作品，你就再也回不來了。」[212]韓茲疾言厲色，問他是不是存心要讓帝國文學局禁他的書？湯姆搖頭說，不是，他當然不想這樣，他喜愛柏林，而且一定還會經常回來。湯姆對韓茲保證：「你、我和所有我們的朋友……我們將齊聚一堂喝酒，玩個通宵，圍著樹跳舞，還要三更半夜到麥恩茲媽媽那裡喝雞湯。一切都會維持原樣。」[213]只是韓茲無法被說服，他甚至有預感，一切都不可能再回到從前了。他看了看時間，如果湯姆還想到奧林匹克體育場的話，現在時候不早了。韓茲把菸灰彈在菸灰缸裡，對湯姆苦笑說：「好吧，你必須做那些推動你去做的事。不過你依舊是個傻瓜。」[214]

⚲

威廉・愛德華・陶德已經受夠了奧運。雖然這位大使先生才剛從美國出差回來一個星期（甚至沒參與到熱鬧哄哄的第一週），但自從他抵達柏林以來，約會和宴會就對他無止境地窮追不捨。像陶德教授這樣寧可埋首於歷史書堆的學者，比賽附屬的社交與外交義務簡直在折磨著他，再加上他厭惡和國家社會主義領導者當面來往（和他的法國同事安德列・弗朗索瓦－龐賽剛好相反），不過天性不合是互相的，另一方看來也很討厭他，希特勒不說安德列・弗朗索瓦－龐賽一字壞話，卻說「老陶德」是個「傻蛋」[215]。可能的話，這個美國人寧可避開納粹，對於外交人員（尤其大使）而言，當然是天方夜譚。不論喜不喜歡，前幾天陶德分別參加了不同的奧運慶祝會，見了約阿希姆．馮．里賓特洛甫和赫爾曼．戈林，昨天還參加了約瑟夫．戈培爾的夏日盛會——受到暴力煙火驚嚇的情緒現在還殘留在他的骨子裡。

今日奧運閉幕對陶德先生而言，代表了更多的外交責任與聚會。十三點左右，他偕同妻子和女兒瑪爾塔坐進官邸前等待的轎車。陶德記錄在日記裡：「當我們轉彎駛入大星廣場那十一公里長的凱旋大道時（從動物園到會場），無數旗竿上高高掛著德國和眾國國旗正如旗海般飄揚，道路兩旁站滿一排排制服筆挺的衝鋒隊和親衛隊隊員，估計大約有十萬人在場。」[216]到達奧林匹克體育場後，陶德一家坐進外交包廂座位第一排，在座已有他國大使和外國顯要如亨利．錢農爵士偕同妻子昂諾兒．健力士夫人，恭候阿道夫．希特勒在不久後駕臨上方的「領袖包廂」。

雖然在比賽的最後一天，希特勒沒有待辦的官方任務，他仍是會場的聚點中心。一旦他踏進會場，所謂的領袖旗幟便會升起，陶德覺得十多萬人起身向一人敬禮，帶給人一種壓迫感。希特勒就座後，第十一屆奧運賽程表上最後一個項目——賽馬決賽開始。

德國騎兵隊能取得領先，要特別感謝中尉康拉德．馮．王根海姆的貢獻。昨天，這位二十六歲的選手在多才藝測驗上，和他的馬「選帝侯」一起跌倒，折斷了左邊的鎖骨。儘管傷處疼痛不已，他仍起身繼續完成比賽。醫生當然建議王根海姆不要參加今天的障礙賽馬，但這位病人聽不進去。王根海姆手臂纏著繃帶騎上馬進入障礙物跑道時，在會場掀起了一陣竊竊私語。

起初一切進行順利，騎過了半程後不久，出人意料的事件又再度重演：「選帝侯」在一個急轉彎跌倒了，躺在地上毫無聲息，不少觀眾擔心這匹馬死了，不過這匹閹馬瞬間再度撐起四肢站起，王根海姆也在沒有外力幫忙的情況下，合乎規定地坐起，騎完了接下來的路線。這場奇蹟戰使觀眾的同情心紛紛落到他身上，還帶給德國隊一面金牌。

只有一人無心和大家齊聲歡呼，他就是亨利．「薯條」．錢農，「我們得在一項英國本來很傑出的運動項目上受好幾個鐘頭的屈辱。」英國騎士運氣不好：六個項目中，僅在多才藝測驗取得團隊成績第三名。「薯條」逐漸意興闌珊，與其觀賽，他寧可觀察「元首」，「每位騎士都雄赳氣昂地向希特勒致敬，他則舉起手臂逐一回敬。觀察他很有意思，他相貌親切，看起來樂得很。」217

王根海姆出的奇招，對國家社會主義的宣傳來說是個大幸。報紙編輯部火速製造出大量文章，讚揚這位年輕人「犧牲的決心」、「同袍精神」以及「勇氣」——全都是希特勒特別欣賞的士兵特質。戰爭果真已經刻不容緩了！

⚲

《十二點鐘報》創新紀錄報告：過去的二十天裡，柏林交通局載運了六千兩百六十萬人次的旅客。[218]

維爾納・芬克是演員兼卡巴萊演員，不過，在戈培爾眼中他是國家公敵。芬克三不五時總愛用文字遊戲來激怒宣傳部長，同時，卻未曾有過公開對抗政權的表現，他那「附帶一提」的暗示藝術總讓戈培爾氣到冒煙。站上自己創辦的卡巴萊戲院「地下墓穴」的舞台，以無辜到不會弄縐一池春水的表情，大開「第三帝國」和其所作所為的玩笑——幽默可說是極具攻擊力的武器。

芬克不敬地挖苦說：「關於雅利安後裔一事，我真的好棒棒，到目前為止都走好狗運，直到一件事出現，那真是罪過，騎士時代我們家族出現了一位騎士學徒叫做李文斯基*，幸好，我們教區的教堂燒掉了，因此拿不到對我們不利的證據。」[219]†在另一齣劇碼裡，他告訴觀眾，他買了一棵叫做「希特勒橡樹」的樹，並且對這棵樹的成長情況感到非常滿意，「幾個月前它還很小，才到我的腳踝，後來它長到我的膝蓋，現在已經長到我的脖子了！」[220]

有一天，玩笑超越了戈培爾的忍耐極限，「地下墓穴」被迫關門，芬克在一九三四年被捕，送往埃斯特爾韋根集中營，他在那裡遇見了反納粹份子卡爾・馮・奧西茨基和朱力斯・雷貝爾‡。不過芬克的運氣很好，一九三五年七月初，他在赫爾曼・戈林的策動下離開了集中營，不過卻換來了一年的工作禁令。他回憶道：「我當時情非得已擁有很多時間，那麼該做什麼呢？我就結婚了。」[221]直到奧運賽尾聲，他們中止了芬克的強迫休假，因為芬克在柏林是超級巨星，而奧運盛會期間，納粹也想因他而獲得好評。他為《柏林日報》寫的每日專欄名為「小奧運會」，寫出柏林男女日常生活的幽默故事。

但芬克就是不能自我把持，總是愛用暗示與文字遊戲為自己找麻煩，今天也是，最後一次連載裡的句子：「來自全世界的各色遊客動身離開，不用懷疑，他們從未像這段時間那麼容光煥發，還被拍攝下來。接下來只剩一個問題：『萊尼是怎麼看待這些的呢？』」芬克想像萊尼在剪接台前看著傑西・歐文斯轟動一時的比賽底片，「她看著突然好消極，因為那黑人跑得好積極！不過在底片裡我們將報仇雪恨：非常前面，領先好幾公尺，跑著一個白人，黑人遠遠落在後頭！」[222]

---

*常見的猶太姓氏。

†在歐洲，出生資料在受洗時登記存放在教堂裡。

‡卡爾・馮・奧西茨基（Carl von Ossietzky），德國記者、作家、和平主義者，諾貝爾和平獎得主。朱力斯・雷貝爾（Julius Leber），德國社會民主黨政治家，反納粹。

「沒完沒了的頒獎。」戈培爾記錄在日記裡。部長在看台上雖然尚未失去耐心，但肯定也不遠了。持續了好幾個鐘頭的騎馬賽後（他本來就對騎馬興致缺缺），他覺得表揚運動員花太多時間了，「應該要更簡潔有力！」[223]戈培爾大概不是唯一一個不耐煩的人，大多數的觀眾也和他一樣，巴不得閉幕典禮即刻開始。

夕陽緩緩西沉於馬拉松大門後，保羅．溫特斯的〈奧林匹克號角〉一曲宣告典禮開始。此時此刻，所有的眼睛盯著馬拉松門下的通道，所謂的萬國國旗繞場將穿過此通道進場。在這個新紀元舉辦了第一場奧運的國家——希臘的掌旗者領頭，主辦國的卐字旗壓軸，繞場的同時，奧林匹克交響樂團伴奏著〈莫仁朵夫遊行進行曲〉，樂音漸逝，寧靜了幾秒後，國際奧委會主席巴耶拉圖伯爵走向麥克風，感謝希特勒和德國的好客，並宣告比賽結束。伯爵的最後一句話還顯示在大計分板上：「願奧林匹克的火焰，經由全民族的努力，照亮更求上進、更勇敢、更純潔的人類之幸福！」

接下來音樂（貝多芬的〈奉獻歌〉）奏畢，奧運旗幟在禮炮發射中降下。接著，交響樂團演奏奧林匹克藝術比賽獎牌得主保羅．何佛所作的〈告別旗幟〉，掌旗者在音樂聲中繞場離開。奧林匹克火焰熄滅，降下的奧林匹克旗將由柏林市保管，直到一九四〇年交接給下回在東京的比賽。最後響起何佛筆下的另外一曲〈奧林匹克閉幕〉，安裝在會場四周的巨大投射燈同時投射到夜空裡，光束緩緩移動疊映，在漆黑的競技場上方約一百公尺處交織成巨大的光穹頂——同樣的效果，國家社會主義者在策畫帝國黨代會時就曾經用過。威廉．陶德在日記中驚艷無比地記錄道：「我還不曾見過如此挖空心思的表演。」[224]最後一項官方表演節目是一曲〈比賽終了〉，觀眾後來還加入合唱，典禮就此結束。阿道夫．希特勒全程不發一語，他們費勁打造的奧運門面，就如同陷阱般，最後將眾人一網打盡，上萬名觀眾離座站起，聲嘶力竭喊著「希特勒萬歲」，並合唱起德國國歌〈德國德國，高於一切〉。

在蘇黎世，托馬斯．曼坐在收音機前，追蹤這場遍及全歐的閉幕典禮轉播。他在日記裡寫著：「好一場大戲，號角響起，大合唱，降旗典禮。天空傳來全世界年輕人喊著『去 Tokyo』的聲音。所有人都正確唸出這個地名，除了柏林市長之外。身為柏林市長，當然就得像個柏林市長，他唸 Tockio*。他也提到世界和平。」[225]

---

*市長的柏林口音。

八月十六日晚上，帝國體育部部長漢斯・馮・夏瑪・歐斯騰在德國體育館舉辦參賽者慶祝會。只是不少選手在最後一場比賽過後就已經動身離開了，另外許多運動員跟著也在今天白天陸續離開，因此今晚選手村過夜的選手只剩不到一千人。戈培爾說：「在場眾人都深受感動並有些感傷，我和領袖同行，穿越歡呼的人群到帝國總理府。」[226]威廉廣場被包圍了起來，成千上萬名看熱鬧的民眾站著齊唱：「親愛的元首，請行行好，現身窗邊吧！」而希特勒滿足了他們。

希特勒和戈培爾對過去這十六天的過程大可感到滿意。第十一屆奧運無論從哪一方面來看，都可說是留名青史的運動盛會。近四千名來自四十九個國家的參賽者出賽了一百二十九個比賽項目——這是歷史新高。其中有四十一項比賽創新奧運紀錄，裡頭的十五個項目還打破了世界紀錄。德國以八十九枚獎牌（三十三面金牌、二十六面銀牌以及三十面銅牌）遙遙領先，成為優勝國，接著是美國（二十四面金牌、二十面銀牌和十二面銅牌）和匈牙利（十面金牌、一面銀牌、五面銅牌）。獎牌持有數排名墊底的國家為葡萄牙、菲律賓和澳大利亞，僅各持一面銅牌。總結，這次的比賽進行得十分公平，未曾出現民眾以言語攻擊其他國家的行為，也沒有人為操控比賽結果的憾事。傑西・歐文斯以四面金牌躍居最大贏家，德國最優秀的運動員康拉德・弗雷則抱著三面金牌返家。

一九三六年七月和八月，柏林記錄在案的所謂的遊客登記總共滿三十八萬人次，其中光是來自國外的就有十一萬五千人次（數字最高的團體組成是捷克斯洛伐克人和美國人，各占一萬五千人）。政府登記有案的過夜次數是一百三十萬次[227]。阿道夫．希特勒數年後宣稱，奧運為帝國帶來足足五億馬克的外匯[228]。很難說這個數字是否屬實，不過可以肯定一件事，奧運對德國而言萬分划算。

經濟上的獲利到底多少，對國家社會主義人士只不過是個令人心曠神怡的附帶效果。這個奧林匹克夏天，有一個更顯著的成功不是用馬克和芬尼就可以呈現的。大部分的外國遊客都倍感驚艷，他們對國家社會主義的柏林所展現的事物都大加欽佩。希特勒和他的政府計謀得逞，把自己塑造成和平愛好者，是民族融合大家族裡可靠的一份子。這個夏日裡，許多人產生了勇氣，他們希冀改變，並信任希特勒的和平宣言（尤其因為奧運盛會而上當受騙）。只有少數幾位如湯瑪斯．伍爾夫的遊客，識破了他們的偽裝，看穿了幕後的真相。

藉由柏林奧運，從此鞏固了國家社會主義的掌權。柏林一九三六年絕對不僅僅是一場大獲全勝的政治宣傳，安德列．弗朗索瓦－龐賽做了個總結：「在納粹政權的歷史上，一九三六年八月柏林的奧運慶典，標誌了一波高潮、一座顛峰，甚至還神化了希特勒和第三帝國。」[229]

深夜裡希特勒和戈培爾向彼此告別。幾個鐘頭後，「元首」就要向位於貝希特斯加登的「鷹巢」所在地出發，戈培爾則返回他在哈弗爾河島天鵝灘的別墅享受短暫假期。三個星期後（九月八日），紐倫堡的納粹帝國黨代會將如火如荼地展開下一場群眾運動。戈培爾曾向希特勒迫切懇求，為顧慮奧運賽，應取消今年的黨代會，但「元首」聽不進去。他非得辦個「榮耀的黨代會」當作紀念，因為對他而言，德軍占領非軍事區的萊茵蘭地區，是重返帝國榮耀的紀念碑。

維克多．克萊普勒教授則剛好相反，他憂心忡忡注視著這場在即的納粹大會。他擔心褐衫黨同志幾週以來，因為外國遊客在場而必須偽裝，積壓了許多怒氣：「星期天奧運就要結束，納粹黨代會近在眼前，一場爆發迫在眉睫，理所當然呀，他們會先發洩在猶太人身上。」[230]

一九六四年傑西·歐文斯重遊獲勝舊地。
時間不論在他身上或在柏林奧林匹克體育場上都掠過不著痕跡。

後來呢？

一九三六年十一月，萊尼．里芬斯塔爾開始剪接那段超過四十萬公尺長的影片，為此她將忙碌十八個月，最後誕生一部總長六萬四千公尺、分為上下兩集的電影，在一九三八年四月二十日，希特勒的四十九歲生日首映。影片成為第三帝國電影院的票房磁鐵，沒幾週就回收了四百萬馬克。萊尼．里芬斯塔爾還製作了電影《奧林匹克》的英文、法文和義大利文版，並藉此成功巡迴歐洲，萊尼成為「第三帝國」的指標藝術家。到了一九四五年戰爭結束，萊尼四十三歲，未來還有五十八個年頭在等著自己，在這個時代她已經無法再隨心所欲地實現任何電影企畫了，但她重新發掘自己，成功開啟了攝影師的事業。

一九八〇年初，萊尼寫下重量級的回憶錄（九千頁），裡頭她對事實的認知往往不是十分精確。直到二〇〇三年九月去世時，她還是難以對自己在「第三帝國」裡所扮演的角色自我批判以及誠實提出質疑。相反地，據稱她和阿道夫．希特勒有過特殊關係的指控，她則在法庭上自我辯護，說這是流言，完全不符合事實。一九四三至四四年間，作家卡爾．祖克邁爾曾告知美國情報局：「筆者不相信她也和希特勒上過床（相信他們互相都提不起興致）。」[231]

直到一九四二年一月，亨利．德．巴耶拉圖去世時，他都還是國際奧林匹克委員會的主席。德國奧運組織委員會的猶太主席泰歐多・列瓦爾德於柏林賽後，在希特勒的脅迫下不得不卸任所有官職，他死於一九四七年四月。一九三八年眾組織委員選出德國士官瓦爾特・馮・賴歇瑙繼任列瓦爾德的職位。兩年後，一九四〇年五月，亨利・德・巴耶拉圖認識了他新同事賴歇瑙的另外一個職稱——國防軍元帥，因為他接受了巴耶拉圖家鄉比利時的投降。

愛蓮諾・洪恩離開柏林之後，繼續將她「魅力女孩」的稱號發揚光大。一九三八年，她和昔日隊友兼十項全能金牌得主格倫・莫里斯，共同演出院線電影《泰山的復仇》，同年還和丈夫阿爾特・賈芮特離婚，以便跟經紀人富豪威廉・「比利」・羅斯結婚。比利是猶太人，婚禮上她送給他赫爾曼・戈林的卐字徽章，徽章中間她讓人鑲上鑽石做的猶太標誌大衛星。愛蓮諾於二〇〇四年一月去世。

里昂・亨利・大喬雖然無法將拉丁角落賣給出高價的人，但他拐了個彎，從接下來幾個月的營收中，補償地拿走一大筆錢。算他不幸中有大幸，因為那些一如既往監視他的納粹，長期以來都沒發現此事。一九三七年二月，拉丁角落債台高築，大喬連夜帶著私吞的錢潛逃巴黎，女朋友夏洛特．絲蜜德可跟著他逃亡。三月底，大喬在皮加勒街開了棉花酒吧，營業模式（價高、氣氛優雅、美女如雲）就跟他柏林的高級俱樂部無異，只不過在塞納河畔大喬卻一敗塗地，年底就破產了。追蹤他的巴黎外事警察記錄有案，後來大喬在蒙馬特四周的咖啡館虛度光陰，與夏洛特．絲蜜德可的關係也告吹。二次大戰的混亂時期中，里昂．亨利．大喬的蹤跡暫時消失。夏洛特小姐移居義大利菲諾港，她在菲諾港收到一封柏林律師的來信，問她是否清楚大喬是猶太人一事，律師顯然是受蓋世太保委託來調查此事。夏洛特回答：「我當時從未懷疑過大喬可能有猶太背景，因為他的店裡那麼多有頭有臉的人物經常上門走動，否則他們一定會避開拉丁角落，或可說他們必須避開。」[232]多麼刁鑽的回答，脫帽致敬！蓋世太保停止了進一步的追問。

一九四〇年初，大喬突然空降到英國。一九四二年九月，他娶了新女友蘿莎里亞，四年後攀附著她的英國國籍，大喬再度取得新身分，由里昂．亨利．大喬成為了里可．大喬，他還趁機讓自己立即年輕了兩歲。一九五〇年代至一九六〇年代，倫敦夜生活裡不得不想到里可這個人，他在倫敦梅費爾區新開了一家「唐璜」俱樂部（離上流社會往來頻繁的卡薩諾瓦俱樂部只有幾棟樓遠），伊麗莎白女王年輕又任性的妹妹瑪嘉烈公主是他的座上常客。一間美國當地報紙建議里可，有朝一日寫下他的回憶錄，但記者的願望顯然沒有成真。萊布・莫里茨・科恩，即里昂・亨利・大喬，即里可・大喬，一九八五年去世於他最後所選擇的家鄉英國。柏林的那間建築，裡頭曾是拉丁角落的地方，在戰爭的轟炸下未能殘存。如今位於此地的是柏林人民銀行的一棟新建築。

大喬的朋友「虎皮西」休伯特・馮・麥瑞肯直到「第三帝國」沒落，還拍了大約有二十部電影。虎皮西屬於體制的一部分，但他同時鄙視這個體制。美國猶太裔導演比利・懷德後來證實：「他從未自誇過，但他在水晶之夜*沿著選帝侯大街邊跑邊大喊著：『你們！不論誰是猶太人，快跟著我來！』他把那些人藏在自己的公寓裡。是呀！這些人的確存在，這些正直的人，他們的話是可靠的，在當時很難公開反對當局，不過，像麥瑞肯此等人物非常鼓舞人心，棒透了！」[233]二次大戰之後麥瑞肯迎來了他的全盛期，他在無以數計的電影中，穿梭德國各電

*水晶之夜，又稱碎玻璃之夜，一九三八年十一月九日夜晚，納粹敲碎玻璃櫥窗，襲擊全德的猶太人，由於玻璃在地上反射月光如同水晶，因此有水晶之夜之稱。

影院與眾客廳間談笑風生。一九六七年，奧運過去三十年後，他在自傳裡坦言：「我多麼想再去大喬那裡！」[234]「虎皮西」休伯特・馮・麥瑞肯一九七一年五月於漢堡去世。

⫯

有一天瑪莎・卡雷寇告訴了丈夫紹爾事情的真相：一九三六年十二月二十八日在柏林見到世界第一道光的小艾孚嘉塔・亞力山大・米歇爾不是他的兒子。她為了慶祝獨生子的生日做了一首詩：

遠在你出生前，我就深愛著的，你，
由愛與狂熱中誕生。
你是光與上天的恩賜，照亮蒼白的時間。
我的小兒子。

你，我兒，在你還是個「無」時，
還是你父親深邃雙眼裡

那遠遠亮光的那一年，
我的心就完全屬於你了。[235]

瑪莎和紹爾在一九三八年離婚——從此未再相見。她和伽慕友・維納佛在柏林完婚，一九三八年秋天，瑪莎帶著他們共同的孩子移民到美國。國家社會主義終結後，瑪莎還數次拜訪了德國和柏林，她在一九七五年於蘇黎世逝世。

奧運會後，小蒂・費萊雪也結束了她田徑運動員的生涯，把標槍換成手球持續了數年。隨後小蒂安頓了下來，和一位牙醫結婚，在黑森林區開了家皮製品商店。直到一九六六年法國出版了一本書：《我的父親阿道夫・希特勒》，這本八卦書的作者自稱菲利浦・馬文，他官方登記的名字則叫做菲利浦・克里雪，他來自維也納，是小蒂的女兒吉瑟拉的未婚夫。書裡宣稱，奧運會後不久小蒂和希特勒有過一段情，所以一九三七年出生的吉瑟拉應該是「元首」播的種，而非牙醫腰力下的產物。所以，吉瑟拉・希特勒？書中前言所稱：「史上最血腥獨裁者的女兒面向下個世代，獻上這份洶湧澎湃的文獻，真誠坦率，未曾被任何歷史作家撰寫提及。」[236]馬文，別名克里雪，想必是從希特勒傳說中的女兒吉瑟拉口中聽聞這個故事，但她本人斬釘截鐵地否認了。法庭處理剩下的糾紛：根據飽受驚嚇的親生父母的申請書，法官查封了這本回憶錄。小蒂・費萊雪於三十九年後，二〇〇五年在黑森林去世。

彼得・約阿欽・佛洛里希，那位奧運會場的小男孩，一九三九年三月和父母親逃出德國，首先抵達古巴，兩年後舉家移民到北美的美利堅合眾國。一九四六年，彼得獲得美國國籍時，把名字從彼得・佛洛里希改成彼得・蓋伊，成為一位出名的歷史學家以及成功的作家。二〇一五年，彼得・蓋伊於紐約逝世。

泰迪・石濤佛和原始泰迪樂團隨後三年仍在柏林與漢堡客座演出。直到一九三九年三月底，樂團為唱片公司「德律風根」共錄製了超過五十張黑膠唱片，包含後期一首流行曲〈驚悚怪人〉。原本計畫九月在柏林的費米納酒吧客座演出，不過後來爆發了第二次世界大戰，泰迪留在瑞士，德國團員卻必須離開這個中立國，樂團自此解散。泰迪想要成為電影配樂家而前往好萊塢，卻因為居留文件無效而滯留墨西哥。命運驅使下，他到了海濱城市阿卡普爾科，在阿卡普爾科成立了一家夜總會，工作是經理。幾年內，「阿卡普爾科先生」（泰迪很快就被這麼稱呼）將昔日的漁村搖身一變成為國際富豪的聚會場所：電影皇帝克拉克．蓋博、黑珍珠約瑟芬．貝克、俠盜羅賓漢男主角埃羅爾．弗林和甘迺迪家族都是他的好友兼座上常客。泰迪．石濤佛結婚五次，也同樣離婚五次，一九九一年八月，於阿卡普爾科去世。

海蓮娜．邁爾返回美國後，接下來幾年，她八度獲得全國花劍冠軍。海蓮娜任職德文與運動助理教授過活，但顯然她思鄉病不減，因為一九五二年她又再度定居德國，與大她九歲的飛機工程師艾爾文．法爾克納．馮．宋仁堡結婚，舉家搬遷海德堡。她想在海德堡重新生活，接著卻收到一份可怕的診斷書：乳癌。海蓮娜．法爾克納．馮．宋仁堡年僅四十三歲，於一九五三年十月離世。

奧運結束後的第二天，奧林匹克選手村指揮官維爾納·佛萊赫·馮·吉爾沙邀請組織委員會所有同事到柏林衛兵連隊的士官餐廳參加一場小型慶功宴。伴隨著晚餐和葡萄酒，長官開始追憶比賽至今的種種過程，並對所有參與人員的優秀合作表現獻上感謝。前指揮官沃福岡·菲爾斯特納並未在今晚現身。這些先生慶功之際，菲爾斯特納穿上他最好的一套制服，佩戴上所有勳章，徒步穿越選手村往森林湖的方向前進，他停駐在三溫暖屋旁，拿起手槍，將槍口抵住太陽穴，扣下扳機。

一九三六年十一月十日晚上，薛爾先生和法蘭克先生上門拜訪依芳·菲爾斯特納。兩位先生算不上依芳的熟人或朋友，也非夏比尼酒吧的客人，是呀，依芳想不起以前曾經見過他們兩位，不過現在他們站在她的公寓門前，強勢地要求進門，因為薛爾先生和法蘭克先生是關稅調查員。其中一位官員說：「房屋搜索」，並把相關官方文件拿到依芳面前一晃，另一位立即開始搜索工作。兩位先生毫不客氣地翻箱倒櫃，書本裡也看，依芳的床下也瞧。搜索過程中，兩位調查員發現了一些現金、一些不同的銀行文件，還有多封私人信件，他們覺得這就足夠了。兩天後，依芳被逮捕，送入柏林莫阿比區的調查監獄，罪狀是違反外匯規章：依芳利用在英國生活的姊姊，將一大筆錢繞過國庫匯往國外。雖然薛爾的報告指出他們發現的文件意味著「重大嫌疑」，卻沒有罪證確鑿的證據，最後依芳在十二月十九日從拘留所獲釋。

只是他們貓抓老鼠的遊戲依舊持續下去，一九三七年夏天，依芳去做筆錄，說她和埃及外交官阿契茲．德．拿薩結婚了，如今和他在柏林里希特菲爾德區過著寧靜的生活。薛爾調查員很快就發現事有蹊蹺，「您先生在那兒沒有登記，外交部也不認識埃及大使館有位叫德．拿薩的貿易專員」[237]。這又是怎麼回事呢？原來傳說中的貿易專員是依芳在夏比尼酒吧裡那位二十三歲的仰慕者，他還一直住在歐本海太太的租屋處。這場婚姻（如果真的結過的話）很可能只是假結婚。也許依芳覺得，藉由埃及外交官夫人的身分，可以從納粹魔掌中取得安全。沒人清楚這個時間點上她是否還和穆斯塔法．艾爾．夏比尼有親密關係。

烏然德街的夏比尼酒吧直到一九三八年還存在著，後來幾年就失去了穆斯塔法和依芳的音訊。一九四一年三月，穆斯塔法的名字出現在德國通緝名單上，但他顯然已經離開了這塊土地，就連依芳也成功逃離德國，豈知命運不厚待她，依芳．德．拿薩在一九四六年八月，奧運會後十年，於開羅去世，逝世時她還未滿四十五歲。二次大戰後，穆斯塔法．夏比尼也在開羅定居，還在開羅開了一間旅館。後來他搬到倫敦，一九七五年一月在倫敦去世。夏比尼酒吧的賣點——樂手赫爾伯．佛列明，在柏林一待又快一年，直到一九三七年六月才回到美國。戰爭結束後，赫爾伯再次踏上歐洲大陸，一九六九年他拜訪柏林時，烏然德街上早已物換星移令他摸不著頭緒，那個他以往表演熱門爵士逾三十年之地，已無任何一塊石頭殘留下來。一九七六年十月，赫爾伯．佛列明在紐約市逝世。

卡拉和喬治．德．弗里斯在歐洲旅行後回到了美國，那場香吻攻擊引起的騷動很快就沉寂了下來。不過，一九三六年十一月，德．弗里斯太太又再次吸引了眾人目光。洛杉磯一棟高樓前鬧得人仰馬翻，一個寡婦站在強風猛吹的窗台高處，顯然想要縱身跳下。警察朝她推進，但他們無法跟這位女士溝通，因為她說著一口德英交雜、令人困惑的語言。試圖輕生的女士名叫艾瑪．紐曼，她出生於德國，現在住在康乃狄克州諾沃克市郊的精神病院，剛從看護身邊逃脫。卡拉正巧在附近，目睹了這場駭人耳目的事件，她從看熱鬧的人群擠出一條路到前面，極力想要插手幫忙。她告訴警察她會說一點德文，也許可以打消病人念頭，負責的警察點頭默許（他也無計可施）。於是卡拉跟著爬出窗外，開始與艾瑪談話。底下的街道站著上百位民眾，他們入神地看著上方。警察張開接跳布，醫生和醫護人員就定位。可惜我們不清楚，卡拉對傷心女子說了些什麼，也許她提起自己和喬治夏天的那場歐洲之旅吧！又或許她談著柏林的體驗。不知不覺艾瑪點了點頭，卡拉爬回房間，向艾瑪伸出援手，把她拉回房裡。如今卡拉成為了女英雄，報紙詳盡報導她的最新事蹟：「親吻希特勒的女人卡拉・德・弗里斯，救了瘋子一命。」卡拉比丈夫喬治多活了三十五年，於一九八五年在加利福尼亞逝世。

昔日的帝國文化監督漢斯・辛克爾，也屬於那些為數不少、在德國聯邦共和國*未被追討他們犯罪責任的國家社會主義者。二次世界大戰尾聲，這位帝國電影局長於一九四五年遭拘留，一九四七年因為曾參與掠奪波蘭文化寶藏而被押送波蘭，拘禁五年後，於一九五二年重返德國，一九六〇年在哥廷根過世。

*現今的德國。

艾邁德．毛史塔法．迪少奇的命運大都不為人知，只能確定他經營西羅酒吧一直到一九三九年春天——不過業績逐漸低迷。艾邁德付不出帳單、不能為員工繳納保險費、糾結在無止境的債務裡，直到某天他自己也看不清這一團亂。企業債台高築時，向公司負責人提出的訴訟就出現了。一九三六年七月，艾邁德本該被遣返埃及，但海因里希．希姆萊突然撤回驅逐出境的命令。為什麼？我們不清楚，外交部的相關文件銷毀在戰爭中。

他的下一個行蹤出現在一九四一年十月，希姆萊宣布艾邁德禁止居留之際。不過，顯然艾邁德三年後還在柏林，因為一九四四年九月，他被安置到莫阿比區的調查監獄幾個星期。他最後的生命跡象出現在一九四五年四月。虎皮西回憶道：「他和一位女士在阿道夫．希特勒廣場朝我迎面走來，我想向他打個友善的招呼，他卻害怕地撇開視線。」[238]

一九三九年第二次世界大戰爆發時，艾邁德的情人克拉拉．馮．宮塔德和丈夫與女兒莉莉克萊兒正在美國拜訪親戚。宮塔德一家停留在聖路易斯市，一九四一年十二月，保羅．馮．宮塔德在那兒過世。女婿伯恩哈德．貝爾克豪斯則反其道而行，留在德國持續和納粹大做生意。由於他優秀的人際關係，使他能夠將岳父母的大筆財產匯到瑞士。戰爭結束後，柏林動物園區的家族別墅歸還給克拉拉。克拉拉死於一九五九年，四年後她的繼承人將豪宅賣給柏林地方政府。宮塔德別墅，曾經人來客往多少美貌與富有人物，如今駐守著柏林國立博物館管理總局。

西羅酒吧在戰爭中幸存了下來，一九五〇年代還歷經了一場小型復興。如今冉克街三十一至三十二號的這棟房子裡頭是一家高級俱樂部，繼承的名字叫做西羅（又怎麼會叫別的呢？）。

伊莉莎白・李的家人起初從馬察恩的營區被轉移到薩克森豪森集中營，然後在一九四三年被送到奧斯威辛集中營所謂的「吉普賽營區」。這段期間關在奧斯威辛集中營的二萬二千六百人中，超過一萬九千人死亡。伊莉莎白從「第三帝國」存活了下來。

一九四五年七月中，翰茲・柴樂邁耶在炸平的石頭廣場上，那棟克難重建的旅館裡開了柴樂邁耶餐廳。這是他事業飛黃騰達的開端，接下來幾年間，柴樂邁耶餐廳將成為柏林餐旅業的龍頭。翰茲留名歷史是在一九四九年六月，他說服柏林城的美籍指揮官法蘭克・豪利，在下次的盟國對德管制委員會會議中解除宵禁。自此大家又可以在柏林通宵達旦狂歡了。翰茲的弟弟阿欽恩，一九五〇年在家族旅館底層開了家無時無刻都煙霧瀰漫的小酒館「滿貫」，德國戰後知識份子在此頻繁出沒。妹妹伊兒瑟雖然完成了她學聲樂的人生夢想，卻是以歌劇經紀公司老闆的身分成名，這家公司代理著盧奇亞諾．帕瓦羅蒂等知名聲樂家。

⫯

一九四二年九月，米德莉．哈納克和阿維德．哈納克被捕，他們因為隸屬反政府團體「紅色唱詩班」而遭控訴。帝國法庭做了簡短的審判：一九四二年十二月，阿維德．哈納克因嚴重叛國罪被判處死刑，妻子米德莉獲判六年監禁的處分。然而阿道夫．希特勒拒絕同意對米德莉做出的判決。在他的指示下，一場新的訴訟審訊重新召開，並在一九四三年一月中以死刑終結。一九四二年十二月二十二日，阿維德．哈納克被吊死在柏林布勒澄湖拘留所，一九四三年二月十六日，米德莉也死於那裡的斷頭台。那個星期二，十八點五十七分，斧頭快速落下不久前，米德莉說出最後遺言：「我曾經深愛過德國。」[239]

⫯

傑西．歐文斯，柏林奧運無法忽視的英雄，返回美國後就結束了他的運動生涯，因為這位二十三歲的田徑選手無法僅靠賽跑就能賺足金錢來養家活口，此外還摻雜了一些對人性的失望。九月紐約雖有一場慶祝傑西勝利歸來的遊行，但遊行後他在華道夫．阿思多利亞酒店，卻得搭乘送貨電梯去參加為他舉辦的宴會，因為黑人是不准和白人乘坐同一部電梯的。傑西苦澀地下結論：「希特勒不曾侮辱我，是我們的總統侮辱了我。總統從未發過一封祝賀電報給我。」[240]

傑西開了家洗衣店，還在遊樂場和夜總會客座表演，攢了點小錢後，又在股市輸個精光。奧運結束後第三年，柏林的大英雄已經無以支付帳單。傑西頂著「世界最快的男人」這個鑲金的頭銜，參加了一場類似年度市集裡驚爆秀的賽跑，對手是摩托車、賽狗和賽馬，命運並未賜給他永恆的成功，直到一九五〇年，他才重獲應得的認可。一九六四年夏天，傑西重遊當年的西柏林，為了拍攝紀錄片回到了奧林匹克體育場。傑西．歐文斯一九八〇年三月因肺癌過世。他的朋友鹿仔，在這個時間點已經去世三十七年，鹿仔身為士兵服役沙場，在一九四三年七月西西里島的戰鬥中死亡。

⫯

維克多．克萊普勒從「第三帝國」和一九四五年二月德勒斯登的轟炸中奇蹟般存活了下來。戰爭結束兩年後，他報復那些追捕他的人：一九四七年出版的書《第三帝國的語言》*裡，克萊普勒探討了國家社會主義者是如何用他們的「納粹語言」來糟蹋德文。克萊普勒一九五〇年代參與了東德的重建，一九六〇年於德勒斯登過世。

安德列・弗朗索瓦－龐賽在柏林還停留了兩年之久，之後調職羅馬法國大使。一九四〇年，外交官回到法國，晉升維琪法國†的顧問，但他卻未能成為戰爭阻力。德國占領法國後，一九四三年八月蓋世太保逮捕弗朗索瓦－龐賽，和另外兩打納粹戲稱為「帝國政府榮譽客人」的人物，先後拘留在布里克森谷的依特堡和克萊恩瓦爾舍谷的伊芬酒店。「我必須要吃大鍋菜！」幾年後弗朗索瓦－龐賽仍忿忿不平地說。一九四九年八月，他被任命為新成立的聯邦共和國戰後委員會法國代表，任職直到一九五五年。一九七八年一月，安德列・弗朗索瓦－龐賽在巴黎逝世。

奧托．何爾謝和赫爾曼．戈林繼續維持良好的生意關係。身為德國國防軍的「餐飲業後防」，奧托．何爾謝接收了維也納的匈牙利輕騎兵餐廳和巴黎的馬克西姆餐廳。然而隨著日益困難的戰爭局勢，一九四三年初，戈培爾向何爾謝宣戰。宣傳部長在史達林格勒戰役‡後，想把柏林殘存的奢侈的美食餐廳全給收起來，卻因此槓上奧托大廚的常客赫爾曼．戈林，演變成一場貨真價實的小型戰爭，包圍在路德街上的這家餐廳。過程中，戈培爾甚至請希特勒出面干涉。直到一晚衝鋒隊隊員將櫥窗玻璃砸碎，何爾謝明白時間到了。戈林簽發給何爾謝所有必要的官方文件，還派了一列帝國鐵路特別列車供他使用，車上滿載著這位餐飲業者的全部家當，廚房設備連同烤箱、餐廳內裝和全部桌椅、玻璃杯、瓷器、銀餐具以及那出名的壓鴨機——別無一物遺留柏林，目的地：馬德里。簡直不可置信，當全世界沉淪戰火時，何爾謝帶著一整家奢華餐廳搭乘火車穿越烽火綿延的歐洲。一九四三年十一月月中，何爾謝在馬德里慶祝餐廳重

---

*《第三帝國的語言：一個語文學者的筆記》，內容闡明納粹的語言是如何如毒素般滲入德國人的生活中，進而能夠操縱德國民眾乃至受壓迫者，對於納粹時期社會和一般德國民眾的意識形態有十分忠實的描述。

†維琪法國（Vichy-Regime），二次大戰期間納粹德國控制下的法國政權。

‡史達林格勒戰役，德蘇大戰的轉捩點，德國在二次大戰中首次大規模戰敗。

新開幕，直到今日，何爾謝餐廳仍是家族經營，屬於西班牙首都最棒的美食餐廳。

安德列．弗朗索瓦－龐賽昔日在柏林品嚐魯昂血鴨的地點，如今蓋了一棟醜陋的戰後建築，建築的底層有一家烤肉店，店裡的招牌菜是：土耳其烤肉麵包。

一九三七年一月，慘烈收場的那晚過後的半年，水泥師傅埃里希．阿倫德站在法官面前。雖然帝國法務部駁回了「惡意攻擊國家與黨，連帶叛國及詆毀元首與帝國總理」的罪名，柏林地方法院卻以不同的角度，認為備足了不利證據可做出判決。還好阿倫德不幸中有大幸，「被告因違反一九三四年五月五日頒布的頭銜、勳章及榮譽頭銜法，判處六週自行負擔費用的監獄徒刑。此處分在調查拘留期間已服刑期滿。」[241]

「湯姆」湯瑪斯．伍爾夫將他的宣告付諸實行，和緹雅．韋爾克到蒂羅爾山區庫夫施泰因市附近的阿爾卑巴赫村旅遊，兩人下榻在村裡的一間小民宿。日復一日，湯姆著手手稿的工作，晚上則和緹雅到當地客棧用餐。起初幾天進行順利，後來湯姆感覺每況愈下。緹雅憂鬱的個性、陌生房間裡緊密的關係、更尤其鄉下的環境，全都讓他日益煩躁。韓茲·列蒂克回憶：「他既煩躁又失望。他對我約略提過，他直接把那位金髮旅伴留在山上的牧場離開了。」242

九月初，湯姆經由慕尼黑返回柏林。不知他是否預感到自己不會再見到最愛的柏林，便又再次縱情柏林的夜生活。湯姆上斯卡拉戲院和德爾菲皇宮戲院看表演，在施利希特餐廳用晚餐，去麥恩茲媽媽那兒喝酒。但是，轉眼問他連帝國首都也不再喜歡了。在不安的驅使下，湯姆想去巴黎再回美國。最後一晚，他和韓茲碰面。韓茲說：「我們喝個不停，在街上他開始吵架，最後我在酒精催化的憤怒中離開了他，這次我沒有流下任何眼淚。離別時圍繞的氣氛讓我感覺很彆扭，宛如那潛滋暗長的毒摧毀了我們的友誼。我累個半死，踉蹌爬上床，一直睡到日上三竿。下午我在辦公室看到了他的留言：『別在意我們之間的問題。我愛你們。湯姆。』」243

韓茲發現紙條時，湯姆已坐在那列從亞琛市將他帶往法國的列車上。那天是星期二，一九三六年九月八日，他和其他四人分享一間隔間，包括一個女人、另一個美國人以及一個緊張兮兮的矮小男人。火車的路途遙遠又乏味，因此湯姆和他的同鄉先去找餐車車廂，在餐車裡盡情享用午餐。回到隔間後，湯姆開始和同行的人搭話。矮小的男人向湯姆低語：畢竟湯姆是美國人，可不可以拜託他一件事？湯姆點頭。陌生男人說明：列車不久後即將抵達亞琛市，那裡是邊界車站，旅客會被盤查。可是有些嚴格的規定，按規定他不可以攜超過十帝國馬克出境，他這裡有一些現金……男人沒把話說完，只是指著手中的錢。湯姆馬上了解他的意思，他把錢拿過來，準備過了邊境後將錢交還給他。

到了亞琛，就在湯姆暫時去活動雙腳之際，德國邊境警察上了列車，一間又一間地輪番進入隔間。湯姆回到隔間後，裡頭氣氛大為激動，湯姆剛好還看到警察是如何將那位矮小男人押走的。湯姆問隔間裡的女人：發生了什麼情況？女人低聲說：那位乘客好像還有一大筆現金在身上，這可是不允許的。她還補充說：那個人一定是猶太人。湯姆疑惑地看著她。女人又生氣地說：都是他自己的錯，大家都知道，攜帶大筆金額出去是禁止的……，最後她又嘲諷：「天知道他為什麼給你十馬克，如果他另外還有這麼多錢？真蠢呀！這麼做根本沒意義！」[244]

逮捕猶太人和女子的冷血反應令湯姆深深地心煩意亂。他無語，同時又對負責做這種事的人充滿了憤怒與憎恨。他突然想起奧運的最後一天，他對韓茲所做的承諾：有朝一日，他會寫一本關於他在「第三帝國」所見所聞的書。

抵達紐約後，他立即著手寫書的工作。短短時間就完成了一本自傳式的敘事集，書名為《我有話要說》。這部短篇小說一方面歌詠著他對柏林的情感，另一方面則一針見血地清算了納粹和政權。恩斯特．羅渥爾特、韓茲．列蒂克、緹雅．韋爾克和列車裡的旅客，或多或少都能在文章中找得到隱藏身後的角色。一九三七年春天，韓茲在一本美國雜誌讀到這部小說的預印版本時，他大為震驚。如錄音般詳盡，湯姆將他與自己、老羅渥爾特和其他柏林朋友的對話重現。如果宣傳部官員分析內容，尋找那些角色的原始範本，那該怎麼辦？他們可以把一個角色接著一個角色串連起來，然後他們會找出湯姆和羅渥爾特出版社的關係，對他們而言應該不困難吧！韓茲、羅渥爾特、作家恩斯特·馮·沙羅蒙以及瑪爾塔參與了一次緊急危機處理會議，眾親朋好友討論這本敘事集出版後可能產生的危機。瑪爾塔哭著建議，還是及早離開德國最好！這當然不被大家認真列入考慮。沙羅蒙回憶：「羅渥爾特有如北極熊般不停搖晃上半身，之後他突然重擔一卸，神采奕奕地以宏亮的聲音說：『呵呵，我不會有事的！我只不過不停說著：乾杯！』」[245]深入地討論後，他們達成共識，先別自己嚇唬自己，靜觀其變，看看事態如何發展。然而恐懼依然深埋在心。

一九三八年九月十五日，「湯姆」湯瑪斯·克萊頓·伍爾夫以三十七歲之齡死於肺結核。緹雅·韋爾克出於對生命的絕望，一九四一年八月吞下過量的安眠藥自殺。恩斯特·羅渥爾特依舊三不五時喝些對腎好的摩澤爾葡萄酒，戰爭結束後他繼續出版工作——首先在斯圖加特，後來到柏林，羅渥爾特出版社晉升為年輕的德國聯邦共和國裡最具代表性的出版社之一，恩斯特·馮·沙羅蒙的自傳報導《問卷調查》也是他所有出版物中的成功著作之一。羅渥爾特於一九六〇年去世時，兒子韓茲接手領導出版事業。恩斯特·馮·沙羅蒙於一九七二年八月、瑪爾塔·陶德於一九九〇年八月、韓里希·馬麗亞（韓茲）·列蒂克·羅渥爾特於一九九二年二月逝世。

湯瑪斯．伍爾夫死訊傳遍世界的那個星期四，英國首相亞瑟．內維爾．張伯倫登上一台將他載往南德的飛機。他的目的地：巴伐利亞境內貝希特斯加登的上薩爾茲伯格地區——希特勒的「鷹巢」。他和獨裁者將協商關於蘇台德地區問題*以及防治新戰爭的發生，並試圖阻擋德國擴張威脅，然而他此舉僅延緩了戰爭，卻無法一勞永逸地遏止戰事發生。

*蘇台德地區問題，一九一八年至一九三八年，它曾是捷克斯洛伐克的一部分，此地居住著三百餘萬說德語的德意志人。慕尼黑會議後，在英、法兩國同意下，捷克斯洛伐克被迫割讓蘇台德地區給納粹德國。

感謝

在寫這本書的過程中，我獲得了諸多幫忙，為此我想要誠摯道謝。特別是諮詢資料庫和收藏中心的工作人員，尤其是柏林國家檔案館的 Annette Thomas 和 Gisela Erler，她們不厭其煩地隨時幫我開啟館內館藏。

我要向 Thomas Rathnow 和席德勒出版社的 Jens Dehning 道謝，向慕尼黑的編輯 Karen Guddas 道謝，向運用合適手法，賦予此書文字與照片美感的 Ditta Ahmadi 道謝，Barbara Wenner 身為經紀人，在我身旁支援、提供建議與行動，也誠心感謝她。

此外我還想，分別出自不同的原因，向 Christian Becker、Shareen Blair Brysac、Christine Casapicola、Elke Fröhlich 博士、Armin Fuhrer、Heike Görtemaker 博士、Florian Huber 博士教授、Emanuel Hübner 博士、Dorothea Hütte、Hans Kitzmüller 博士、Jürgen May 博士、Steven B. Rogers 博士、Jutta Rosenkranz、Claus W. Schäfer 博士、Micheal Töteberg、Michael Tsokos 博士教授、Beatrice Vierneisel、Annegret Wilke、Ilse Zellermayer 以及 Gisela Zoch-Westphal 等人誠

摯道謝；接著向我的父母親 Ilnoa 和 Wilfried Hilmes 致上最大感謝；最後，但誠意未減地向 Peter Frankzek 致上謝意。

注釋

一九三六年八月一日，星期六

1 Elke Fröhlich (Hrsg.), *Die Tagebücher von Joseph Goebbels*, Teil I, Bd. 3/II, München 2001, S. 146.

2 Harry Graf Kessler, *Das Tagebuch. Vierter Band 1906–1914*, Stuttgart 2005, S. 590f.

3 Richard Strauss an den Marktgemeinderat Garmisch, 1. 2. 1933, Abschrift in: BAB, R 8076/236.

4 Willi Schuh (Hrsg.), *Richard Strauss, Stefan Zweig. Briefwechsel*, Frankfurt/Main 1957, S. 90.

5 Richard Strauss an Hans Heinrich Lammers, 20. 12. 1934, Abschrift in: BAB, R 43II/729.

6 Hannes Trautloft, *Als Jagdflieger in Spanien. Aus dem Tagebuch eines deutschen Legionärs*, Berlin 1940, S. 15.

7 Fröhlich (Hrsg.), *Die Tagebücher von Joseph Goebbels*, Teil I, Bd. 3/II, S. 146.

8 Richard S. Kennedy und Paschal Reeves (Hrsg.), *The Notebooks of Thomas Wolfe*, Bd. 2, Chapel Hill 1970, S. 748.

9 Thomas Wolfe an Maxwell Perkins, 23. 5. 1935, in: Elizabeth Nowell (Hrsg.), *The Letters of Thomas Wolfe, New York 1956*, S. 460.

10 Thomas Wolfe, *Es führt kein Weg zurück*, Berlin 1963, S. 604.

11 Ebd., S. 609f.

12 »Alle Welt ist begeistert. Die Boykott-Bewegung gegen Hitlers Olympiade 1936 in Berlin scheiterte«, in: *Der Spiegel*, Nr. 5/1980, S. 123.

13 Fröhlich (Hrsg.), *Die Tagebücher von Joseph Goebbels*, Teil I, Bd. 3/II, S. 112.

14 Franz Trenner (Hrsg.), *Richard Strauss. Chronik zu Leben und Werk*, Wien 2003, S. 573.

15 Zit. nach: »Alle Welt ist begeistert«, S. 116.

16 Stephan Tauschitz an Guido Schmidt, 5. 8. 1936, ÖSTA/ADR, Neues Politisches Archiv, Politische Berichte Berlin, Nr. 176/1936.

17 BAB, NS 10/51.

一九三六年八月二日，星期日

18 BAB, R 58/2322.

19 Fröhlich (Hrsg.), *Die Tagebücher von Joseph Goebbels*, Teil I, Bd. 3/II, S. 147.

20 »Olympiasiegerin Tilly Fleischer grüßt die Leser der Nachtausgabe«, in: *Berliner illustrierte Nachtausgabe*, 2. 8. 1936.

21 Reinhard Rürup (Hrsg.), *1936. Die Olympischen Spiele und der Nationalsozialismus*, Berlin 1996, S. 182.

22 Horst Winter, *Dreh dich noch einmal um. Erinnerungen des Kapellmeisters der Hoch- und Deutschmeister*, Wien 1989, S. 26.

23 Vernehmung Hanns Curth, LAB, A Pr.Br.Rep. 030-02-05 Nr. 20.

一九三六年八月三日，星期一

24 Mascha Kaléko, »Der nächste Morgen«, aus: dies., *Das lyrische Stenogrammheft*. Kleines Lesebuch für Große, © 1978 Rowohlt Taschenbuch Verlag GmbH, Reinbek bei Hamburg, © digitale Rechte: 2015 dtv Verlagsgesellschaft, München.

25 Fröhlich (Hrsg.), *Die Tagebücher von Joseph Goebbels*, Teil I, Bd. 3/II, S. 148.

26 Elke Fröhlich (Hrsg.), *Die Tagebücher von Joseph Goebbels*, Teil I, Bd. 2/II, München 2004, S. 133.

27 »Wir gratulieren, Herr Goebbels!«, in: *Die Rote Fahne*, 18. 12. 1931.

28 Elke Fröhlich (Hrsg.), *Die Tagebücher von Joseph Goebbels*, Teil I, Bd. 2/III, München 2006, S. 115.

29 Ebd., S. 150.

30 Fröhlich (Hrsg.), *Die Tagebücher von Joseph Goebbels*, Teil I, Bd. 2/II, S. 63.

31 Elke Fröhlich (Hrsg.), *Die Tagebücher von Joseph Goebbels*, Teil I, Bd. 3/I, München 2005, S. 67.

32 Fröhlich (Hrsg.), *Die Tagebücher von Joseph Goebbels*, Teil I, Bd. 3/II, S. 147.

33 Hans Bohrmann und Gabriele Toepser-Ziegert (Hrsg.), *NS-Presseanweisungen der Vorkriegszeit. Edition und Dokumentation*, Bd. 4/1936, München 1993, S. 830.

34 »Borchmeyer im Endlauf«, in: *Olympia-Zeitung*, 4. 8. 1936.

35 Baldur von Schirach, *Ich glaubte an Hitler*, Hamburg 1967, S. 217.

36 Albert Speer, *Erinnerungen*, Berlin 2007, S. 86.

37 BAB, R 58/2320.

38 Bohrmann, *NS-Presseanweisungen der Vorkriegszeit*, S. 831f.

39 »Tumult im Luxusrestaurant«, in: *Berliner Herold*, 11. 11. 1934.

40 Yvonne Fürstner an Lieselotte Meigs, 15. 11. 1935, in: LAB, A Rep. 358-02 Nr. 118497.

41 BAB, NS 10/51.

42 Thomas Mann, *Tagebücher. 1935–1936*, hrsg. von Peter de Mendelssohn, Frankfurt/M. 1978, S. 344f.

43 Ebd., S. 350.

一九三六年八月四日，星期二

44 Thomas Wolfe, »Brooklyn, Europa und ich«, in: *Die Dame, Illustrierte Mode-Zeitschrift*, Heft 3/1939, S. 41f.

45 BAB, NS 10/51.

46 *B.Z. am Mittag*, 4. 8. 1936, S. 1.

47 Jeremy Schaap, *Triumph. The untold Story of Jesse Owens and Hitler's Olympics*, Boston 2007, S. 200.

48 »Jesses Märchen«, in: *Der Spiegel*, Nr. 1/2015, S. 105.

49 Luz Long, »Mein Kampf mit Owens«, zit. nach: Kai-Heinrich Long, *Luz Long – eine Sportlerkarriere im Dritten Reich. Sein Leben in Dokumenten und Bildern*, Hildesheim 2015, S. 101f.

50 Fröhlich (Hrsg.), *Die Tagebücher von Joseph Goebbels*, Teil I, Bd. 3/II, S. 149.

51 Long, *Luz Long – eine Sportlerkarriere im Dritten Reich*, S. 208.

52 BAB, R 58/2320.

53 »Speisekarte für Olympia-Gäste«, in: *Berliner Lokalanzeiger*, 17. 7. 1936.

54 »Speisekarte für Olympia-Gäste«, in: *Berliner Lokalanzeiger*, 14.7.1936.
55 »Wir sprachen Thomas Wolfe«, in: *Berliner Tageblatt*, 5.8.1936.
56 Wolfe, *Es führt kein Weg zurück*, S. 606.
57 Thea Voelcker an Thomas Wolfe, 20.10.1936, HLB.
58 *Die Dame*, Heft 16/1936, S. 33f.
59 BAB, NS 10/51.
60 *Die olympischen Spiele 1936*, Bd. 2, Berlin 1936, S. 120.

一九三六年八月五日，星期三

61 Ernst von Salomon, *Der Fragebogen*, Reinbek 2003, S. 273f.
62 Stephan Tauschitz an Guido Schmidt, 5.8.1936, ÖSTA/ADR, Neues Politisches Archiv, Politische Berichte Berlin, Nr. 175/1936.
63 Zit. nach: Kennedy, *The Notebooks of Thomas Wolfe*, Bd. 2, S. 834.
64 H.P. Tillenburg, »Klirrender Stahl im Kuppelsaal. Wir besuchen die olympischen Amazonen«, in: *Olympia-Zeitung*, 7. August 1936.
65 BAB, R 58/2320.
66 Fröhlich (Hrsg.), *Die Tagebücher von Joseph Goebbels*, Teil I, Bd. 3/II, S. 150.
67 Bella Fromm, *Als Hitler mir die Hand küsste*, Berlin 1993, S. 250.
68 Jürgen Trimborn, *Riefenstahl. Eine deutsche Karriere*, Berlin 2002, S. 256.

69 Carl Zuckmayer, *Geheimreport*, München 2007, S. 93f.

70 Salomon, *Der Fragebogen*, S. 277.

71 Martha Dodd, *Meine Jahre in Deutschland 1933 bis 1937. Nice to meet you, Mr. Hitler!* Frankfurt/Main 2005, S. 74.

72 Shareen Blair Brysac, *Mildred Harnack und die Rote Kapelle. Die Geschichte einer ungewöhnlichen Frau und einer Widerstandsbewegung*, Berlin 2003, S. 229.

73 Zit. nach: David Herbert Donald, Look Homeward. *A Life of Thomas Wolfe*, Boston 1987, S. 386.

一九三六年八月六日，星期四

74 Wolfe, *Es führt kein Weg zurück*, S. 616.

75 Ledig-Rowohlt, *Thomas Wolfe in Berlin*, S. 74.

76 Fröhlich (Hrsg.), *Die Tagebücher von Joseph Goebbels*, Teil I, Bd. 3/II, S. 151.

77 Alfred Rosenberg, *Die Tagebücher von 1934 bis 1944*, Herausgegeben und kommentiert von Jürgen Matthäus und Frank Bajohr, Frankfurt/Main 2015, S. 186f.

78 *Documents on British Foreign Policy 1919–1939*, Second Series, Vol. 17, London 1979, S. 768.

79 Ebd., S. 767f.

80 Bohrmann, *NS-Presseanweisungen der Vorkriegszeit*, S. 853.

81 Fröhlich (Hrsg.), *Die Tagebücher von Joseph Goebbels*, Teil I, Bd. 3/II, S. 151.

82 Fröhlich (Hrsg.), *Die Tagebücher von Joseph Goebbels*, Teil I, Bd. 2/II, S. 98.

83 Ebd., S. 100.

84 Fröhlich (Hrsg.), *Die Tagebücher von Joseph Goebbels*, Teil I, Bd. 3/II, S. 151.

85 »Deutsch – nicht Schachteldeutsch!«, in: *Berliner Lokal-Anzeiger*, 6.8.1936.

86 Fromm, *Als Hitler mir die Hand küsste*, S. 250.

87 Fröhlich (Hrsg.), *Die Tagebücher von Joseph Goebbels*, Teil I, Bd. 3/II, S. 151f.

88 »Festlicher Abend in der Staatsoper«, in: *Berliner Lokal-Anzeiger*, 7.8.1936.

89 Fröhlich (Hrsg.), *Die Tagebücher von Joseph Goebbels*, Teil I, Bd. 3/II, S. 151f.

90 Willy Brandt, *Erinnerungen*, Frankfurt/Main 1989, S. 110.

91 Paul Schmidt, *Statist auf diplomatischer Bühne 1923–45. Erlebnisse des Chefdolmetschers im Auswärtigen Amt mit den Staatsmännern Europas*, Bonn 1953, S. 325.

92 Wilhelm Treue, »Hitlers Denkschrift zum Vierjahresplan 1936«, in: *Vierteljahrshefte für Zeitgeschichte* 3 (1955), Heft 2, S. 210.

93 BAB, R 58/2320.

94 Ledig-Rowohlt, *Thomas Wolfe in Berlin*, S. 74.

95 *Berliner Lokal-Anzeiger*, 6.8.1936.

一九三六年八月七日，星期五

96 »Sven Hedin besucht ein Arbeitsdienstlager«, in: *Berliner Lokal-Anzeiger*, 7.8.1936.

97 So der jüdische Häftling Alfred Lomnitz, zit. nach: Günter Morsch (Hrsg.), *Sachsenhausen. Das*

›*Konzentrationslager bei der Reichshauptstadt*‹, Berlin 2014, S. 27.

98 *Lernen Sie das schöne Deutschland kennen. Ein Reiseführer, unentbehrlich für jeden Besucher der Olympischen Spiele zu Berlin*, Kopie in: BAB, R 58/2320.

99 Trautloft, *Als Jagdflieger in Spanien*, S. 20f.

100 Fröhlich (Hrsg.), *Die Tagebücher von Joseph Goebbels*, Teil I, Bd. 3/II, S. 152.

101 *Amtlicher Bericht 11. Olympiade Berlin 1936*, Bd. 1, Berlin 1937, S. 234–245.

102 »Unterrichtung über Rassengesetze«, in: *Nationalsozialistische Parteikorrespondenz*, 7.8.1936.

103 Fröhlich (Hrsg.), *Die Tagebücher von Joseph Goebbels*, Teil I, Bd. 3/II, S. 152.

104 Bohrmann, *NS-Presseanweisungen der Vorkriegszeit*, S. 860.

105 Wolfe, *Es führt kein Weg zurück*, S. 607f.

106 Salomon, *Der Fragebogen*, S. 265f.

107 Fröhlich (Hrsg.), *Die Tagebücher von Joseph Goebbels*, Teil I, Bd. 3/II, S. 153.

一九三六年八月八日，星期六

108 Bohrmann, *NS-Presseanweisungen der Vorkriegszeit*, S. 864.

109 Zit. nach: Rürup, 1936, S. 141.

110 Oskar Böhmer, zit. nach: Patricia Pientka, *Das Zwangslager für Sinti und Roma in Berlin-Marzahn. Alltag, Verfolgung und Deportation*, Berlin 2013, S. 77.

111 Fröhlich (Hrsg.), *Die Tagebücher von Joseph Goebbels*, Teil I, Bd. 3/II, S. 156.

112 »Schwarze Kunst Basketball«, in: *Der Angriff*, 8. 8. 1936.

113 »Herrliche Welt des Scheins. Die Scala im Olympia-Monat«, in: *Berliner Lokal-Anzeiger*, 6. 8. 1936.

114 Carl von Ossietzky, »Gontard«, in: *Die Weltbühne*, 16. 12. 1930.

115 Fritz Schulz-Reichel, zit. nach: Knud Wolffram, *Tanzdielen und Vergnügungspaläste. Berliner Nachtleben in den dreißiger und vierziger Jahren*, Berlin 2001, S. 189.

116 BAB, R 58/2320.

117 Leni Riefenstahl, *Memoiren*, München 1987, S. 272.

118 Dodd, *Meine Jahre in Deutschland*, S. 360.

119 Fröhlich (Hrsg.), *Die Tagebücher von Joseph Goebbels*, Teil I, Bd. 3/II, S. 153.

120 Robert Rhodes James (Hrsg.), Chips. *The Diaries of Sir Henry Channon*, London 1993, S. 108.

一九三六年八月九日，星期日

121 Peter Gay, *Meine deutsche Frage. Jugend in Berlin 1933–1939*, München 1999, S. 63.

122 Ebd., S. 67.

123 Fröhlich (Hrsg.), *Die Tagebücher von Joseph Goebbels*, Teil I, Bd. 3/II, S. 154.

124 Gay, *Meine deutsche Frage*, S. 100.

125 BAB, NS 10/51.

126 So der Schlagzeuger Jonny Heling, zit. nach: Wolffram, *Tanzdielen und Vergnügungspaläste*, S. 187.

127 »Sherbini will verkaufen«, in: *Berliner Herold*, 20. 1. 1935.

128 Vgl.: Egino Biagioni, *Herb Flemming. A Jazz Pioneer around the World*, Alphen 1977, S. 51.
129 BAB, NS 10/51.
130 Ledig-Rowohlt, *Thomas Wolfe in Berlin*, S. 71.
131 Kennedy, *The Notebooks of Thomas Wolfe*, Bd. 2, S. 829.
132 Ebd., S. 822.

一九三六年八月十日，星期一

133 Handwerkerschaft Eberswalde-Oberbarnim an Generalstaatsanwalt beim Landgericht, 12. 8. 1936, LAB, A Rep. 358-02 Nr. 18117.
134 Hubert von Meyerinck, *Meine berühmten Freundinnen. Erinnerungen*, Düsseldorf 1967, S. 114.
135 Der Polizeipräsident in Berlin an Geheime Staatspolizei, 2. 3. 1938, LAB, B Rep. 202 Nr. 4258.

一九三六年八月十一日，星期二

136 *Berliner Tageblatt*, 11. 8. 1936.
137 Teddy Stauffer, *Es war und ist ein herrliches Leben*, Berlin 1968, S. 115ff.
138 Interview Walter Dobschinsky, in: Bernd Polster (Hrsg.), *Swing Heil. Jazz im Nationalsozialismus*, Berlin 1989, S. 69.
139 Interview Bob Huber, in: Wolffram, *Tanzdielen und Vergnügungspaläste*, S. 143.
140 Stauffer, *Es war und ist ein herrliches Leben*, S. 117.

141 Fröhlich (Hrsg.), *Die Tagebücher von Joseph Goebbels*, Teil I, Bd. 3/I, S. 334.
142 »Foto-Wettbewerb«, in: *Elegante Welt*, Nr. 15/1936, S. 64.
143 André François-Poncet, *Als Botschafter in Berlin 931–1938*, Mainz 1949, S. 296.
144 George S. Messersmith an Cordel Hull, 21.3.1935, UOD, MSS 109.
145 Joachim C. Fest, *Das Gesicht des Dritten Reiches. Profile einer totalitären Herrschaft*, München 1988, S. 246.
146 James (Hrsg.), Chips. *The Diaries of Sir Henry Channon*, S. 62.
147 Ebd., S. 110.
148 BAB, NS 10/51.

一九三六年八月十二日，星期三

149 *Reichsgesetzblatt* Nr. 56/1936, 22.6.1936, S. 493.
150 Bohrmann, *NS-Presseanweisungen der Vorkriegszeit*, S. 875.
151 Trautloft, *Als Jagdflieger in Spanien*, S. 26.
152 Fröhlich (Hrsg.), *Die Tagebücher von Joseph Goebbels*, Teil I, Bd. 3/II, S. 156.
153 Zum Beispiel: »Priester verbrannt«, in: *Berliner Lokal-Anzeiger*, 6.8.1936.
154 Bohrmann, *NS-Presseanweisungen der Vorkriegszeit*, S. 882.
155 Vgl.: Theo Gläß (Hrsg.), *Zahlen zur Alkoholfrage*, Berlin 1938.
156 *Deutschland-Bericht der Sopade*, Juli 1936, S. 830f.

157 Zit. nach: Jutta Rosenkranz, *Mascha Kaléko. Biografie*, München 2007, S. 60.

158 Mascha Kaléko, »Für Einen«, aus: dies., *Das lyrische Stenogrammheft*, Kleines Lesebuch für Große, S. 94.

給某人

他是寬廣海洋。
你是港灣。
所以相信我，請安心睡吧，
我總會返航。
因為所有我遭遇到的風暴，
都讓我的帆空掉。

他是繽紛海洋。
你是港灣。
你是燈塔。最終的目的。
請甜甜地、靜靜地睡吧。
他是……洶湧波濤。
你卻是港灣。

159 Gisela Zoch-Westphal, *Aus den sechs Leben der Mascha Kaléko*, Berlin 1987, S. 69.

160 BAB, NS 10/51.

161 Fröhlich (Hrsg.), *Die Tagebücher von Joseph Goebbels*, Teil II, Bd. 1, S. 272.

162 Erich Ebermayer, *Eh' ich's vergesse. Erinnerungen an Gerhart Hauptmann, Thomas Mann, Klaus Mann, Gustaf Gründgens, Emil Jannings und Stefan Zweig*, München 2005, S. 184.

163 Zuckmayer, *Geheimreport*, S. 131.

164 Thomas Blubacher, *Gustaf Gründgens. Biographie*, Leipzig 2013, S. 199.

165 Marcel Reich-Ranicki, *Mein Leben*, Stuttgart 1999, S. 125f.

一九三六年八月十三日，星期四

166 Victor Klemperer, *Tagebücher* 1935–1936, Berlin 1995, S. 122f.

167 Zit. nach: Jutta Braun, *Helene Mayer. Eine jüdische Sportlerin in Deutschland, in: Gesichter der Zeitgeschichte. Deutsche Lebensläufe im 20. Jahrhundert*, München 2009, S. 92.

168 Zit. nach: Rürup, 1936, S. 57.

169 Bericht des deutschen Nachrichtenbüros, 21. 10. 1935, BAB, R 43II/729.

170 Bericht des deutschen Nachrichtenbüros, 22. 10. 1935, BAB, R 43II/729.

171 George S. Messersmith an Cordel Hull, 15. 11. 1935, UOD, MSS 109.

172 Alfred Kerr, »Nazi-Olympiade«, in: *Pariser Tageszeitung. quotidien Anti-Hitlerien*, 13. 8. 1936.

173 James (Hrsg.), *The Diaries of Sir Henry Channon*, S. 111.

174 Fröhlich (Hrsg.), *Die Tagebücher von Joseph Goebbels*, Teil I, Bd. 3/II, S. 158.

175 Bohrmann, *NS-Presseanweisungen der Vorkriegszeit*, S. 886.

176 Zit. nach: Dave Anderson, »The Grande Dame of the Olympics«, in: *The New York Times*, 3. 7. 1984.

177 Zit. nach: Richard Witt, *Lifetime of Training for Just Ten Seconds. Olympians in Their Own Words*, London 2012, S. 101.

178 Ledig-Rowohlt, *Thomas Wolfe in Berlin*, S. 72.

179 Emil Szittya, *Das Kuriositäten-Kabinett*, Konstanz 1923, S. 60.

180 Wolfe, *Es führt kein Weg zurück*, S. 610.

181 Ebd., S. 615.

一九三六年八月十四日，星期五

182 »Ein Zeuge tritt ab«, in: *Der Spiegel*, 2. 3. 1955, S. 13.

183 Salomon, *Der Fragebogen*, S. 454.

184 Die Rezepte in: Karl Heckh, *Eine Fußbank für Die Dame. Eine kulinarische Revue*, Stuttgart 1969.

185 BAB, R 58/2320.

186 *Die olympischen Spiele 1936*, Bd. 2, S. 71.

187 Zit. nach: Franco Ruault, *Tödliche Maskeraden. Julius Streicher und die ›Lösung der Judenfrage‹*, Frankfurt/Main 2009, S. 9.

188 Vgl.: »Hungernde deutsche Mädchen in den Klauen geiler Judenböcke«, in: *Der Stürmer*, Nr. 35, August 1925.

189 Vgl.: »Ritualmord? Wer ist der Kinderschlächter von Breslau?«, in: *Der Stürmer*, Nr. 28, Juli 1926.

190 Vgl.: »Der Bluthund. Furchtbare Bluttaten jüdischer Mordorganisationen. Das geschächtete Polenmädchen«, in: *Der Stürmer*, Nr. 39, September 1926.

191 Fröhlich (Hrsg.), *Die Tagebücher von Joseph Goebbels*, Teil I, Bd. 3/I, S. 277.

192 »Die Blutsünde«, in: *Der Stürmer*, Nr. 35, August 1936.

193 »Bad Orb ist judenfrei«, in: *Der Stürmer*, Nr. 34, August 1936.

194 »Die Judenpresse«, in: *Der Stürmer*, Nr. 32, August 1936.

一九三六年八月十五日，星期六

195 Fröhlich (Hrsg.), *Die Tagebücher von Joseph Goebbels*, Teil I, Bd. 3/II, S. 160.

196 »Herr Hitler kissed by excited woman«, in: *The Sydney Morning Herald*, 17.8.1936.

197 »Wife of Californian surprised at stir she caused«, in: *The Milwaukee Sentinel*, 3.11.1936.

198 *B.Z. am Mittag*, 15.8.1936.

199 BAB, R 58/2320.

200 »›… und das Kulturleben der Nichtarier in Deutschland?‹«, in: *Das 12-Uhr-Blatt*, 15.8.1936.

201 Eike Geisel und Henryk M. Broder, *Premiere und Pogrom, Der Jüdische Kulturbund 1933–1941*, Berlin 1992, S. 254.

202 *Das 12-Uhr-Blatt*, 15. 8. 1936.

203 Preußische Geheime Staatspolizei an die Zollfahndung, 15. 8. 1936, LAB, B Rep. 202 Nr. 4258.

204 William E. Dodd, *Diplomat auf heißem Boden. Tagebuch des USA-Botschafters William E. Dodd in Berlin 1933–1938*, Berlin 1964, S. 383.

205 Martha Dodd, *Meine Jahre in Deutschland*, S. 260.

206 Dodd, *Diplomat auf heißem Boden*, S. 383.

207 James (Hrsg.), *The Diaries of Sir Henry Channon*, S. 112.

208 Bohrmann, *NS-Presseanweisungen der Vorkriegszeit*, S. 895.

一九三六年八月十六日，星期日

209 BAB, R 58/2320.

210 Wolfe, *Es führt kein Weg zurück*, S. 627f.

211 Ebd., S. 629.

212 Ebd., S. 631f.

213 Ebd., S. 623.

214 Ebd., S. 634.

215 Werner Jochmann (Hrsg.), *Adolf Hitler, Monologe im Führerhauptquartier 1941–1944.* Aufgezeichnet von

Heinrich Heim, München 2000, S. 118.
216 Dodd, *Diplomat auf heißem Boden*, S. 382.
217 James (Hrsg.), *The Diaries of Sir Henry Channon*, S. 112.
218 *Das 12-Uhr-Blatt*, 18. 8. 1936.
219 Werner Finck, *Alter Narr – was nun? Die Geschichte meiner Zeit*, Frankfurt/Main 1978, S. 63.
220 Ebd., S. 65.
221 Ebd., S. 73.
222 Werner Finck, »Kleine Olympia-Conférence. Schlussakkord«, in: *Berliner Tageblatt*, 16. 8. 1936.
223 Fröhlich (Hrsg.), *Die Tagebücher von Joseph Goebbels*, Teil I, Bd. 3/II, S. 161.
224 Dodd, *Diplomat auf heißem Boden*, S. 382.
225 Mann, *Tagebücher*. 1935–1936, S. 354.
226 Fröhlich (Hrsg.), *Die Tagebücher von Joseph Goebbels*, Teil I, Bd. 3/II, S. 161.
227 Vgl.: *Amtlicher Bericht 11. Olympiade Berlin*, Bd. 1, S. 420.
228 Vgl.: Henry Picker (Hrsg.), *Hitlers Tischgespräche im Führerhauptquartier*, München 1979.
229 François-Poncet, *Als Botschafter in Berlin*, S. 267.
230 Klemperer, *Tagebücher 1935–1936*, S. 121f.

後來呢？

231 Zuckmayer, *Geheimreport*, S. 94.

232 Charlotte Schmidtke an Eberhard Denzel, 12.4.1939, LAB, B Rep. 202 Nr. 4258.

233 »Es war wie in New York. Kult-Regisseur Billy Wilder über das Berlin der zwanziger Jahre«, in: *Spiegel Special*, Nr. 6/1997, S. 54.

234 Meyerinck, *Meine berühmten Freundinnen*, S. 113.

235 Mascha Kaléko, *Sämtliche Werke und Briefe in vier Bänden*, hrsg. von Jutta Rosenkranz. © 2012 dtv Verlagsgesellschaft, München.

一個小移民
（給史蒂芬）

遠在你出生前，我就深愛著的，你，
由愛與狂熱中誕生。
你是光與上天的恩賜，照亮蒼白的時間。
我的小兒子。

你，我兒，在你還是個「無」時，
還是你父親深邃雙眼裡那遠遠亮光
的那一年，
我的心就完全屬於你了。

你的乳牙初長，
火焰燒得通紅吞蝕了屋頂。
壞人，苦藥，
他們叫作：柏林。

你學著一再從跌倒中站起來，
乘著娃娃車環遊世界。
說著：謝謝，Thank You，Merci。
真是個語言天才。

時間、地點、舞台都選得很糟，
劇情卻看似不差。
我夢境中的小樹，
努力朝星星成長攀高。

遠在你出生前，我就深愛著的，你，
來自一雙眼睛的遠遠亮光，
我在你的小手放上這本書，
你這個小移民。

236 Zit. nach: »Gisela, das Hitlerkind«, in: *Die Zeit*, Nr. 28/1966.
237 Zollinspektor Scherer an den Generalstaatsanwalt beim Landgericht, 24. 1. 1938, LAB A Rep. 358-02 Nr. 118497.
238 Meyerinck, *Meine berühmten Freundinnen*, S. 112.
239 Brysac, *Mildred Harnack und die Rote Kapelle*, S. 17.
240 Schaap, *Triumph*, S. 211.
241 Amtsgericht Berlin, Sitzung vom 11. 1. 1937, LAB, A Rep. 358-02 Nr. 18117.
242 Ledig-Rowohlt, *Thomas Wolfe in Berlin*, S. 75.
243 Ebd., S. 76.
244 Wolfe, *Es führt kein Weg zurück*, S. 676.
245 Salomon, *Der Fragebogen*, S. 281.

資料來源與文獻

資料來源

Archiv der Humboldt-Universität Berlin

Sektionsbuch 1936

Archives de la Préfecture de police Paris

Bestand 77 W: Renseignements Généraux

Bundesarchiv Berlin (BAB)

NS 10/51

R 43II/729

R 58/2320

R 58/2322

R 58/2324

R 8076/236

Entschädigungsbehörde des Landes Berlin

Reg.-Nr. 276422

Harvard University, Houghton Library (HLB)

The William B. Wisdom Collection of Thomas Wolfe

Landesarchiv Berlin (LAB)

A Pr.Br.Rep. 030-02-05 Nr. 20

A Pr.Br.Rep. 030-03 Nr. 670, 1050

A Pr.Br.Rep. 030-06 Nr. 204

A Pr.Br.Rep. 031 Nr. 114, 116

A Pr.Br.Rep. 031-02 Nr. 80

A Rep. 109 Nr. 6058

A Rep. 341-04 Nr. 44538

A Rep. 341-05 Nr. 3771

A Rep. 342-02 Nr. 25875, 29423, 57128, 60171

A Rep. 342-05 Nr. 3005

A Rep. 358-02 Nr. 341/1, 341/2, 18117, 20353, 98420, 118497, 118498, 118512, 118513, 124848, 124849, 124850

B Rep. 202 Nr. 4257, 4258, 4434-4441, 6337

B Rep. 207 Nr. 0456

B Rep. 207-01 Nr. 1291

B Rep. 358-02 Nr. 98118

P Rep. 125 Nr. 110

P Rep. 355 Nr. 421

Österreichisches Staatsarchiv, Archiv der Republik (ÖSTA/ADR)

Neues Politisches Archiv, Politische Berichte Berlin, Nr. 172-183/1936.

Politisches Archiv des Auswärtigen Amtes

R 98726 bis 98744

University of Delaware (UOD)

MSS 109: George S. Messersmith papers

Wisconsin Historical Society, Library-Archives Division

Louis P. Lochner Papers

Sigrid Schultz Papers

文獻

»Alle Welt ist begeistert. Die Boykott-Bewegung gegen Hitlers Olympiade 1936 in Berlin scheiterte«, in: *Der Spiegel*, Nr. 5/1980, S. 116–129.

Amtlicher Bericht 11. Olympiade Berlin 1936, 2 Bde., Berlin 1937.

Anderson, Dave: »The Grande Dame of the Olympics«, in: *The New York Times*, 3.7.1984.

»Bad Orb ist judenfrei«, in: *Der Stürmer*, Nr. 34, August 1936.

Baedeker, Karl (Hrsg.): *Berlin und Potsdam*, Leipzig 1936.

Biagioni, Egino: Herb Flemming. *A Jazz Pioneer around the World*, Alphen 1977.

Blubacher, Thomas: *Gustaf Gründgens. Biographie*, Leipzig 2013.

Bohrmann, Hans und Gabriele Toepser-Ziegert (Hrsg.): *NS-Presseanweisungen der Vorkriegszeit. Edition und Dokumentation*, Bd. 4/1936, München 1993.

»Borchmeyer im Endlauf«, in: *Olympia-Zeitung*, 4. 8. 1936.

Brandt, Willy: *Erinnerungen*, Frankfurt/Main 1989.

Braun, Jutta: »Helene Mayer. Eine jüdische Sportlerin in Deutschland«, in: *Gesichter der Zeitgeschichte. Deutsche Lebensläufe im 20. Jahrhundert*, München 2009, S. 85–102.

Brysac, Shareen Blair: *Mildred Harnack und die Rote Kapelle. Die Geschichte einer ungewöhnlichen Frau und einer Widerstandsbewegung*, Berlin 2003.

Delmer, Sefton: *Die Deutschen und ich*, Hamburg 1963.

»Der Bluthund. Furchtbare Bluttaten jüdischer Mordorganisationen. Das geschächtete Polenmädchen«, in: *Der Stürmer*, Nr. 39, September 1926.

Deutschland-Bericht der Sopade, Dritter Jahrgang, Prag 1936.

»Die Blutsünde«, in: *Der Stürmer*, Nr. 35, August 1936.

»Die Judenpresse«, in: *Der Stürmer*, Nr. 32, August 1936.

Die Olympischen Spiele 1936, Bd. 2, Berlin 1936.

Documents on British Foreign Policy 1919–1939, Second Series, Vol. 17, London 1979.

Dodd, Martha: *Meine Jahre in Deutschland 1933 bis 1937. Nice to meet you, Mr. Hitler!*, Frankfurt/Main

2005.

Dodd, William E.: *Diplomat auf heißem Boden. Tagebuch des USA-Botschafters William E. Dodd in Berlin 1933–1938*, Berlin 1964.

Donald, David Herbert: *Look Homeward. A Life of Thomas Wolfe*, Boston 1987.

Ebermayer, Erich: *Eh' ich's vergesse. Erinnerungen an Gerhart Hauptmann, Thomas Mann, Klaus Mann, Gustaf Gründgens, Emil Jannings und Stefan Zweig*, München 2005.

»Ein Zeuge tritt ab«, in: *Der Spiegel*, 2. 3. 1955, S. 10–19.

Ernst, Walter: *Die Entwicklung des Institutes für gerichtliche Medizin und Kriminalistik der Universität Berlin*, Diss. Berlin 1941.

»Es war wie in New York. Kult-Regisseur Billy Wilder über das Berlin der zwanziger Jahre«, in: *Spiegel Special*, Nr. 6/1997, S. 48–55.

Fest, Joachim C.: *Das Gesicht des Dritten Reiches. Profile einer totalitären Herrschaft*, München 1988.

»Festlicher Abend in der Staatsoper«, in: *Berliner Lokal-Anzeiger*, 7. 8. 1936.

Finck, Werner: *Alter Narr – was nun? Die Geschichte meiner Zeit*, Frankfurt/Main 1978.

Finck, Werner: »Kleine Olympia-Conférence. Schlussakkord«, in: *Berliner Tageblatt*, 16. 8. 1936.

»Foto-Wettbewerb«, in: *Elegante Welt*, Nr. 15/1936, S. 64.

François-Poncet, André: *Als Botschafter in Berlin 1931–1938*, Mainz 1949.

François-Poncet, André: *Tagebuch eines Gefangenen. Erinnerungen eines Jahrhundertzeugen*, Berlin 2015.

Fröhlich, Elke (Hrsg.): *Die Tagebücher von Joseph Goebbels*, Teil I, Bd. 2/II, München 2004.

Fröhlich, Elke (Hrsg.): *Die Tagebücher von Joseph Goebbels*, Teil I, Bd. 3/I, München 2005.

Fröhlich, Elke (Hrsg.): *Die Tagebücher von Joseph Goebbels*, Teil I, Bd. 3/II, München 2001.

Fröhlich, Elke (Hrsg.): *Die Tagebücher von Joseph Goebbels*, Teil II, Bd. 1, München 1996.

Fromm, Bella: *Als Hitler mir die Hand küsste*, Berlin 1993.

Gay, Peter: *Meine deutsche Frage. Jugend in Berlin 1933–1939*, München 1999.

Geisel, Eike und Henryk M. Broder: *Premiere und Pogrom, Der Jüdische Kulturbund 1933–1941*, Berlin 1992.

»Gisela, das Hitlerkind«, in: *Die Zeit*, Nr. 28/1966.

Gläß, Theo (Hrsg.): *Zahlen zur Alkoholfrage*, Berlin 1938.

Heckh, Karl: *Eine Fußbank für Die Dame. Eine kulinarische Revue*, Stuttgart
1969.

»Herr Hitler kissed by excited woman«, in: *The Sydney Morning Herald*, 17.8.1936.

»Herrliche Welt des Scheins. Die Scala im Olympia-Monat«, in: *Berliner Lokal-Anzeiger*, 6.8.1936.

Hübner, Emanuel: *Das Olympische Dorf von 1936. Planung, Bau und Nutzungsgeschichte*, Paderborn 2015.

»Hungernde deutsche Mädchen in den Klauen geiler Judenböcke«, in: *Der Stürmer*, Nr. 35, August 1925.

James, Robert Rhodes (Hrsg.): Chips. *The Diaries of Sir Henry Channon*, London 1993.

»Jesses Märchen«, in: *Der Spiegel*, Nr. 1/2015, S. 105.

Jochmann, Werner (Hrsg.): *Adolf Hitler, Monologe im Führerhauptquartier 1941–1944*. Aufgezeichnet von Heinrich Heim, München 2000.

Kaléko, Mascha: *Das lyrische Stenogrammheft*, Reinbek bei Hamburg 1993.

Kaléko, Mascha: *Verse für Zeitgenossen*, Reinbek bei Hamburg 1992.

Kennedy, Richard S. und Paschal Reeves (Hrsg.): *The Notebooks of Thomas Wolfe*, 2 Bde., Chapel Hill 1970.

Kerr, Alfred: »Nazi-Olympiade«, in: *Pariser Tageszeitung. quotidien Anti-Hitlerien*, 13. 8. 1936.

Kessler, Harry Graf: *Das Tagebuch. Vierter Band 1906–1914*, Stuttgart 2005.

Klemperer, Victor: *Tagebücher 1935–1936*, Berlin 1995.

Kopp, Roland: *Wolfgang Fürstner (1896–1936). Der erste Kommandant des Olympischen Dorfes von 1936*, Frankfurt/Main 2009.

Krüger, Arnd: *Theodor Lewald. Sportführer ins Dritte Reich*, Berlin 1975.

Ledig-Rowohlt, Heinrich Maria: »Thomas Wolfe in Berlin«, in: *Der Monat. Eine internationale Zeitschrift für Politik und geistiges Leben*, Oktober 1948, S. 69–77.

Long, Kai-Heinrich: *Luz Long – eine Sportlerkarriere im Dritten Reich. Sein Leben in Dokumenten und Bildern*, Hildesheim 2015.

Macdonogh, Giles: »Otto Horcher. Caterer to the Third Reich«, in: *Gastronomica*, Vol. 7, Nr. 1 (Winter 2007), S. 31–38.

Mann, Thomas, *Tagebücher*. 1935–1936, Hrsg. von Peter de Mendelssohn, Frankfurt/M. 1978.

Meyerinck, Hubert von: *Meine berühmten Freundinnen. Erinnerungen*, Düsseldorf 1967.

Morsch, Günter (Hrsg.): *Sachsenhausen. Das ›Konzentrationslager bei der Reichshauptstadt‹*, Berlin 2014.

Nowell, Elizabeth (Hrsg.): *The Letters of Thomas Wolfe*, New York 1956.

»Olympiasiegerin Tilly Fleischer grüßt die Leser der Nachtausgabe«, in: *Berliner illustrierte Nachtausgabe*, 2. 8. 1936.

Ossietzky, Carl von: »Gontard«, in: *Die Weltbühne*, 16. 12. 1930.

Picker, Henry (Hrsg.): *Hitlers Tischgespräche im Führerhauptquartier*, München 1979.

Pientka, Patricia: *Das Zwangslager für Sinti und Roma in Berlin-Marzahn. Alltag, Verfolgung und Deportation*, Berlin 2013.

Polster, Bernd (Hrsg.): *Swing Heil. Jazz im Nationalsozialismus*, Berlin 1989.

»Priester verbrannt«, in: *Berliner Lokal-Anzeiger*, 6. 8. 1936.

Reich-Ranicki, Marcel: *Mein Leben*, Stuttgart 1999.

Riefenstahl, Leni: *Memoiren*, München 1987.

Rock, Christa Maria: »Unser Ziel ist klar«, in: *Das Deutsche Podium*, 25. April 1941.

Rogers, Steven B.: »›She Looked Like One of the Valkyries.‹ Who Was Thomas Wolfe's German Girlfriend?«, in: *The Thomas Wolfe Review*, Vol. 21/1997, S. 8–20.

Roos, Daniel: *Julius Streicher und ›Der Stürmer‹ 1923–1945*, Paderborn 2014.

Rosenberg, Alfred: *Die Tagebücher von 1934 bis 1944*, Herausgegeben und kommentiert von Jürgen Matthäus und Frank Bajohr, Frankfurt/Main 2015.

Rosenkranz, Jutta: *Mascha Kaléko. Biografie*, München 2007.

Ruault, Franco: *Tödliche Maskeraden. Julius Streicher und die ›Lösung der Judenfrage‹*, Frankfurt/Main 2009.

Rürup, Reinhard (Hrsg.): *1936. Die Olympischen Spiele und der Nationalsozialismus*, Berlin 1996.

Salomon, Ernst von: *Der Fragebogen*, Reinbek bei Hamburg 2003.

Schaap, Jeremy: *Triumph. The untold Story of Jesse Owens and Hitler's Olympics*, Boston 2007.

Schäfer, Hans Dieter: *Das gespaltene Bewusstsein. Vom Dritten Reich bis zu den langen Fünfziger Jahren*, Göttingen 2009.

Schirach, Baldur von: *Ich glaubte an Hitler*, Hamburg 1967.

Schmidt, Paul: *Statist auf diplomatischer Bühne 1923–45. Erlebnisse des Chefdolmetschers im Auswärtigen Amt mit den Staatsmännern Europas*, Bonn 1953.

Schuh, Willi (Hrsg.): *Richard Strauss, Stefan Zweig. Briefwechsel*, Frankfurt/Main 1957.

»Schwarze Kunst Basketball«, in: *Der Angriff*, 8. 8. 1936.

»Sherbini will verkaufen«, in: *Berliner Herold*, 20. 1. 1935.

Smith, Arthur L.: »Kurt Luedecke. The man who knew Hitler«, in: *German Studies Review*, Oktober 2003, S. 597–606.

Speer, Albert: *Erinnerungen*, Berlin 2007.

Stauffer, Teddy: *Es war und ist ein herrliches Leben*, Berlin 1968.

Stokes, Lawrence D.: »Thomas Wolfe's German Girlfriend. Further Thoughts on Thea Voelcker«, in: *The Thomas Wolfe Review*, Vol. 29/2005, S. 5–20.

Stokes, Lawrence D.: »Thomas Wolfe's Other German Girlfriend. Who was Lisa Hasait«, in: *The Thomas Wolfe Review*, Vol. 30/2006, S. 103–117.

»Sven Hedin besucht ein Arbeitsdienstlager«, in: *Berliner Lokal-Anzeiger*, 7. 8. 1936.

Szittya, Emil: *Das Kuriositäten-Kabinett*, Konstanz 1923.

Tillenburg, H.P.: »Klirrender Stahl im Kuppelsaal. Wir besuchen die olympischen Amazonen«, in: *Olympia-Zeitung*, 7. August 1936.

Trautloft, Hannes: *Als Jagdflieger in Spanien. Aus dem Tagebuch eines deutschen Legionärs*, Berlin 1940.

Trenner, Franz (Hrsg.): *Richard Strauss. Chronik zu Leben und Werk*, Wien 2003.

Treue, Wilhelm: »Hitlers Denkschrift zum Vierjahresplan 1936«, in: *Vierteljahreshefte für Zeitgeschichte 3* (1955), Heft 2, S. 184–210.

Trimborn, Jürgen: *Riefenstahl. Eine deutsche Karriere*, Berlin 2002.

»Tumult im Luxusrestaurant«, in: *Berliner Herold*, 11. 11. 1934.

»›… und das Kulturleben der Nichtarier in Deutschland?‹«, in: *Das 12-Uhr-Blatt*, 15. 8. 1936.

»Unterrichtung über Rassengesetze«, in: *Nationalsozialistische Parteikorrespondenz*, 7. 8. 1936.

»Wife of Californian surprised at stir she caused«, in: *The Milwaukee Sentinel*, 3. 11. 1936.

Winter, Horst: *Dreh dich noch einmal um. Erinnerungen des Kapellmeisters der Hoch- und Deutschmeister*, Wien 1989.

»Wir gratulieren, Herr Goebbels!«, in: *Die Rote Fahne*, 18. 12. 1931.

»Wir sprachen Thomas Wolfe«, in: *Berliner Tageblatt*, 5. 8. 1936.

Witt, Richard: *Lifetime of Training for Just Ten Seconds. Olympians in Their Own Words*, London 2012.

Wolfe, Thomas: »Brooklyn, Europa und ich«, in: *Die Dame, Illustrierte Mode-Zeitschrift*, Heft 3/1939, S.

39–42.

Wolfe, Thomas: *Es führt kein Weg zurück*, Berlin 1963.

Wolffram, Knud: *Tanzdielen und Vergnügungspaläste. Berliner Nachtleben in den dreißiger und vierziger Jahren*, Berlin 2001.

Zellermayer, Ilse: *Drei Tenöre und ein Sopran. Mein Leben für die Oper*, Berlin 2000.

Zellermayer, Ilse: *Prinzessinnensuite. Mein Jahrhundert im Hotel*, Berlin 2010.

Zoch-Westphal, Gisela: *Aus den sechs Leben der Mascha Kaléko*, Berlin 1987.

Zuckmayer, Carl: *Geheimreport*, München 2007.

中德名詞對照及索引

書籍文章、歌曲戲劇等文獻

八畫

九畫

十畫

十一畫

十二畫

十三畫

十四畫

十五畫

人名

六畫

七畫

八畫

九畫

十畫

十一畫

十二畫

十三畫

十四畫

十五畫

十六畫

十七畫

十八畫

十九畫

二十畫

二十一畫

二十三畫

地名

三畫

四畫

五畫

六畫

九畫

十畫

十一畫

十二畫

國家、種族、政體名

組織、機構

十畫

十一畫

十二畫

十三畫

十四畫

建築、餐館、酒店

十三畫

十五畫

十六畫

二十畫